Q&Aでわかる

Accounting & Taxation of Public benefit corporation

公益法人の会計と税務

税理士法人 東京会計グループ　米満まり

第2版

TAC出版

TAC PUBLISHING Group

はじめに

　平成20年12月に公益法人制度が改正され、平成25年11月には、旧民法上の社団・財団法人の5年間という移行期間が終了し、公益法人制度の運用が本格化してきました。

　公益法人の運営を継続していくにあたり、事業の実施、財産の運用、会計や税務の処理方法など、実務上の取扱いや課題が少しずつ明確になってきています。

　平成25年7月に、この本の初版を刊行させていただいてから3年がたちました。公益法人会計や税制の改正論点を更新し、このたび第2版を刊行することになりました。

　公益法人担当の税理士として、公益法人の運営に携わる方のご支援を続けていく中で、公益法人制度改正当初にはなかった質問、相談を受け、対応させていただくことで、現在の公益法人制度に沿った本になりました。

　公益法人の仕事に初めて就く方々が公益法人の経理実務を理解し、迅速に実践していただくことを願っています。

　平成22年から実に、200回以上のセミナーを開催し、100件以上の公益法人等の実務に携わり、公益法人の皆様から現場で生じた様々な疑問についてご質問、ご相談をいただきました。

　本書はそれらの疑問をテーマにして、公益法人の仕事に初めて就く方々が、公益法人の経理実務を理解し迅速に実践していただくことを願って書いたものです。

平成28年　初夏
税理士法人東京会計グループ
公益法人・医療法人担当　税理士　米満　まり

目次

I 知っておくべき公益法人制度改革

Q 1. 公益法人制度改革前の社団法人と財団法人とは？ ……………… 2
Q 2. 公益法人制度改革では何が変わったの？ ……………………… 4
Q 3. 公益法人制度改革で、従来の社団法人、財団法人は何をすればよい？
　　……………………………………………………………………………… 8
Q 4. 一般社団法人又は一般財団法人と公益社団法人又は公益財団法人の違いは？ ………………………………………………………………………… 12

II 公益法人会計の概要

Q 5. 公益法人会計の目的は何ですか？ ……………………………… 14
Q 6. 公益法人会計の基本を教えてください。 ……………………… 16
Q 7. 公益法人会計の基準はいくつありますか？ …………………… 18
Q 8. 1取引2仕訳の概要を教えてください。 ……………………… 20
Q 9. 公益法人会計基準での会計区分を教えてください。 ………… 24
Q10. 財務諸表の種類と役割を教えてください。 …………………… 26
Q11. 行政庁へ提出する財務諸表等を教えてください。 …………… 28
Q12. 平成20年基準の適用は強制ですか？ …………………………… 30
Q13. 資産、負債、正味財産の内容を教えてください。 …………… 32
Q14. 一般正味財産と指定正味財産、どうやって決めるの？ ……… 34
Q15. 寄附者からの使途の特定又は制約があるかわからない場合の正味財産の区分は？ …………………………………………………………………… 36
Q16. 収益と費用の内容を教えてください。 ………………………… 38

III 公益法人と移行法人が満たすべき数値的要件

1．公益法人の数値的要件

Q17. 公益法人の数値的要件「財務三基準」の概要 ………………… 44
Q18. 収支相償の具体的な計算方法を教えてください。要件をクリアできない事業年度はどうすればよい？ ………………………………………… 46
Q19. 公益目的事業比率50％以上を満たさない場合はどうすればよい？ … 50
Q20. 遊休財産とは何ですか？　従来の内部留保と同じでしょうか？ …… 52

Q21. 控除対象財産の内容を教えてください。控除対象財産がない状態でもかまいませんか？ …………………………………………………………… 54
Q22. 資産取得資金の積立ての方法を教えてください。 ……………………… 56
Q23. 特定費用準備資金の積立ての方法を教えてください。 ………………… 58
Q24. 基本財産は控除対象財産ですか？ ………………………………………… 60
Q25. 財務三基準を満たさなければ、公益認定取消しになりますか？ ……… 62

2．移行法人の数値的要件
Q26. 公益目的財産額の内容を教えてください。 ……………………………… 64
Q27. 公益目的支出計画の内容を教えてください。 …………………………… 68
Q28. 実施事業資産を教えてください。移行法人の場合には資産取得資金や特定費用準備資金の適用がありますか？ ……………………………… 70
Q29. 公益目的支出計画を実施すれば、法人の財産がなくなりませんか？
　………………………………………………………………………………… 72

3．公益法人と移行法人の共通事項
Q30. 法人会計が大きく黒字というのは問題でしょうか？ …………………… 74
Q31. 移行後、行政庁へ変更認定（認可）や届出が必要な場合を教えてください。 ………………………………………………………………………… 76

Ⅳ　実践あるのみ！公益法人会計の実務

1．会計のルール　～公益法人会計を始める前に～
Q32. 会計では何を行えばよいのでしょうか？ ………………………………… 80
Q33. 会計取引を認識するとはどういうことですか？ ………………………… 82
Q34. 仕訳の方法を教えてください。借方と貸方とは？ ……………………… 84
Q35. 仕訳をした後、帳簿へ転記する方法を教えてください。 ……………… 86
Q36. 試算表を作成する方法を教えてください。 ……………………………… 88

2．レッツトライ！公益法人会計①　～収益、費用の仕訳～
Q37. 公益法人会計での収益、費用の仕訳方法を教えてください。 ………… 90
Q38. 収益、費用の中科目の勘定科目を教えてください。 …………………… 94
Q39. 入会金や会費を徴収したときの仕訳を教えてください。 ……………… 96
Q40. 寄附金を収受したときの仕訳を教えてください（取引・仕訳を含む）。
　………………………………………………………………………………… 100

- Q41. 土地等の贈与を受けたときの仕訳を教えてください。 108
- Q42. 雑収益の使い方を教えてください。 110
- Q43. 給与を支給する場合の仕訳を通勤手当や社会保険料の処理もあわせて教えてください。 114
- Q44. 非常勤の理事や監事が理事会に出席した場合の報酬は役員報酬ですか？ 謝金ですか？ 118
- Q45. 消耗品費と消耗什器備品費の使い方を教えてください。 120
- Q46. 印刷製本費や通信運搬費の使い方を教えてください。 122
- Q47. 関連団体に対する少額の贈答品の仕訳を教えてください。 124
- Q48. 賃借料と委託費の使い方を教えてください。 126
- Q49. 会議費の使い方を教えてください。 128
- Q50. 租税公課の使い方を教えてください。 130
- Q51. 関連団体への会費等を支払った場合の仕訳を教えてください。 132
- Q52. 雑費の使い方を教えてください。 134

3. レッツトライ！ 公益法人会計②　～資産の仕訳と管理方法～
- Q53. 公益法人会計での資産の範囲と仕訳を教えてください。 136
- Q54. 現金と預金の仕訳と管理方法を教えてください。 140
- Q55. 有価証券の範囲を教えてください。有価証券を購入した際の仕訳と管理方法を教えてください。 142
- Q56. 有価証券の原価計算とは何ですか？ 146
- Q57. 時価評価が必要な投資有価証券を保有している場合、時価評価損益の洗替法と切放法とどちらの処理が正しいの？ 148
- Q58. 満期保有目的の債券の償却原価法とはどのような処理方法ですか？ 150
- Q59. 満期保有目的の債券について保有目的を変更することは可能ですか？ 154
- Q60. 有形固定資産と無形固定資産の違いを教えてください。 156
- Q61. 資本的支出と修繕費の違いを教えてください。 158

4. レッツトライ！ 公益法人会計③　～負債の仕訳と管理方法～
- Q62. 公益法人会計での負債の範囲と仕訳を教えてください。 160

- Q63. 未払金と未払費用の使い方を教えてください。 …………… 162
- Q64. 引当金とは何ですか？ 負債として認められない引当金があるのは本当ですか？ …………… 164
- Q65. 退職給付引当金の仕訳を教えてください。 …………… 166
- Q66. 賞与引当金や役員慰労引当金の処理方法は？ …………… 170

5. レッツトライ！ 公益法人会計④ ～収益・費用の配賦と会計間取引～
- Q67. 収益・費用の配賦の考え方を教えてください。 …………… 174
- Q68. 各会計へ収益、費用を配賦する場合の配賦仕訳を教えてください。 …………… 176
- Q69. 毎月20日に給与を法人会計から支給し、毎月月末に各会計に配賦することになっています。このときの仕訳を教えてください。 …… 178
- Q70. 正味財産増減計算書の勘定科目「他会計振替額」はどのような場合に使用しますか？ …………… 180
- Q71. 貸借対照表内訳表と正味財産増減計算書内訳表の「内部取引消去」の事例を教えてください。 …………… 182

6. レッツトライ！ 公益法人会計⑤ ～財務諸表を作成するための決算整理仕訳～
- Q72. 決算整理仕訳とは何ですか？ どのようなことをすればよいのですか？ …………… 184
- Q73. 現金と預金について決算整理仕訳を教えてください。 …………… 186
- Q74. 会費の未収分や債権がある場合の決算整理仕訳を教えてください。 …………… 188
- Q75. 有価証券の時価評価について教えてください。基本財産の帳簿価額が時価評価により変動してもかまいませんか？ …………… 192
- Q76. 外貨建ての有価証券を時価評価する際に、円換算に係る損益と市場価格に係る損益とでは、区別する必要がありますか？ …………… 196
- Q77. 減価償却費とは何ですか？ 計算方法と仕訳を教えてください。… 198
- Q78. 未払金や未払費用について決算整理仕訳を教えてください。 …… 202
- Q79. 前払金、前払費用、前受金、前受収益、未収収益、未収金とはどういうときに使う勘定科目ですか？ …………… 208

- Q80. 立替金、仮払金、仮受金とはどういうときに使う勘定科目ですか？ 214
- Q81. 会計間取引を行った際の貸借勘定はどうすればよいですか？ ……… 218

7. レッツトライ！ 公益法人会計⑥　〜財務諸表等を作成する〜
- Q82. 貸借対照表の資産、負債、正味財産の記載方法を教えてください。 220
- Q83. 貸借対照表の正味財産の部にある基本財産、特定資産への充当額の欄の記載方法を教えてください。 224
- Q84. 正味財産増減計算書の収益、費用の記載方法を教えてください。… 228
- Q85. 貸借対照表と正味財産増減計算書が適正に作成されているかをチェックする方法があれば教えてください。 230
- Q86. 貸借対照表と正味財産増減計算書の附属明細書、事業報告書の附属明細書の作成方法を教えてください。 232
- Q87. 財産目録の作成方法を教えてください。 234
- Q88. 財務諸表に対する注記項目を教えてください。 236
- Q89. 「継続事業の前提に関する注記」の記載を教えてください。 238
- Q90. 「関連当事者との取引の範囲」の記載を教えてください。 242

Ⅴ　公益法人等の税務について

1. 源泉所得税　〜給与や謝金に関する税金〜
- Q91. 給与や賞与を支給する場合の源泉所得税の計算方法を教えてください。 246
- Q92. 預金や有価証券を所有している場合の利息や配当金に関する源泉所得税の計算方法を教えてください。 254
- Q93. 退職金を支給する場合の源泉所得税の計算方法を教えてください。 256
- Q94. 役員への旅費日当、非常勤の理事、監事への報酬は役員報酬として源泉所得税が課税されますか？ 260
- Q95. 講師に対する謝金や実費旅費の支払には必ず源泉所得税が課税されますか？ 262
- Q96. 講師への謝金を手取りで10万円とする場合の源泉所得税の計算を教

えてください。 ………………………………………………………… 264

2．法人税　〜収益事業の判定は難しい〜

Q97． 公益法人と一般法人の法人税の課税体系を教えてください。 ……… 266
Q98． 収益事業とは何ですか？ ………………………………………… 270
Q99． 収益事業となる場合の付随行為とは？ ………………………… 272
Q100． その他収益事業に関連することで留意することがあれば教えてください。 ……………………………………………………………… 274
Q101． 収益事業の判定方法を教えてください。 ……………………… 276
Q102． 収益事業でも課税されない、全部除外の内容を教えてください。 …………………………………………………………………… 278
Q103． 事務受託などの請負業には法人税が課税されますか？ ……… 280
Q104． 収益事業でも所轄税務署長の確認により法人税が課税されない場合とは？ …………………………………………………………… 282
Q105． 会報を配布する場合や、会報に広告を掲載した場合は法人税が課税されますか？ ………………………………………………… 284
Q106． 研修や講習会、セミナーを開催した場合には法人税が課税されますか？ …………………………………………………………… 288
Q107． 公益法人会計基準での費用配賦と法人税法上の費用配賦は同じ考えでしょうか？ ……………………………………………………… 290
Q108． 公益法人等が普通法人に移行した場合の課税関係は？　特例民法法人が一般法人の普通法人に移行した場合の課税関係は？ ……… 292
Q109． 法人税に関する税務署への手続きを教えてください。 ………… 296

3．消費税　〜公益法人は課税漏れが多い？〜

Q110． 消費税とはどのような税金ですか？ …………………………… 300
Q111． 消費税が課税される取引を教えてください。 ………………… 302
Q112． 消費税の申告・納付が必要な場合を教えてください。 ……… 306
Q113． 消費税の原則的な計算方法を教えてください。 ……………… 308
Q114． 個別対応方式と一括比例配分方式の計算方法を教えてください。 …………………………………………………………………… 310
Q115． 簡易課税方式の計算方法を教えてください。 ………………… 314

- Q116. 特定収入とは何ですか？ 特定収入を計算する必要がある法人を教えてください。 ………… 318
- Q117. 特定収入の計算方法の概略を教えてください。 ………… 320
- Q118. 消費税に関する税務署への手続きを教えてください。 ………… 322

4. 地方税　〜公益法人の中でも課税体系が異なる〜
- Q119. 都道府県民税、市町村民税について教えてください。 ………… 326
- Q120. 固定資産税が課税されない場合を教えてください。 ………… 328
- Q121. 償却資産税について教えてください。 ………… 330

VI　その他
- Q122. 公益法人に金銭の寄附をした場合や、現物を譲渡した又は遺贈・相続財産を贈与した場合の税務について教えてください。 ………… 334
- Q123. 印紙税や登録免許税について教えてください。 ………… 338
- Q124. 公益法人会計システムを利用すれば、会計・税務の業務は効率化できますか？ ………… 340

本書掲載図一覧 ………… 342

参　考 ………… 349

索　引 ………… 363

公益法人の豆知識

1. 社団法人と財団法人の数 ………… 11
2. 公益目的支出計画中の解散 ………… 51
3. 特例民法法人の残余財産 ………… 69
4. 理事会の運営 ………… 71
5. 役員の制限 ………… 73
6. 役員等の任期 ………… 79
7. 一般法人の解散 ………… 95
8. 理事会の決議の省略 ………… 145
9. 国と特に密接な関係がある公益法人 ………… 153

10.	代表理事と業務執行理事	155
11.	理事会への報告の省略	163
12.	公益法人となった最初の事業年度	169
13.	滞納処分とは	173
14.	代表理事と業務執行理事の業務報告	191
15.	社員総会の書面決議	217
16.	非営利と営利（会計の目的）	223
17.	公益法人会計と税務調整（法人税）	227
18.	社員総会での代理行使	231
19.	法人税の別段の定め	241
20.	公益法人の決算	245
21.	マイナンバー制度	253
22.	公益法人の経理的基礎	259
23.	税法の罰金の種類	269
24.	租税滞納状況	279
25.	評議員会の書面決議	283
26.	公益法人法上の罰金	287
27.	議事録への署名	299
28.	公益法人の業務に携わる税理士	317
29.	消費税の改正	325
30.	会計ソフトの種類	333
31.	監事の業務内容	339

法令等の略称

No.	略称	正式名又は内容説明
1	法人法	一般社団法人及び一般財団法人に関する法律
2	認定法	公益社団法人及び公益財団法人の認定等に関する法律
3	整備法	一般社団法人及び一般財団法人に関する法律及び公益社団法人及び公益財団法人の認定等に関する法律の施行に伴う関係法律の整備等に関する法律
4	公益法人法	法人法・認定法・整備法のこと
5	運用指針	内閣府発表 「公益法人会計基準」の運用指針
6	ガイドライン	内閣府発表 公益認定等に関する運用について(公益認定等ガイドライン)
7	平成20年基準	公益法人会計基準 平成20年4月11日 改正平成21年10月16日
8	平成16年基準	公益法人会計基準 平成16年10月14日 公益法人等の指導監督等に関する関係省庁連絡会議申合せ
9	社団法人	公益法人制度改革前の旧民法34条により設立された法人
10	財団法人	公益法人制度改革前の旧民法34条により設立された法人
11	特例民法法人	公益法人制度改革によって、旧民法34条により設立された社団法人と財団法人が平成20年12月1日から平成25年11月30日まで存続する法人形態
12	公益法人	公益社団法人又は公益財団法人
13	一般法人	一般社団法人又は一般財団法人
14	移行法人	一般社団法人又は一般財団法人のうち公益目的支出計画実施中の法人
15	公益法人又は移行法人等	平成20年基準の適用対象法人

Q&Aでわかる公益法人の会計と税務

Ⅰ　知っておくべき公益法人制度改革

Q1. 公益法人制度改革前の社団法人と財団法人とは？

A1. 社団法人と財団法人とは、利益追求を目的とせず、社会に役立つ活動を行うことを目的とした「公益法人」のことです。

1．社団法人と財団法人の歴史は明治から

　社団法人と財団法人の歴史は古く、明治29年まで遡ります。
　これらの法人は、民法第34条に基づき設立された「公益法人」であり、次の3つの要件がありました。
「公益法人」の呼称は、社団法人と財団法人に対して使われるのが一般的ですが、広義には学校法人や宗教法人、社会福祉法人等にも使われています。

(1)　**公益を目的とする事業を行うこと**
　「慈善、宗教、学術、技芸など、広く社会に役立つ公益活動を行うこと」を意味しています。
(2)　**主務官庁の許可を得ること（許可主義）**
　「法人の設立や運営は、主務官庁の許可を得て行う」
(3)　**営利を目的としないこと**
　「事業活動により得た利益を法人の構成員に分配しないこと＝非営利」を意味します。

2．社団法人とは……社員（会員）が集まって設立された公益法人

　社団法人は、社員（会員）が集まり、会員からの会費収入を財源に公益活動を行います。代表例として同業者団体があります。例えば、お医者さんが集まる医師会という団体では、地域のお医者さんを会員にして会費を徴収し、徴収した会

費を財源に地域の医療保健業に貢献するための様々な公益活動を行っています。

　社団法人には、①最高意思決定機関の「社員総会」、②法人の運営を執行する「理事や理事会」、③理事や理事会を監督し、社員総会に監督した結果を報告する「監事」などの機関があります。

3．財団法人とは……財産の寄贈により設立された公益法人

　財団法人とは、設立時に寄贈された財産の運用収益や寄附金を主な財源として公益活動を行います。財団法人の機関は、社団法人の機関と機関名は違いますが、その役割についてはほぼ同じです。

図Ⅰ－1　社団法人と財団法人の一般的な構成

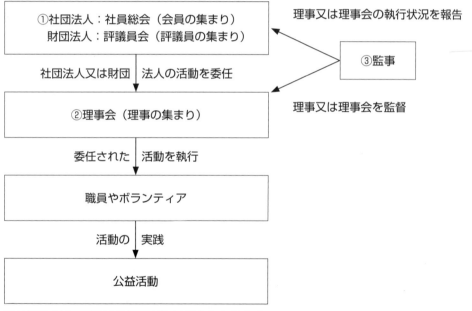

※社団法人は、理事会や監事がない場合もあります。
※上記の他にも会計監査人を置く場合もあります。

Q2. 公益法人制度改革では何が変わったの？

A2. 一言でいえば社団法人と財団法人の設立の方法が変わりました。

1. 今までの民法第34条の社団法人又は財団法人の設立

主務官庁が、①社団法人と財団法人の設立許可と、②社団法人と財団法人が行う事業の公益性の判断の両者を行っていました。

法人設立と公益性の判断が一体となっていたのです。

2. これからの社団法人と財団法人の設立

平成20年12月1日に施行された公益法人制度改革では、今まで主務官庁主導ですべてが行われていた①社団法人と財団法人の設立許可と②社団法人と財団法人が行う事業の公益性の判断を分けて行うことにしました。

明治29年に施行された公益法人制度から、実に117年たっての大改正となっています。

(1) **法人の設立（準則主義）**

法律に適した定款を作成し登記することにより、誰でも法人の設立が可能となりました。この制度改革後に準則主義により設立された社団法人と財団法人のことを「一般社団法人と一般財団法人」といいます。

(2) **公益法人が行う事業の公益性の判断**

公益性の判断は、行政庁の諮問機関である公益認定等委員会が行います。委員会の審議により公益性がありと判断されたとされた一般社団法人と一般財団法人は、行政庁の認定を受けた「公益社団法人と公益財団法人」となります。

3. なぜ、改革が行われたのか？

　一番の理由は、今の世情にあった公益法人とするためです。

　100年以上もたてば公益性の内容も変わっているはずですし、すべてを主務官庁主導としていたため、主務官庁によって判断基準が異なるなどの問題も生じていました。そこで、このような問題を解決し、各公益法人が独自性を持って公益活動を積極的に行うことを目的として今回の公益法人制度改革が施行されました。

図I－2　公益法人制度改革の概要

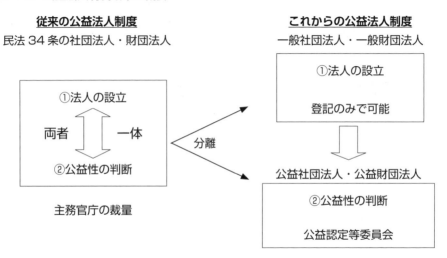

4. 公益法人制度改革後の法人の体系

　今回の公益法人制度改革では、登記のみで設立された法人（一般社団法人又は一般財団法人）と、その後に公益認定等委員会から公益性ありと判断されて行政庁の認定を受けた法人（公益社団法人又は公益財団法人）の2層構造になっています。行政庁の認定を受けるためには、行政庁へ公益認定申請書を提出する必要があります。

　また、従来の民法第34条の社団法人又は財団法人は、経過措置として平成25年11月30日まで特例民法法人として継続することになっています。

　公益法人制度改革後は、まず一般社団法人又は一般財団法人を設立しなければ、公益社団法人又は公益財団法人を設立することはできません。

ですが、特例民法法人に関しては移行期間中に一般社団法人又は一般財団法人、公益社団法人又は公益財団法人のどちらかを選択して移行することになっています。

5．公益法人制度改革により施行された法律の体系
今までの民法に代わり、新しく次の3つの法律が施行されました。
(1)「法人法」
法人法は、「一般社団法人及び一般財団法人に関する法律」の略称です。法人法には、法人全体の運営に関することや会計に関すること、理事会や総会などの機関の運営に関することなど、基本的な事項が規定されています。

法人法は、一般社団法人・一般財団法人、公益社団法人・公益財団法人、特例民法法人のすべての法人が適用対象となっています。

適切な法人の運営を行うため、法人法の内容を把握することが重要です。
(2)「認定法」
認定法は、「公益社団法人及び公益財団法人の認定等に関する法律」の略称です。認定法には、公益社団法人又は公益財団法人を設立、運営するための要件や制限が規定されています。

認定法には、定められた要件を満たさない場合や制限を超えて違反した場合に、公益社団法人又は公益財団法人の認定を取り消すことなども規定されています。
(3)「整備法」
整備法は、「一般社団法人及び一般財団法人に関する法律及び公益社団法人及び公益財団法人の認定等に関する法律の施行に伴う関係法律の整備等に関する法律」の略称です。

整備法には、特例民法法人が一般社団法人又は一般財団法人、公益社団法人又は公益財団法人を選択して移行するための経過措置などが規定されています。

図Ⅰ-3 新しい法律と適用対象法人

○…適用

法人形態		新しい法律		
		法人法	認定法	整備法
	一般社団法人 一般財団法人	○		
	公益社団法人 公益財団法人	○	○	
	特例民法法人	○		○

6．今後の動向予想

　一般社団法人又は一般財団法人の設立法人数は、公益法人制度改革後、年々増加し、平成26年までの設立登記件数で44,000件を超えています。今後も増加傾向が続くと考えます。

　一般社団法人又は一般財団法人は登記のみで設立が可能で、一般社団法人ならば、社員2人、理事1人の3人から設立でき、出資も必要ありません。

　また、一定要件を満たせば、法人税法上の税制優遇である収益事業課税（※）を適用することも可能です。

　公益社団法人又は公益財団法人も、公益法人制度改革後の設立法人数は、年々増加しており、平成26年12月1日現在の内閣府の統計によると、計9,300法人あります。これは、約24,000法人あった旧民法上の社団法人又は財団法人から公益法人へ移行した法人と、新規に公益認定を受けた公益法人の合計数です。

　公益法人に適用される認定法の規定はどれもハードルが高く、新規で公益社団法人又は公益財団法人を設立するのは事前準備に相当期間要すると考えます。

　公益社団法人又は公益財団法人の設立は、今後も増加していくものの、旧民法上の社団法人又は財団法人からの移行期間が平成25年11月30日で終了したため、一般社団法人又は一般財団法人の増加ほどではなく、緩やかに増加していくものと考えます。

（※収益事業課税の説明はQ98）

Q3. 公益法人制度改革で、従来の社団法人、財団法人は何をすればよい？

A3. 従来の社団法人又は財団法人は、平成20年12月1日から平成25年11月30日までの間は特例民法法人として存続しますが、この期間までに一般社団法人又は一般財団法人か、公益社団法人又は公益財団法人かのいずれかに移行する必要があります。移行しなければ自動解散となり、定款又は寄附行為の規定にそった財産の処分を行います。

図Ⅰ-4　公益法人制度改革の法人移行の流れ

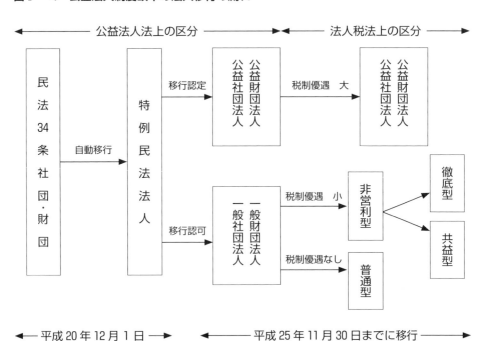

1．移行するための手続き

⑴　定款及び移行申請書の提出

　特例民法法人は新しい法律に則した「定款」と「移行申請書」を作成し、行政庁に提出します。提出先の行政庁は「内閣総理大臣」又は「各都道府県知事」です。

　提出先が内閣総理大臣になる場合は次のような法人で、それ以外は事務所がある都道府県知事へ提出します。

　①２以上の都道府県の区域内に事務所を設置する法人
　②公益目的事業や実施事業の実施区域を定款に２以上の都道府県の区域内（海外も含む）において行う旨を定める法人
　③実施事業(※)を行わない法人等
　④一般社団法人又は一般財団法人へ移行する特例民法法人で、旧主務官庁が省庁の法人

　申請書の提出は郵送でも可能ですが、基本的には電子申請で行われています。郵送先は、内閣府HP「公益法人imformation」に掲載されている「申請の手引き」の末尾に記されています。

　定款と移行申請書の内容は、「一般社団法人又は一般財団法人」と「公益社団法人又は公益財団法人」の場合で異なります。また、一般社団法人又は一般財団法人の場合には、作成する定款の内容によって、法人税法上税制優遇を受ける非営利型又は全く受けない普通型のいずれかを選択して移行することになります。

（※実施事業の説明はQ27を参照）

⑵　定款及び移行申請書の審議

　提出した定款と申請書は、公益認定等委員会等で審議を行います。審議が無事終了すれば、公益認定等委員会等から内閣総理大臣又は各都道府県知事へ答申が出されます。

⑶　移行認定又は認可

　内閣総理大臣又は各都道府県知事は公益認定等委員会等からの答申を受けて、特例民法法人の移行を認可又は認定します。認可は、一般社団法人又は一般財団法人への移行を、認定は、公益社団法人又は公益財団法人への移行のことをいいます。

(4) 移行登記

　内閣総理大臣又は各都道府県知事の認可又は認定を受けてから2週間以内に、法人は法務局で新しい法人への移行登記を行います。

　移行登記の日を境に新しい法人へ生まれ変わりますので、移行登記の日から新しい事業年度が始まります。

　事業年度が変われば決算を行うことになります。

　例えば、4月1日から3月31日までの1年間を事業年度としている特例民法法人が、7月1日に新しい法人への移行登記を行えば、4月1日から6月30日までの3月間が特例民法法人としての事業年度、7月1日から3月31日までの9月間が移行後の新しい法人としての事業年度となります。

　通常ならば、1年に1回行えばよかった決算を上記のような移行をすれば、1年間に2回行うことになります。このような決算を分かち決算といいます。

　分かち決算をすることは、法人にとって負担になりますので、分かち決算をしないようにするために、事前に希望の移行登記日を移行申請先の内閣総理大臣又は各都道府県知事に申請することができます。申請をすると、内閣総理大臣又は各都道府県知事は、希望の移行登記日前の2週間以内に認可又は認定を申請法人へ通知します。

図Ⅰ-5　特例民法法人の移行申請の流れ

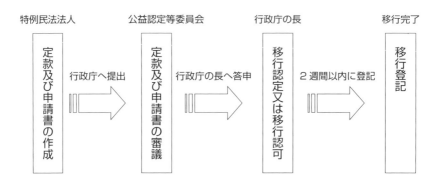

2．公益法人会計基準の変更

　公益社団法人又は公益財団法人へ移行する場合や、一般社団法人又は一般財団

法人へ移行する法人のうち移行時に公益目的財産(※)がある場合は、公益法人制度改革に伴い改正された公益法人会計基準（平成20年基準）によって作成した収支予算書が移行申請の際に必要です。よって、平成20年基準への変更をすることが望ましいと思われます。　　　（※公益目的財産の説明はQ26を参照）

3．特例民法法人としての最後の決算

　特例民法法人としての最後の決算を行うときには、すでに一般社団法人もしくは一般財団法人又は公益社団法人もしくは公益財団法人へ移行しています。

　ですので、特例民法法人であったときの決算でも、理事会や社員総会、評議員会での決算書の承認は、移行後の新しい法人での理事会、社員総会、評議員会で行います。

4．新規設立の一般社団法人又は一般財団法人が公益社団法人又は公益財団法人へ移行する場合

　新規に設立した一般社団法人又は一般財団法人が公益社団法人又は公益財団法人へ移行する手続は、特例民法法人が移行する場合とほぼ同じです。行政庁へ新しい定款と公益認定申請書を提出し、公益認定等委員会等で審議、提出先の行政庁の長の答申を受けて公益社団法人又は公益財団法人へ移行します。

　申請書の提出期間は特例民法法人と違い、いつでも提出することができます。

公益法人の豆知識1：社団法人と財団法人の数

　公益法人制度改革は平成20年12月1日に施行され、それまでの民法34条の社団法人・財団法人は、特例民法法人へと自動移行しました。

　平成19年10月1日現在での内閣府発表による社団法人と財団法人は、全部で24,648で、そのうち社団法人は12,530、財団法人は12,118となっています。社団法人と財団法人はほぼ同じ割合です。

Q4. 一般社団法人又は一般財団法人と公益社団法人又は公益財団法人の違いは？

A4. 一般社団法人又は一般財団法人（以下「一般法人」）と公益社団法人又は公益財団法人（以下「公益法人」）との違いは、両者のメリット・デメリットを比較すればわかりやすいと思います。

1．一般法人のメリット・デメリット

(1) メリット

　一般法人は、行政庁の指導監督がなく比較的自由に事業活動を行うことができます。

(2) デメリット

　事業活動を比較的自由に行えるため、公益法人ほどの税制優遇の恩恵や社会的信用を得ることはできません。

2．公益法人のメリット・デメリット

(1) メリット

　税制優遇の恩恵や社会的信用を得ることができます。

(2) デメリット

　常に行政庁の指導監督下にあり、役員の制限や会計的な要件、実施できる事業活動内容の制限など、公益性を判断するための18項目の要件を満たすことが求められています。

3．特例民法法人が一般法人へ移行する場合

　特例民法法人が一般法人へ移行する際に次の要件に該当する場合は、移行後でも上記にかかわらず行政庁の指導監督を受けます。

　特例民法法人の移行時に公益目的財産額(※)がある場合は、一般法人に移行したのち公益目的支出計画(※)を実施する必要があります。

　この計画が終了するまでは、一般法人であっても行政庁の指導監督を受けることになります。このような移行中の法人のことを移行法人といいます。

（※公益目的財産額と公益目的支出計画についてはQ26、27を参照）

図Ⅰ-6　一般法人と公益法人のメリット・デメリット

	メリット	デメリット
一般法人	①設立が簡単	①税制優遇がほとんどなし
	②法人運営の制限がほとんどない	②社会的信用は公益法人より劣る
	③行政庁の監督なし	
公益法人	①税制優遇	①法人運営に制限（事業・財産・役員）
	②社会的信用	②行政庁の監督下

図Ⅰ-7　特例民法法人が移行認可した場合の行政庁の関与

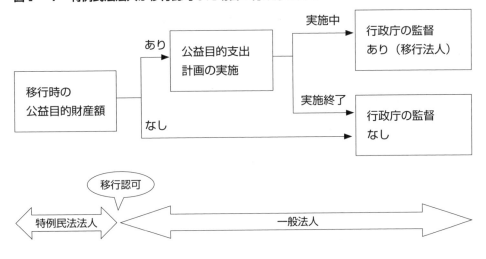

Ⅱ 公益法人会計の概要

Q5. 公益法人会計の目的は何ですか？

A5. 公益法人会計は、公益法人や移行法人等が行う事業活動の過程と、事業活動の結果残った財産額を一定のルールに基づきお金を単位として表すことを目的としたものです。

1. 公益法人会計の目的

(1) 目的

　公益法人や移行法人等が所有する財産のことを正味財産といいます。

　公益法人や移行法人等が行う事業活動の過程で、この正味財産がどのように増減し、その結果、正味財産がどのくらい残ったのかを一定のルールに基づきお金を単位として表し、その内容を法人の関係者や一般人などの外部へ報告することが公益法人会計の目的です。

(2) 正味財産の増減と正味財産の残高

　正味財産がどのように増減したのかは、収益から費用を差し引いて求め（正味財産の増減＝収益－費用）、正味財産増減計算書という計算書類により外部へ報告します。正味財産がどのくらい残ったのかは、資産から負債を差し引いて求め（正味財産の残高＝資産－負債）、貸借対照表という計算書類により外部へ報告します。

　正味財産増減計算書により表した正味財産の増減は、貸借対照表の正味財産の残高に反映されます。

　また、公益法人や移行法人等が実施する事業活動には、基本的に儲からない公益性のある事業（公益目的事業）だけではなく、儲かることを前提とした収益性のある事業も行うことができますので、公益法人や移行法人等において儲けては

いけないというルールはありません。

図Ⅱ－1　正味財産増減計算書（正味財産の増減）と貸借対照表（正味財産の残高）のイメージ

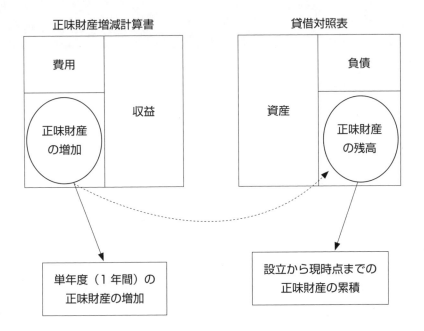

Q6. 公益法人会計の基本を教えてください。

A6. 公益法人会計を実践するためには、いくつか覚えておきたい基本的な用語がありますので、ご紹介します。

1．公益法人会計で使用する基本的な用語

⑴　**事業年度**

正味財産の増減や残高を計算する期間（会計期間）のことをいい、定款に記載されています。事業年度は1年間を超えなければ原則自由に設定できるので、理事や監事等の役員が多忙ではない時期を事業年度とすることも可能です。

⑵　**期首と期末**

事業年度の初日を期首、終日を期末といいます。4月1日〜3月31日までの事業年度の場合は、4月1日を期首、3月31日を期末といいます。

⑶　**当期、前期、翌期**

現在進行している事業年度を当期、当期の前の事業年度を前期、当期の後の事業年度を翌期といいます。

⑷　**資産と負債と正味財産**

公益法人会計で正味財産の残高を表すためには、「期末時点の資産－負債＝正味財産」の算式で求めます。

資産は預金や土地などで正味財産のプラスの財産で、負債は借入金などで正味財産のマイナスの財産となります。

⑸　**収入と支出：現金主義**

公益法人会計では資産の一部である現金預金の入金を収入、出金を支出といいます。公益法人会計では、従来から予算管理、予算執行のために現金預金（資

金）の流れを把握しようという考えがありました。よって、現金預金の増減を、「１事業年度中の収入－支出＝現金預金の増減」の算式で求めます。

このような、資金の入出金で収入と支出を認識する方法を現金主義といいます。公益法人では従来、予算書をこの現金主義を基準として作成・管理を行っていました。このような予算書を「資金ベースの予算書」といいます。

(6) **収益と費用と正味財産の増減：発生主義**

公益法人会計で正味財産の増減を表すためには、「１事業年度中の収益－費用＝正味財産の増減」の算式で求めます。

収益は正味財産を増やす原因となるもの、費用は正味財産を減らす原因となるものです。収益と費用は、原則、発生主義により認識しますので、収益の発生、費用の発生といいます。発生主義とは、現金の入出金にとらわれることなく、事業年度中に認識すべき収益、費用であるか？　ということです。

例えば、当期の会費が未徴収の場合でも、当期の収益となりますし、当期に購入した備品の代金の支払いを翌期にしたとしても、当期の費用となります。

公益法人会計では、今回の制度改革により、発生主義の予算書の作成を求めています。この発生主義による予算書のことを、「損益ベースの予算書」といいます。

図Ⅱ－２　公益法人会計での基本的用語のイメージ図

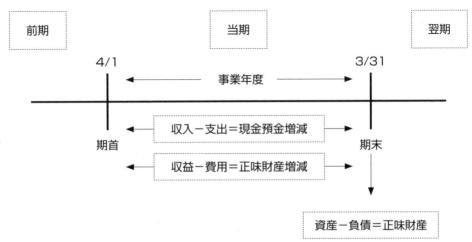

Q7. 公益法人会計の基準はいくつありますか？

A7. 公益法人会計の基準は、昭和52年発表後改正を繰返し全部で4つあります。

1．公益法人会計基準の改正

公益法人会計のルール（規範）となるものが公益法人会計基準です。

公益法人会計基準は昭和52年に発表されてから、3回の改正が行われていますので、全部で4つの基準があることになります。それぞれの基準は、改正が発表された年にちなんで、「昭和52年基準」「昭和60年基準」「平成16年基準」「平成20年基準」と呼ばれています。

図Ⅱ－3　公益法人会計基準の改正の流れ

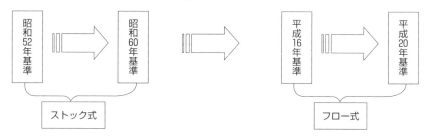

2．ストック式とフロー式

上記の改正の流れには、昭和52年基準と昭和60年基準は「ストック式」、平成16年基準と平成20年基準は「フロー式」となっていますが、これは、正味財産の増減の計算方法が違います。

ストック式では、「1事業年度中の資産の増加額－資産の減少額＋負債の減少

額 − 負債の増加額 = 正味財産の増減」の算式で正味財産の増減を求めます。Q5、6で、「1事業年度中の収益 − 費用 = 正味財産の増減」の算式を説明しましたが、これはフロー式の考え方です。

（例）1,000万円の寄附（収益）により、預金（資産）が1,000万円増加した。
　　　500万円の給与（費用）の支給により、預金（資産）が500万円減少した。
このような例で、ストック式とフロー式で正味財産の増減を表してみます。

図Ⅱ－4　ストック式とフロー式の正味財産の増減

ストック式（資産と負債の増減）

①資産増加	預金増加	1,000万円
②資産減少	預金減少	500万円
③負債減少	なし	なし
④負債増加	なし	なし
⑤正味財産増減	①−②+③−④	500万円

フロー式（収益と費用の発生）

①収益	寄附金	1,000万円
②費用	給与	500万円
③正味財産増減	①−②	500万円

3．ストック式からフロー式へ ⇒ 正味財産増減の原因の明確化

　上記の表を比較しますと、フロー式では、寄附金と給与により、正味財産が500万円増加したという原因と結果が明確にわかりますが、ストック式では、預金が増減したことで正味財産が増加したことはわかりますが、その発生原因まではわかりません。

　公益法人会計基準では当初、正味財産の増減（原因＝プロセス）よりも、収入 − 支出 = 現金預金の増減（結果）を表すことに重点が置かれていたため、正味財産の増減を表すことは、ストック式により付属的な立場で行われていました。

　平成16年基準と平成20年基準では、現金預金の増減という結果よりも正味財産の増減のプロセスを表すことに重点が置かれるようになり、正味財産の増減の原因が明確なフロー式に変化したといわれています。

Q8. 1取引2仕訳の概要を教えてください。

A8. 1取引2仕訳とは、公益法人会計独特の会計処理の方法です。従来から「収入－支出＝現金預金の増減」の資金ベースの考え方が重視されていたため、1つの取引で、資金的な会計処理と非資金的な会計処理の2つを行うことをいいます。平成20年会計基準では、指定正味財産から一般正味財産への振替のときに1取引2仕訳となり、4つのパターンがあります。

1．公益法人会計での1取引2仕訳

　公益法人会計の特徴である1取引2仕訳は、1つの取引で資金の増減と資産・負債の増減の2つの会計処理をすることです。
　仕訳とは、会計帳簿に記載する方法と思ってください。

(1) **企業会計は、原則、1取引1仕訳**
　株式会社などの一般的な会社が行う会計を企業会計といいます。企業会計では、原則1つの取引で1つの会計処理をする1取引1仕訳となっています。たとえば、「車を200万円で購入した」という取引では、次のような仕訳を行います。
　　車両運搬具　200万円／現金預金　200万円
　この仕訳は、「車」という資産を購入して、「現金預金」という資産が減少したという会計処理で、資産の増減を表す「貸借対照表」に記載されます。

(2) **ストック式での1取引2仕訳**
　ストック式では、資金ベースの考え方が重視されていたため、「収入－支出＝現金預金の増減」を表す収支計算書と、「資産－負債＝正味財産」を表す貸借対照表もありました。そしてこの2つを結びつける計算書として正味財産増減計算書がありました。

収支計算書上の仕訳（資金）と貸借対照表上の仕訳（非資金）を結びつけるための正味財産増減計算書上のストック科目（非資金）があったことから、1取引2仕訳の会計処理となります。

先ほどの「車を200万円で購入した」という取引をストック式で行うと次のようになります。

①貸借対照表上の仕訳

　車両運搬具（非資金）　200万円／現金預金（資金）　200万円

②収支計算書上と正味財産増減計算書の仕訳（資金）

　車両運搬具購入支出（資金）　200万円／車両運搬具増加額（非資金）　200万円

ストック式では、収支計算書と貸借対照表を結びつける役割として正味財産増減計算書がありましたので、これら3つの計算書類は連動しており、②の仕訳の「車両運搬具購入支出」は収支計算書に、「車両運搬具増加額」は正味財産増減計算書に記載されます。

(3)　フロー式での1取引2仕訳（平成16年基準）

フロー式に変化した平成16年基準では、損益ベースの考え方が重視されているため、収支計算書が財務諸表から除かれ、貸借対照表と正味財産増減計算書を連動させる仕訳になりましたので、ストック式のような1取引2仕訳はありませんでしたが、収支計算書は内部管理資料として作成し、旧主務官庁にも毎期提出する必要がありましたので、貸借対照表と正味財産増減計算書とは切り放して、単独で収支計算書を作成する必要がありました。

それゆえ、平成16年基準でも収支計算書を作成するためだけの仕訳があり、結果1取引2仕訳となっていました。

平成16年基準による「車の購入」の仕訳は、次のようになります。

①貸借対照表上の仕訳

　車両運搬具　200万円／現金預金　200万円

②収支計算書上の仕訳

　車両運搬具購入支出　200万円／現金預金　200万円

平成16年基準では、フロー式としながらも収支計算書を単独で作成する態勢でしたので、②は収支計算書を作成するためだけの仕訳であり、「車両運搬具購入支出」の科目だけが反映され、「現金預金」の科目は①の仕訳で既にあります

ので、左右バランスをとるための仮の科目のようなもので、貸借対照表には反映されません。

2．平成20年会計基準の1取引2仕訳（指定正味財産から一般正味財産への振替え）

　平成20年会計基準では従来からの資金ベースの考え方に代わって損益ベースの考え方が重視されますので、前述のような資金と非資金を仕訳する1取引2仕訳はありません。損益ベースである平成20年基準では正味財産を一般正味財産と指定正味財産の2種類に分け、貸借対照表と正味財産増減計算書の計算書類上で厳密に区分することとなっています。

　これにより、次のような指定正味財産から一般正味財産への振替えの場合には、一般正味財産と指定正味財産のそれぞれで仕訳をすることとなる結果、1取引2仕訳が発生します（平成20年会計基準　注解15及び日本公認会計士協会非営利法人委員会報告第28号　公益法人会計基準に関する実務指針より）。

⑴　指定正味財産を費消する場合

　使途の指定を受けた寄附財産等を指定正味財産とした場合に、その使途の指定に従ってその指定正味財産を費消したときに費用が発生します。その際にその費消額と同額を指定正味財産から一般正味財産の収益へと振替えます。

　これは、会計では関連する収益と費用を対応させる「費用収益対応の原則」という考え方がありますが、公益法人会計のルールで一般的な費用は指定正味財産に記載することができないので、収益と費用を対応させて記載することができません。よって、収益と費用を対応させて記載することができる一般正味財産に振替えることにより1取引2仕訳となるのです。

　①一般正味財産上での費消（費用）の仕訳

　　費用（事業費又は管理費）　××／資産（基本財産又は特定資産）　××

　②指定正味財産から一般正味財産の収益への振替え仕訳

　　一般正味財産への振替額（指定）　××／受取寄附金振替額（一般）　××

⑵　指定正味財産の資産を減価償却する場合

　使途の指定を受けた寄附財産等を指定正味財産とした場合に、その財産の減価償却費を仕訳する場合には、減価償却費の分だけ指定正味財産から一般正味財産

の収益に振り替えます。

①一般正味財産上での費消の仕訳

　費用（減価償却費）　××／資産（基本財産又は特定資産）　××

②指定正味財産から一般正味財産の収益への振替え仕訳

　一般正味財産への振替額（指定）　××／受贈益振替額（一般）　××

(3) **指定正味財産の資産が災害等により滅失した場合**

　使途の指定を受けた寄附財産等を指定正味財産とした場合に、その財産が災害等で滅失した場合や有価証券等の時価が下落した場合で回復の見込みがないと認められるときは、一般正味財産上で損失を仕訳し、同額を指定正味財産から一般正味財産の収益として振り替えます。

①一般正味財産上での費消の仕訳

　費用（減損損失）　××／資産（基本財産又は特定資産）　××

②指定正味財産から一般正味財産の収益への振替え仕訳

　一般正味財産への振替額（指定）　××／受贈益振替額（一般）　××

※同じ財産でも、もともとの価額に回復する見込みがある場合には、一般正味財産に振り替えることはせず、指定正味財産上で評価損を仕訳して1取引2仕訳にはなりません。

(4) **指定正味財産として保有する満期保有目的の債券の利息を受け取ったとき**

　満期保有目的の債券で、取得価額と債券金額との差額の性格が金利の調整と認められるときには、償却原価法[※]という方法により債券を評価します。

　償却原価法により評価する満期保有目的の債券が指定正味財産であれば、償却原価法による評価方法と処理を統一させるため、実際の利息を受け取ったときにまず、指定正味財産としたあとに、一般正味財産へ振り替えます。

　これは、上記(1)～(3)までの収益と費用を対応させるために指定正味財産から一般正味財産へ振り替える考え方とは異なります。（※償却原価法の説明はQ58参照）

①指定正味財産上での利息の仕訳

　現金預金　××／基本財産又は特定資産受取利息（指定）　××

②指定正味財産から一般正味財産の収益への振替え仕訳

　一般正味財産への振替額（指定）　××／基本財産又は特定資産受取利息
　　　　　　　　　　　　　　　　　　　　　　　　　　　　　（一般）　××

Q9. 公益法人会計基準での会計区分を教えてください。

A9. ここでは、今回の公益法人制度改革が施行されるまで多くの社団法人と財団法人が適用していた平成16年基準と、最も新しい平成20年基準における会計名＝会計区分の説明をします。

1．平成16年基準での会計区分 ⇒「一般会計」と「特別会計」

平成16年基準では、「一般会計」という会計区分で会計処理を行うことが基本的な考え方です。

社団法人と財団法人が行う事業は多種多様で、事業によっては補助金や助成金の関係上、他の事業と区分して会計処理を行うほうが、管理しやすい場合もあります。そのような場合には、「特別会計」という会計区分で会計処理を行うことができます。

特別会計を設けた場合には、「一般会計」と「特別会計」を合算した「総括表」を作成する必要があります。

図Ⅱ－5　平成16年基準での会計区分

総括表	
一般会計	特別会計

2. 平成 20 年基準での会計区分 ⇒ 公益法人と移行法人で異なる会計区分

平成 20 年基準上の適用対象法人（以下、「公益法人又は移行法人等」という）は 4 種類あります。
(1) **公益法人**
(2) **移行法人（公益目的支出計画を実施する一般法人）**
(3) **公益法人又は移行法人へ移行申請する特例民法法人**
(4) **公益法人の申請をする一般法人**

このうち、(3)の特例民法法人は、公益法人へ移行する場合は(1)の公益法人として、移行法人へ移行する場合は(2)の移行法人として平成 20 年会計基準を適用します。(4)の一般法人の場合は、公益法人として平成 20 年会計基準を適用します。

平成 20 年基準での会計区分は、公益法人と移行法人とで異なります。平成 20 年基準では、平成 16 年基準と違い、必ず 3 つの会計区分を設ける必要があります。そして、この会計区分を設けたものを総称して内訳表と呼びます。

図Ⅱ-6　平成 20 年基準での会計区分

①公益法人の会計区分

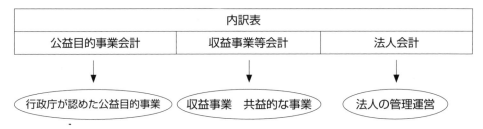

②移行法人の会計区分

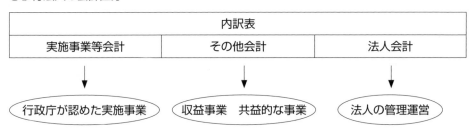

Q10. 財務諸表の種類と役割を教えてください。

A10. ここでは、平成20年基準での財務諸表の種類と役割を説明します。

1. 財務諸表の種類

　平成20年基準の財務諸表は、3種類あります。財務諸表とは、法人の一定時点での財務内容を表す計算書類であり、決算書ともいいます。

(1) **貸借対照表**
　期末時点の資産、負債、正味財産の残高を表します。

(2) **正味財産増減計算書**
　期首から期末まで（1事業年度中）に発生した収益と費用と正味財産の増減を表します。

(3) **キャッシュ・フロー計算書**
　1事業年度中のキャッシュ・フローを活動別に表します。
　キャッシュ・フロー計算書は、平成20年基準での財務諸表ではありますが、公益法人のうち会計監査人設置法人（収益・費用が1,000億円以上又は負債が50億円以上）以外の法人は作成しないことができます。

2. 財務諸表の役割

　財務諸表の役割は、法人の事業活動・運営に関係する様々な立場の人へ法人の財務内容を適切に報告することです。
　公益法人又は移行法人等の運営を指導・監督する立場にある行政庁、寄附や助成・補助をする人や団体、事業に賛同してボランティアとして参加する人など、

法人の事業活動や運営の関係者の立場は様々です。

これらの人は、常にこれからの法人との関係をどうするべきか判断する必要があります。

その判断基準の一要素となるものが、財務諸表です。

よって、財務諸表を作成し報告することは、法人の義務であり責任を果たすことになります。

図Ⅱ-7　財務諸表の役割

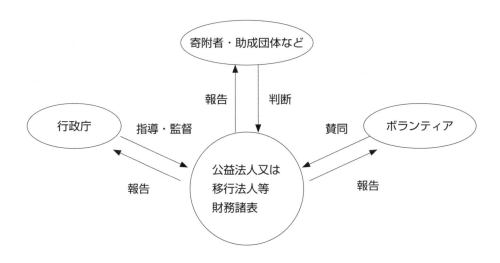

3. 財産目録は財務諸表ではないのか？

財産目録とは、資産及び負債の明細を表す計算書類であり、従来の公益法人会計基準では財務諸表として作成・報告が求められていました。

平成20年基準では、財産目録の存在はあるものの、財務諸表からは除かれています。

しかし、公益法人は、認定法において財産目録の作成が義務付けられています。

平成20年基準での財産目録を作成する必要があるのは公益法人のみで、移行法人は作成する必要がありません。

Q11. 行政庁へ提出する財務諸表等を教えてください。

A11. 行政庁へ提出する財務諸表等は、移行法人と公益法人とで異なります。ここでは、財務諸表等を含めた行政庁へ提出する書類全体を説明します。

図Ⅱ-8　行政庁へ提出する財務諸表等　　○…提出必要　×…提出不要

基準			財務関係書類の種類	移行法人	公益認定法人
法令によるもの	公益法人会計基準	財務諸表	貸借対照表	○	○
			正味財産増減計算書（損益計算書）	○	○
			キャッシュ・フロー計算書（会計監査人設置法人のみ）	×	○
		財務諸表の附属明細書		○	○
		財産目録		×	○
	事業報告			○	○
	事業報告の附属明細書			○	○
	事業計画書			×	○
	収支予算書（損益ベース）			×	○
	資金調達及び設備投資の見込み			×	○
指導監督基準（内部管理資料）		収支予算書（資金ベース）		×	×
		収支計算書（資金ベース）		×	×

1. 事業年度終了後3カ月以内に提出する財務諸表等

　左記の図のうち、貸借対照表から事業報告の附属明細書までが事業年度終了後3カ月以内に提出する財務諸表等です。

　このうち、事業報告とは、1事業年度中の事業活動を報告する書類です。様式は公益法人又は移行法人等によって異なりますが、多くの法人が会計区分、事業区分ごとに詳細にわたり説明しています。

　また、事業報告の附属明細書には、事業報告の内容を補足する重要な事項を記載します。

2. 事業年度終了日までに提出する財務諸表等

　左ページの表のうち、事業計画書から資金調達及び設備投資の見込みまでが事業年度終了日までに提出する翌事業年度に関する財務諸表等で、公益法人のみの提出となっています。

3. 従来から提出していた資金ベースの収支予算書及び収支計算書の提出

　社団法人と財団法人は予算執行を重視していましたので、資金ベースの収支予算書と収支計算書を主務官庁へ提出していました。これらの書類は、公益法人制度改革後は行政庁へ提出しません。平成20年基準においてもその存在はありません。

　しかし、長年資金ベースの収支予算書と収支計算書において法人の運営を管理していましたので、実務的には、これらの存在が完全になくなることはないと思われます。

4. 行政庁へ提出する書類は所定の機関決定が必要

　行政庁へ提出する書類は、単に作成して提出するわけではありません。

　各法人の定款には、行政庁へ提出する書類をどのように作成し、提出前の理事会や社員総会、評議員会での決議や報告の方法が規定されています。

Q12.
平成20年基準の適用は強制ですか？

A12. 平成20年基準の適用は法的に義務付けられているものではありませんが、公益法人と移行法人は、平成20年基準によって作成された財務諸表等を行政庁へ提出することになっていますので、実質的には平成20年基準の適用は必須となっています。

1．公益法人と移行法人

　公益法人法での会計の適用に関する規定は、法人法において「一般に公正妥当と認められる会計の慣行に従うものとする」とだけあり、具体的に平成20年基準の適用を規定しているわけではありません。

　しかし、法人法、認定法、整備法では、平成20年基準の適用を前提とした財務諸表等の作成、事務所への備え置き、行政庁への提出等を別途規定してます。

　特に、公益法人と移行法人の場合は、平成20年基準を適用した財務諸表等でなければ行政庁が財務諸表等の提出を受け付けてくれません。

　結果、公益法人と移行法人は実質的には平成20年基準の適用が必須となっています。

2．公益法人への移行を計画している一般法人

　一般法人が公益法人への移行を計画している法人の場合は、行政庁への公益認定申請が必要であり、申請には平成20年基準を適用した予算書が必要です。また、公益法人への移行後は毎期、平成20年基準を適用した財務諸表等を行政庁へ提出します。

　よって、公益法人への移行を計画している一般法人は、平成20年基準を適用

することが好ましいと考えられます。

3．新規に設立された一般法人や公益目的支出計画が終了した一般法人

　今回の公益法人制度改革により新規に設立された一般法人や公益目的支出計画が終了した一般法人は、法人法に「一般に公正妥当と認められる会計の慣行に従うものとする」との規定があるのみで、行政庁への財務諸表等を提出する必要はなく、どの会計基準を適用するかは任意です。

　しかし、法人法には附属明細書の作成等、別途平成20年会計基準の適用を前提とした財務諸表等の作成の規定があります。

　一般法人は法人法に基づく法人なので、新規に設立された一般法人や公益目的支出計画が終了した一般法人も、平成20年基準の会計区分を設ける必要はありませんが、平成20年会計基準を適用するのが望ましいと考えられます。

4．会計ソフトを使用している場合

　昨今では、会計ソフトを導入して会計処理を行っている法人が増えてきました。会計ソフトは、メーカー各社から様々な商品が販売されており、商品によっては、平成16年基準と平成20年基準が併用できるようなシステムのものもありますが、ほとんどの会計ソフトが平成20年基準を対象としたもので、平成16年基準以前の会計ソフトは少なくなってきています。

　最新の会計基準を適用することで、時代の流れに沿った基準で作成した財務諸表等を外部へ報告することができます。平成20年基準で財務諸表等を作成することは、これから時が経過すればするほど、法人関係者に財務諸表等の役割をより理解していただけると思います。

Q13. 資産、負債、正味財産の内容を教えてください。

A13. 平成20年基準で使用する資産、負債、正味財産の内容の区分は、会計上、勘定科目といい、「運用指針」に記載されています。

勘定科目は通常、「大科目」と「中科目」の2区分となっています。

ここでは一番外枠の大科目を説明します。中科目の一覧は巻末の資料を参照してください。

1. 資産の体系

資産は、(1)現金や預金など頻繁に動く可能性のある（流動性）「流動資産」、(2)建物や国債など頻繁に動く可能性が低い（固定性）「固定資産」の2つに大きく分かれます。公益法人会計基準での特徴は、固定資産を①「基本財産」、②「特定資産」、③「その他固定資産」の3つに区分している点です。

図Ⅱ-9 資産の体系

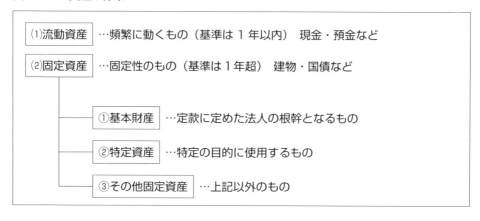

2．負債の体系

負債は、(1)未払金などすぐに精算される可能性のある（流動性）「流動負債」と(2)保証金など長期的に存在する可能性のある（固定性）「固定負債」があります。

図Ⅱ-10　負債の体系

---

(1)流動負債　…すぐに精算されるもの（基準は1年以内）　未払金など

(2)固定負債　…長期的に存在するもの（基準は1年超）　預り保証金など

3．正味財産の体系

正味財産は、(1)一般社団法人又は公益社団法人で基金制度を設けている法人のみに適用が可能な「基金」、(2)使途の特定や制約がない場合や使途の特定や制約があっても一事業年度中に費消する「一般正味財産」、(3)使途の特定や制約がある「指定正味財産」の3つに分かれます。

図Ⅱ-11　正味財産の体系

---

(1)基金　…社団法人のみに適用可能。拠出者へ返還義務があるもの

(2)一般正味財産　…使途の特定や制約がないもの。特定や制約があっても寄附を受けた事業年度中に費消するもの

(3)指定正味財産　…寄附を受けた資産で使途の特定や制約があるもの

Q14. 一般正味財産と指定正味財産、どうやって決めるの？

A14. 正味財産のうちまずは指定正味財産を決めて、残りが一般正味財産となります。

1．指定正味財産とは

(1) 寄附者から使途の特定又は制約を受けた寄附

公益法人又は移行法人等では、寄附を受けることがあります。

公益法人会計では、このような寄附により得た資産を、「基本財産」又は「特定資産」とするのが一般的です。そして、その寄附を受けた資産の使い道が決まっている場合があります。

「基本財産」又は「特定資産」とした資産のうち、その資産の寄附をした寄附者が寄附をした資産について使い道を決めた場合は、指定正味財産となり、使い道が決まっていない場合、又は寄附を受けた法人側が使い道を決めた場合には一般正味財産となります。指定正味財産の定義としては、「法人が寄附を受けた資産のうち、寄附者により使途が特定又は制約されている資産」とされています。そして、正味財産からこの指定正味財産を差し引いた残額が一般正味財産となります。

(2) 資産と正味財産の関係

「資産－負債＝正味財産」の算式を変形させると、「資産＝正味財産＋負債」となり、資産は正味財産と負債から構成されていることがわかります。

正味財産から構成されている資産は、指定正味財産と一般正味財産に区分されることになります。

2．寄附者により使途の特定又は制約を受けても一般正味財産となる場合

寄附者が寄附をした資産の使途を特定又は制約しても、寄附を受けた資産が寄附を受けた事業年度中に使われてしまう場合には、指定正味財産とせずに、一般正味財産とすることができます。

また、指定正味財産とした基本財産又は特定資産を、寄附者の意思にそって実際に使用する場合には、いったん、一般正味財産に振り替えてから使用します。

3．何故、一般正味財産と指定正味財産の区分が必要なの？

公益法人又は移行法人等の場合、寄附が大きな収入源となって様々な事業活動を行うことができます。また、その寄附には税金が課税されないなどの恩恵を受けています。このような恩恵を受けているからこそ、寄附者の意思に則って、正しい使い方ができているのかを明確に表す必要があるのです。

図Ⅱ－12　指定正味財産と一般正味財産の区分

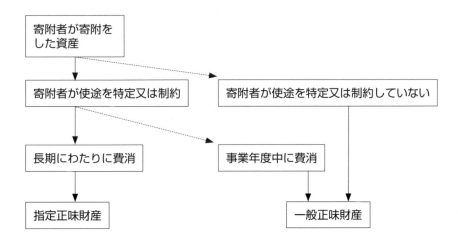

Q15. 寄附者からの使途の特定又は制約があるかわからない場合の正味財産の区分は？

A15. 社団法人と財団法人の歴史は明治時代まで遡るため、公益法人によっては、所有している資産について、寄附者の使途の特定又は制約があったのかわからなくなっているものもあると思います。

　そのような資産は、たとえ基本財産や特定資産として記載していても指定正味財産ではなく、一般正味財産として区分します。

１．寄附者からの使途の特定又は制限があった証憑書類等がない場合

　寄附者からの使途の特定又は制約があったことはわかっていても、その証憑書類等の保存がない場合もあります。

　そのような場合は、根拠が明らかであれば指定正味財産として記載はしますが、その旨及び根拠を文書化し、理事会や評議員会など一定の機関で承認を受けておく必要があると思われます。

２．寄附者から受けた資産とは？

　指定正味財産の定義は、「寄附によって受け入れた資産で、寄附者等の意思により当該資産の使途について制約が課されている場合」となっています。

　この寄附の中には、単純な寄附のほか、国や地方公共団体、民間の法人等が交付する補助金等も含まれています。

３．寄附者からの使途の特定又は制約とは？

　寄附者からの使途の特定又は制約には、(1)資産の使途、(2)資産の処分、(3)資産の保有形態の３つがあります。

(1) **資産の使途の制約**
　資産の使途の制約とは、寄附を受けた資産をどのように使用するかについて制約が課されている場合です。例えば、寄附を受けた金銭を建物の補修にあてるなどの指定が課されているなどです。
(2) **資産の処分の制約**
　資産の処分の制約とは、寄附を受けた資産に一定の維持の制約があるなどです。例えば、寄附を受けた美術品等の永久的な維持や10年、5年など具体的な期間の指定、特定の事業が終了する期間までの維持という場合もあります。
(3) **資産の保有形態の制約**
　資産の保有形態の制約とは、寄附を受けた資産をどのように保有するかについて制約が課される場合です。例えば、土地を基本財産として保有する制約が課されている場合があげられます。

4．指定正味財産から一般正味財産への振替え

　寄附者から寄附を受けた資産を、寄附者の使途の特定又は制約にそってその財産を使う（費消する）場合には、それまで指定正味財産として記載していた収益を一般正味財産への収益へ振り替える必要があります。
　例えば、建物の補修を行うために寄附を受けた金銭は、特定資産として資産に計上し、また、指定正味財産の収益として区分していました。実際に建物の補修のためにこの金銭を使う場合には、それまでの特定資産を取り崩し、指定正味財産の収益から一般正味財産への収益へ振り替えることになります。

Q16. 収益と費用の内容を教えてください。

A16. 平成20年基準で使用する収益と費用の内容の区分も資産、負債、正味財産と同様に、会計上、勘定科目といい、「運用指針」に記載されています。

勘定科目は通常、「大科目」と「中科目」の2区分となっています。

ここでは一番外枠の大科目を説明します。中科目一覧は巻末の資料を参照してください。

1．収益の体系 ⇒「一般正味財産増減の部」と「指定正味財産増減の部」

⑴　収益と正味財産の関係

収益は、まず、大科目を区分記載する部があり、「一般正味財産増減の部」と「指定正味財産増減の部」の2つの区分があります。ここで、あれ？　と思われた方は本当に鋭い！　これまでの説明で正味財産を一般正味財産と指定正味財産に区分することを説明したばかりです。

収益も一般正味財産と指定正味財産に区分する必要があるということは、「収益＝正味財産」なの？　と思われた方、正解です。「収益－費用＝正味財産の増減」算式により、収益は正味財産を増加させる原因となるものです。費用が0であれば、「収益＝正味財産」となりますので、収益は正味財産に直結するものなのです。ということは、「収益＝正味財産＝資産（一部分）」といえます。

⑵　収益の区分

収益を「一般正味財産増減の部」と「指定正味財産増減の部」に区分する方法も、正味財産の区分方法と全く同じです。寄附者から寄附を受けた資産のうち、使途の特定又は制約があるものに関しては指定正味財産増減の部の収益、それ以

Ⅱ 公益法人会計の概要

外は一般正味財産増減の部の収益です。

２．収益の体系 ⇒ 一般正味財産増減の部の経常収益と経常外収益

一般正味財産増減の部に記載する収益には、様々な種類のものがあります。

これらの収益は大科目として、①法人の経常的な活動から発生する「経常収益」と、②突発的に発生する「経常外収益」に区分します。

それからさらに、各収益の種類に合わせた勘定科目に区分します。

図Ⅱ－13　収益の体系

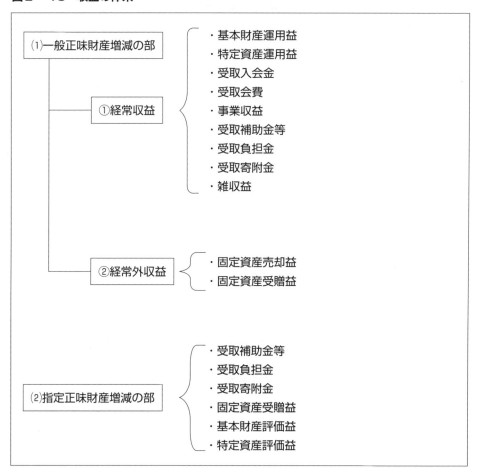

3．費用の体系 ⇒ 経常的に発生する費用には一般正味財産増減の部しかない

「収益－費用＝正味財産の増減」ですので、費用は正味財産を減少させる原因となるものです。

寄附者から寄附を受けた資産で使途の特定又は制約があるもののみを記載する指定正味財産増減の部には、期末日においてのみ発生する基本財産や特定資産の時価評価損益に関する費用及び一般正味財産への振替額を記載し、日々の取引で生じる経常費用や経常外費用を記載することはありません。

4．費用の体系 ⇒ 一般正味財産増減の部の経常費用と経常外費用

収益と同様、一般正味財産増減の部に記載する費用には、様々な種類の費用があります。これらの費用は大科目として、①法人の経常的な活動から発生する「経常費用」と、②突発的に発生する「経常外費用」に区分します。

5．費用の体系 ⇒ 経常費用の事業費と管理費

経常費用には、法人の事業に関係する「事業費」と、法人の管理・運営に関する「管理費」の2つに区分されます。

事業費には、事業に直接関係するものと、間接的に関係するものがあります。

事業に間接的に関係するものは、従来、全額管理費として記載されていましたが、平成20年基準により管理費と事業費に費用配賦ができるようになりました。

平成20年基準の事業費と管理費の定義は、ガイドラインに次のように記載されています。

【ガイドライン】（一部抜粋）
「事業費」「管理費」の定義は次のとおりとする。
　ⅰ　事業費：当該法人の事業の目的のために要する費用
　ⅱ　管理費：法人の事業を管理するため、毎年度経常的に要する費用
（管理費の例示）
　総会・評議員会・理事会の開催運営費、登記費用、理事・評議員・監事報酬、会計監査人・監査報酬。
（事業費に含むことができる例示）
　専務理事等の理事報酬、事業部門の管理者の人件費は、公益目的事業への従事割合に応じて公益目的事業費に配賦することができる。

> 管理部門^(注)で発生する費用（職員の人件費、事務所の賃借料、水道光熱費等）は、事業費に算入する可能性のある費用であり、法人の実態に応じて算入する。
> （注）管理部門とは、法人本部における総務、会計、人事、厚生等の業務を行う部門である。

このように従来管理費として記載していた職員の人件費、事務所の賃借料、水道光熱費などを管理費と事業費に分けることを、費用配賦といいます。

図Ⅱ－14　費用の体系

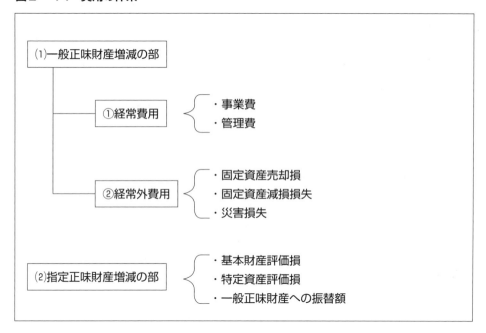

6．収益と費用の共通勘定科目 ⇒ 一般正味財産増減の部にのみある

　一般正味財産増減の部には、一般正味財産である基本財産、特定資産、その他固定資産として記載されている投資有価証券の時価評価損益、売却損益を記載する勘定科目があります。

　これは、収益も費用も同じ大科目として記載します。

図Ⅱ－15　収益・費用の共通勘定科目の体系

```
一般正味財産増減の部 ┤・基本財産評価損益等
                    │・特定資産評価損益等
                    └・投資有価証券評価損益等
```

7．会計区分と収益、費用の関係

　平成20年基準には法人の形態別の会計区分があります。

　また、収益と費用の記載方法も会計区分ごとに図Ⅱ－16のように決まっています。

　特徴的なのは、経常費用である事業費と管理費を1つの会計区分に記載できないことです。

図Ⅱ－16　会計区分と収益、費用の関係

①公益法人の会計区分と収益、費用の関係

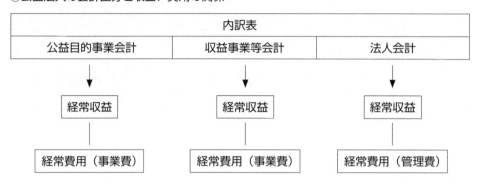

②移行法人の会計区分と収益、費用の関係

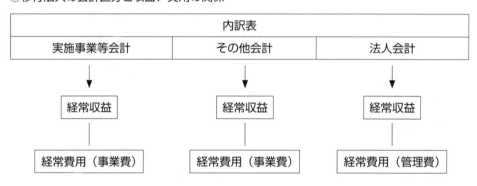

Ⅲ 公益法人と移行法人が満たすべき数値的要件
1．公益法人の数値的要件

Q17. 公益法人の数値的要件「財務三基準」の概要

A17. 　公益法人としての要件は18項目もあり、すべて厳格な運営や管理を求める内容となっています。特にその18要件の中でも数値的要件はハードルの高い要件であり、これらの要件を毎事業年度、純粋に満たしていくと、法人が所有する財産は目減りしていく傾向にあります。

　公益法人の数値的要件は、財務三基準と呼ばれており、「収支相償」「公益目的事業比率50％以上」「遊休財産の保有制限」の3つの要件があります。

1．収支相償
(1) 収支相償の概要

　公益法人が行う公益事業は行政庁の認定を受けて「公益目的事業」となります。
　その公益目的事業は収益から費用を差し引いて0以下であること、これが収支相償の要件です。公益目的事業では儲けてはいけません！　ということです。

(2) 収益事業等を行っている場合の収支相償の判定

　公益法人が行う公益目的事業以外の事業は「収益事業等」といいます。
　公益法人が収益事業等を行っている場合は、収益事業等の利益を50％又は50％超、公益目的事業に繰り入れてもなお公益目的事業は赤字でなければなりません。
　利益を50％繰り入れるか、50％超繰り入れるかは公益法人の選択になります。

2．公益目的事業比率50％以上
(1) 公益目的事業比率50％以上の概要

　公益法人が行う公益目的事業に使う費用は、公益法人全体の費用の50％以上であること、これが公益目的事業比率50％以上の要件です。

公益目的事業は収支相償の要件がありますので、赤字の事業を50％以上行うことになり、財務三基準の中で最もハードルの高い要件といえます。
(2) 「公益法人の主たる目的」の数値要件
　公益目的事業比率50％以上の要件は、「公益法人は、公益目的事業を主たる事業として行うこと」の公益認定基準を数値的に表した要件です。

3. 遊休財産の保有制限
(1) 遊休財産の保有制限の概要
　公益法人がためておくことができる遊休財産は、1年分の公益目的事業費の額を上限とする、これが遊休財産の保有制限の要件です。
(2) 遊休財産と内部留保の関係
　遊休財産とは、公益法人が特定の事業に使途を指定せずに保有している財産です。遊休財産の計算をしてみると、従来の内部留保の金額と近い数値になる場合が多いと思われます。遊休財産の対象から除外される「控除対象財産」という財産があります。流動資産として保有している預金や債権等は、原則として「控除対象財産」には該当しません。

4. 公益法人の運営は厳しい
　財務三基準の要件に該当する公益法人とは、事業の半分以上が赤字で、財産の備蓄も少ない法人といえます。また、収益事業等を行う場合は、公益目的事業の実施に支障のないこと＝黒字であることが求められています。
　一般に、収益事業等を行わない公益法人の場合、公益法人移行時の所有財産より増えることはないともいわれています。
　公益法人として継続的に運営するのは、厳しい状況下で行うことになります。

図Ⅲ－1－1　公益法人の会計区分と運営

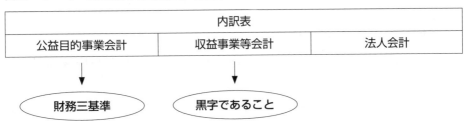

Q18. 収支相償の具体的な計算方法を教えてください。要件をクリアできない事業年度はどうすればよい？

A18. 収支相償は、貸借対照表と正味財産増減計算書内訳表の数値を使って行います。要件をクリアできないときには、特例があります。

1. 収支相償の具体的計算

収支相償の計算方法は2段階判定です。

(1) 1段階目の判定

1段階目では、公益目的事業単体で赤字の判定を行います。

正味財産増減計算書内訳表の公益目的事業会計の経常収益計から経常費用計を差し引いて判定します。

図Ⅲ－1－2 収支相償 1段階目の判定

```
公益目的事業会計
経常収益   350
経常費用   430
差引    △80
```

```
△80で
1段階目判定
クリア
```

(2) 2段階目の判定前の管理費按分

2段階目では、収益事業等を行っている場合に、収益事業等の利益を50％又は50％超繰入れをして、赤字の判定を行います。

その判定を行う前に、正味財産増減計算書内訳表の法人会計の管理費を合理的

な基準により収益事業等会計に按分します。

按分方法は、合理的な基準となっていますが、実務上は各会計の経常費用の数値を使って按分するのが一般的です。

次の図Ⅲ－1－3では、管理費100を収益事業等会計の経常費用350と公益目的事業会計の経常費用430を使って、収益事業等会計に按分する44を求めています。残りの管理費56（＝100－44）は、収支相償の判定に使用することはありません。

図Ⅲ－1－3　収支相償　法人会計の管理費按分

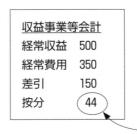
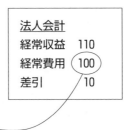

$$100 \times \frac{350（収益）}{430 + 350} = 44$$
（法人）　　（公益）（収益）

管理費按分の計算式（各会計の経常費用の数値を使用）

(3) **2段階目の判定：50％繰入れの場合**

法人会計の管理費を按分したのちは、公益法人が50％又は50％超繰入れを選択して判定を行います。

50％繰入れ選択では、法人会計の管理費を按分した後の収益事業等会計の利益に単純に50％を乗じた数値を公益目的事業会計に繰り入れます。

図Ⅲ－1－4　収支相償　50％繰入れ

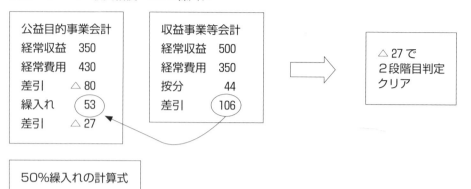

(4)　2段階目の判定：50％超繰入れの場合

① 50％超繰入れの計算式

　50％超繰入れの場合には、少し複雑な計算式になっています。「50％超」なので、最高100％まで利益を繰り入れることが可能なのですが、上限額があります。上限額は、「公益目的事業会計の経常収益－経常費用＋減価償却費－公益目的保有財産の取得支出＋公益目的保有財産の売却収入」の絶対値で求めます。

② 上記等式の減価償却費

　「減価償却費」とは、所有している資産の価値の減少額とお考えください。

　例えば会計では、200万円で購入した車の価値は200万円となります。そして、車を使用していくと、その価値がだんだん減少していくと考えます。今の例でいいますと、車の使用期間を5年間とすると、1事業年度で200万円÷5年＝40万円価値が減少していくことになるのです。この価値の減少を会計では、「減価償却費」とします。

③ 貸借対照表の内訳表の作成

　50％超繰入れの場合には、資産の購入額が反映されますので、正味財産増減計算書内訳表だけでなく、貸借対照表内訳表も作成して行政庁へ提出します。

図Ⅲ-1-5　収支相償　50%超繰入れ

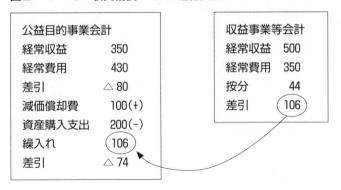

50%超繰入れの計算式
350 − 430+100 − 200 ＝（△）180 ＞ 106
∴ 106 繰入れ

⇒ △74で2段階目判定クリア

2．収支相償を満たさない場合

　事業年度によっては公益目的事業が黒字になって、収支相償の要件を満たさない場合もあります。

　その場合には、黒字部分を翌期以降の公益目的事業に使用する具体的な計画を作成し、行政庁に認められれば収支相償の要件は満たしたことになります。

　具体的な計画としては、次の3つが考えられます。

①黒字部分を翌年度以降の公益目的事業の費用に使うために積み立てる計画
　→特定費用準備資金の積立て

②黒字部分を翌年度以降の公益目的事業の資産の購入費にあてるために積み立てる計画→資産取得資金の積立て

③翌事業年度の公益目的事業の拡大等により、黒字部分と同額の赤字を出す計画→翌事業年度の事業計画と予算書

④上記②及び③の積立額は収支相償の費用に、取崩額は収入となります。

Q19. 公益目的事業比率50％以上を満たさない場合はどうすればよい？

A19. 公益目的事業比率50％以上を満たさない場合には、みなし費用を加算することができます。

みなし費用は、次の4つです。

1．土地の使用に係る費用額

　公益法人が所有している土地を第三者から借りたとした場合の賃料相当額を、みなし費用として加算することができます。

　その際、土地の所有に係る固定資産税等の実際の費用は差し引くことになります。土地を第三者から借りたとした場合の賃料相当額の算定方法は次の3つが発表されていますが、この他にも合理的な算定方法があれば認められる場合もあります。

　①不動産鑑定士等の鑑定評価
　②固定資産税の課税標準額を用いた倍率方式（3倍以内）
　③賃貸事例比較方式や利回り方式

2．融資に係る費用額

　公益法人の事業によっては、助成事業などで無利息又は低金利で金銭を貸与している場合もあります。

　その場合には、金融機関から貸与額を借入れした場合の金利をみなし費用として加算することができます。このとき、実際低金利で貸与している場合にはその金利を差し引きます。

Ⅲ 公益法人と移行法人が満たすべき数値的要件

3．無償の役務提供等に係る費用額

　公益法人の場合、事業を実施するにあたりボランティアを募る場合もあります。また、公益法人ということで、通常の相場よりも低廉で資産を購入したり、役務の提供を受けたりすることもあります。

　このような場合に、通常かかる費用相当額をみなし費用として加算することができます。

4．みなし費用を使用した場合の留意点

　みなし費用を使用した場合には、みなし費用を計算した別表を行政庁へ提出する必要があります。

　みなし費用を使用した場合には、それ以後の事業年度はすべてみなし費用の計算をする必要があり、行政庁へも毎事業年度、別表を提出することになります。

　別表の様式は、内閣府 HP「公益法人 imformation」→「公益法人の皆様へ」→「各種申請様式の手引き」「定期提出書類の手引き」P34 〜 36 の別表 B(2)〜(4)を参照してください。

公益法人の豆知識 2：公益目的支出計画中の解散

　移行法人が、公益目的支出計画中に解散する場合には、行政庁の承認を受けて、解散時の公益目的財産額を認定法第 5 条 17 号の規定にある類似事業の公益法人等、国、地方公共団体へ贈与することになります。

　このときの行政庁の承認は、「残余財産帰属先承認申請書」に一定の書類を添付して行います。

Q20. 遊休財産とは何ですか？ 従来の内部留保と同じでしょうか？

A20. 遊休財産とは、「資産−負債−控除対象財産＋対応負債の額」の算式で求めるものです。従来の内部留保と完全に一致するものではありませんが、近い数値になる法人が多いと思われます。

1．従来の内部留保

　旧民法の社団法人・財団法人は主務官庁の指導により、事業年度末日時点の内部留保は当該事業年度の支出の30％以下であることが望ましいとされていました。

　そして、その内部留保の算式は次のようになっていました。

「資産−（基本財産＋公益事業のための基金＋公益法人の運営に不可欠な固定資産＋将来の特定の支払にあてるための引当資産＋将来の支出が明瞭な負債）」

　複雑な算式ですが、要は、法人が所有している資産から法人の運営に不可欠な資産と支払義務のある負債を差し引いているということになります。

2．遊休財産

　遊休財産の算式は、「資産−負債−控除対象財産＋対応負債の額」です。

　これも簡単にいえば、内部留保と同様、法人が所有している資産から法人の運営に不可欠な資産と支払義務のある負債を差し引いているということになります。

　では、内部留保と遊休財産の違いとは何でしょう。

　それは、法人の運営に不可欠な資産の概念が内部留保と遊休財産とでは異なるということです。

3. 法人の運営に不可欠な資産

(1) 公益法人制度改革前

公益法人制度改革前の内部留保算定時の法人の運営に不可欠な資産とは、「基本財産＋公益事業のための基金＋公益法人の運営に不可欠な固定資産＋将来の特定の支払にあてるために積み立てた資産（引当資産）」となります。

(2) 公益法人制度改革後

公益法人制度改革後の遊休財産算定時の法人の運営に不可欠な資産とは、最初に説明した遊休財産の算式の「控除対象財産」というものです。

控除対象財産は、公益目的事業、収益事業等、法人の管理運営のいずれかに使用している固定資産ということになっています。

従来の内部留保で、法人の運営に不可欠な資産とされていたものでも、公益目的事業、収益事業等、法人の管理運営のいずれかに使用している固定資産でなければ、遊休財産となります。

(3) 不可欠特定財産

「控除対象財産」に含まれる財産に、「不可欠特定財産」という財産があります。「不可欠特定財産」とは、法人の目的、事業と密接不可分な関係にあり、当該法人が保有、使用することに意義がある特定の財産を指します。例えば、一定の目的の下に収集、展示され、再収集が困難な美術館の美術品や、歴史的文化的価値があり、再生不可能な建造物等が該当します。当該事業に係る不可欠特定財産がある場合には、すべて申請時にその旨を定めておく必要があります。

処分や他の目的への利用が可能な金融資産や土地、建物はそれらの資産が基本財産であっても、「不可欠特定財産」には、該当しません。公益法人制度改革後は、認定法において様々な種類の財産規定があります。認定法を解釈することは、法人が所有する財産を適切に管理、運用していくために重要です。

Q21. 控除対象財産の内容を教えてください。控除対象財産がない状態でもかまいませんか?

A21. 控除対象財産には、「第1号財産」から「第6号財産」までの6種類があります。

1. 第1号財産：公益目的保有財産

公益目的保有財産はその名のとおり公益目的事業のために保有している財産です。

保有するということですので、原則取り崩すことはできません。

保有する財産の運用益を公益目的事業のために使用する、これが公益目的保有財産ということになります。

2. 第2号財産：収益事業等及び管理運営用財産

収益事業等及び管理運営用財産は、収益事業等と法人の管理運営のために保有している財産です。

こちらも、原則取り崩すことはできません。

3. 第3号財産：資産取得資金

資産取得資金は、翌事業年度以降の公益目的事業、収益事業等、法人の管理運営のための資産の購入費にあてるために積み立てた資金です。

資産取得資金は、公益目的事業のためのものであれば、判定事業年度の積立金額をみなし費用として収支相償の判定に使用することができます。

4．第4号財産：特定費用準備資金

　特定費用準備資金は、翌事業年度以降の公益目的事業、収益事業等、法人の管理運営のための特定の活動の特定の支出にあてるために積み立てた資金です。
　特定費用準備資金で公益目的事業のためのものは、判定事業年度の積立金額を収支相償、公益目的事業比率50％以上、遊休財産の保有制限の判定の際にみなし費用として使用することができます。

5．第5号財産：交付者の定めた使途に従い使用・保有している財産

　交付者の定めた使途に従い使用・保有している財産とは指定正味財産のことです。例えば、受贈された土地が土地の交付者から使途の特定を受けている場合の土地をいいます。

6．第6号財産：交付者の定めた使途にあてるために保有している資金

　交付者の定めた使途にあてるために保有している資金とは、指定正味財産のことです。上記第5号財産との区別は、土地や建物などの現物は第5号財産、金銭の場合は第6号財産となります。

7．控除対象財産はなしでも大丈夫？

　公益法人である以上、事業や運営のために使用している財産がないということには疑問は感じますが、控除対象財産は固定資産であるという前提があります。
　したがって、建物や土地などの所有がなく、すべてを賃貸で事業を行っている場合、基本財産や特定資産などの資産をまったく所有していない場合は固定資産がないことになりますので、控除対象財産はないことになります。

Q22.
資産取得資金の積立ての方法を教えてください。

A22. 資産取得資金の積立てにはいくつかのルールがあります。

１．資産取得資金のルール

　資産取得資金は、翌事業年度以降の公益目的事業、収益事業等、法人の管理運営のための資産の購入費にあてるために積み立てた資金です。
　資産取得資金のルールは次のとおりです。

⑴　**財産を取得し、又は改良することが見込まれていること**
　資産取得資金は、公益法人が将来の特定の資産の購入や、又はすでに購入した資産の改良にあてるために積み立てる資金です。
⑵　**他の資金と明確に区分して管理されていること**
　資産取得資金は、貸借対照表の特定資産として記載します。その際、他の特定資産と区分して「○×資産積立資金」のように内容を具体的に表した勘定科目で記載します。
⑶　**資金の目的である支出にあてる場合を除くほか、取り崩すことはできないものであること又は目的外取崩しについて特別の手続きが定められていること**
　資産取得資金は、特定の目的のために積み立ることを要件に、財務三基準の収支相償や遊休財産の保有制限で使用できるものですので、公益法人で規程を作成し、理事会などの機関決定が必要です。資産取得資金を行政庁の認定を受けていない事業に供するために新規で積み立てる場合は、行政庁への変更認定が必要です。

Ⅲ 公益法人と移行法人が満たすべき数値的要件

(4) **積立限度額が合理的に算定されていること**

　資産取得資金の毎事業年度積み立てる金額が合理的（＝具体的計画）に求められることです。

　行政庁へは資産取得資金の積み立て総額を具体的数値で算定し、その総額を積立年数で按分する形式で積み立てることになっています。

　実際の積立額は行政庁へ提出した金額でなくともよいですが、収支相償の50％超繰入れの計算に使う際の積立額は、毎事業年度における積立可能総額を積立予定年数で按分して算定した金額となっています。

(5) **上記(3)の方法及び積立限度額及びその算定方法の根拠について備え置き及び閲覧等の措置が講じられていること**

　資産取得資金の規程を公益法人の事務所において常に備え置いて、一般から求められれば閲覧させることをいいます。

2. 積み立てるための計画が実施できなくなった場合

　積み立てるための将来の計画が実施できなくなった場合は、実施ができなくなったとわかった事業年度に、それまで積み立てた資金を全額取り崩すことになります。

　そのような事態になれば、取崩し額は収支相償や遊休財産の保有制限の財務三基準の判定でみなし費用のマイナスとなります。

　収支相償（赤字であること）の判定では、みなし費用のマイナス分だけ赤字幅が小さくなり、遊休財産の保有制限では、みなし費用のマイナス分だけ、遊休財産を保有できる上限額が小さくなり、財務三基準の判定において不利な要因となってしまいます。

Q23. 特定費用準備資金の積立ての方法を教えてください。

A23. 特定費用準備資金の積立てには資産取得資金と同様、いくつかのルールがあります。

1．特定費用準備資金のルール

特定費用準備資金は、翌事業年度以降の公益目的事業、収益事業等、法人の管理運営のための特定の活動の特定の支出にあてるために積み立た資金です。

特定費用準備資金のルールは、資産取得資金と積立ての目的が異なるだけで他のルールは同じです。

(1) **特定の活動を行うことが見込まれていること**

特定費用準備資金は、公益法人が将来特定の活動を行うための支出（＝費用）にあてるために積み立てる資金です。

例えば、5年後に行う記念式典の際の支出にあてるための資金などが考えられます。

(2) **他の資金と明確に区分して管理されていること**

特定費用準備資金は、貸借対照表の特定資産として記載します。その際、他の特定資産と区分して、「○×事業積立資金」のように内容を具体的に表した勘定科目で記載します。

(3) **資金の目的である支出にあてる場合を除くほか、取り崩すことはできないものであること又は目的外取崩しについて特別の手続きが定められていること**

特定費用準備資金は、特定の目的のために積み立ることを要件に財務三基準の収支相償や遊休財産の保有制限で使用できるものですので、公益法人で規程を作成し、理事会などでの機関決定が必要です。特定費用準備資金を行政庁の認定を

受けていない事業のために新規で積み立てる場合は、行政庁への変更認定が必要です。

(4) 積立限度額が合理的に算定されていること

　特定費用準備資金の毎事業年度積み立てる金額が合理的（＝具体的計画）に求められることです。

　行政庁へは特定費用準備資金の積み立て総額を具体的数値で算定し、その総額を積立年数で按分する形式で積み立てることになっています。

　実際の積立額は行政庁へ提出した金額でなくとも積立ては可能ですが、収支相償の50％超繰入れの計算に使う際は、毎事業年度における積立可能総額を積立予定年数で按分して算定した金額となっています。

(5) 上記(3)の方法及び積立限度額及びその算定方法の根拠について備え置き及び閲覧等の措置が講じられていること

　特定費用準備資金の規程を公益法人の事務所において常に備え置いて、一般から求められれば閲覧させることです。

2. 積み立てるための計画が実施できなくなった場合

　積み立てるための将来の計画が実施できなくなった場合は、実施ができなくなったとわかった事業年度に、それまで積み立てた資金を全額取り崩すことになります。

　そのような事態になれば、取崩し額は財務三基準の判定でみなし費用のマイナスとなり、財務三基準の判定において不利な要因となってしまいます。

　特定費用準備資金は、収支相償、公益目的事業比率50％以上、遊休財産の保有制限のすべての財務三基準に影響してきますので、積立ての計画は慎重に行うことが賢明です。

Q24.
基本財産は控除対象財産ですか？

A24. 基本財産は、要件を満たせば遊休財産の保有制限の判定上控除対象財産になります。

１．基本財産とは

(1) 公益法人制度改革前

従来の基本財産は、財団法人であれば必ず必要で、その所有、取崩しについて主務官庁の許可が必要でした。よって、内部留保の計算からも無条件で除外されていました。

(2) 公益法人制度改革後

公益法人制度改革後の基本財産は、公益法人が定款において不可欠な財産として定めたものが基本財産となります。公益法人で決めますので、財団法人であっても基本財産を設けないこともできます。そして、基本財産でも、公益目的事業、収益事業等、法人の管理運営のいずれかに使用している固定資産でなければ遊休財産となります。

２．取崩しを予定している基本財産

公益法人によっては、資金不足の状態で基本財産を取り崩す場合もやむを得ず発生するかもしれません。基本財産の取崩しは、定款で定めた方法により行うことはできますが、遊休財産ではない控除対象財産で、第１号財産や第２号財産とすると、原則取崩しはできませんので、注意が必要です。

将来、基本財産の取崩しの可能性が高い場合には、将来の取崩しが原則認められない第１号財産、第２号財産にするのではなく、取崩しが認められている第３

号財産の資産取得資金や第4号財産の特定費用準備資金とすることが得策といえます。

指定正味財産、資産取得資金、特定費用準備資金でなければ、元本の取崩しを行う財産は基本財産であっても遊休財産になります。

図Ⅲ－1－6　遊休財産と控除対象財産

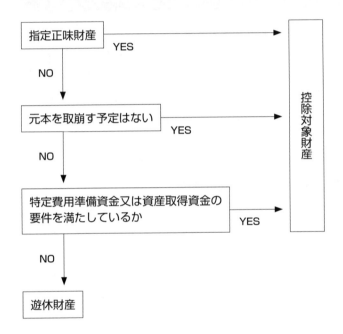

Q25. 財務三基準を満たさなければ、公益認定取消しになりますか？

A25. 公益法人としての要件を満たさない場合は、公益法人の取消しとなり、それまで保有していた公益目的事業用の財産は、国又は地方公共団体、類似の公益法人等へ1カ月以内に贈与することになっています。財務三基準も公益法人としての要件ですので公益認定取消しの例外ではありません。

1．財務三基準を満たさない場合の行政庁からの処分

⑴　**財務三基準を満たさないとどうなるか？**

　財務三基準は公益法人としての要件ですので、満たさなければ公益法人取消しとなりますが、満たさなければ即、取消しというわけではありません。

　認定法では、公益法人としての要件を満たさない場合は公益法人取消しとなると規定されていますが、行政庁の処分に違反したときに取消しになるとも規定されています。

⑵　**公益法人への立入検査**

　公益法人は3年に1回（移行後は1年ないし3年以内がめど）行政庁の立入検査があります。行政庁は立入検査で調査を行い、そこで公益法人としての要件に疑義が生じた場合には、指導する立場にあります。

　まず、財務三基準を満たさず、疑義が生じていると判断されれば期限を決めて改善するように求められます。これを「勧告」といいます。この「勧告」に正当な理由がなく従わない場合には、「命令」が出され、この「命令」にも従わない場合には、行政庁の処分に違反したとして公益法人取消しとなります。

2．公益法人の欠格事由

公益法人の欠格事由としては次のような事項があります。

(1) その理事、監事、評議員のうちに次のいずれかに該当するもの

　①取消しとなった公益法人の業務を行う理事で、その取消しの日から5年を経過しないもの

　②法人法、暴力団員による不当な行為の防止等に関する法律等、刑法、税法等による規定に違反したことにより、罰金の刑に処せられ、その執行を終わり、又は執行を受けることがなくなった日から5年を経過しない者

　③暴力団員による不当な行為の防止等に関する法律に規定する暴力団員又は暴力団員でなくなった日から5年を経過しない者（以下「暴力団員等」という）

(2) 公益法人取消しを受けた法人で取消しの日から5年を経過しないもの

(3) その定款又は事業計画書の内容が法令等に基づく行政機関の処分に違反しているもの

(4) その事業を行うにあたり法令上必要となる行政機関の許認可等を受けることができないもの

(5) 国税、地方税の滞納処分が執行されているもの又は滞納処分の終了の日から3年を経過しないもの

(6) 暴力団員等がその事業活動を支配するもの

2．移行法人の数値的要件

Q26.
公益目的財産額の内容を教えてください。

A26. 移行法人の場合の数値的要件は整備法に規定されていますが、公益法人ほど厳しいものではありません。「今まで旧民法法人として所有していた財産＝公益目的財産額」は、「公益活動のために使用すること＝公益目的支出計画」が求められています。

　公益目的財産額は、特例民法法人から一般法人へ移行するときに法人が所有している「貸借対照表の正味財産＝資産－負債」のことです。

　ただし、資産に時価評価が必要な資産がある場合には、時価評価をすることになります。特例民法法人から一般法人への移行時に算定しますので、公益目的財産額の算定は１回のみということになります。

１．時価評価が必要な資産

　公益目的財産を算定するときに時価評価が必要な資産は、次の３つに限定されています。
　①土地及び土地の上に存する権利
　②有価証券
　③美術品等

２．時価評価の方法

　時価評価が必要な資産の時価評価の標準的な方法は、行政庁から発表されています。標準的な方法以外に合理的な算定方法があれば、認められるケースもあります。

(1) **土地及び土地の上に存する権利**

　固定資産評価額又は不動産鑑定評価が標準的な評価方法です。土地の上に存する権利（借地権など）の場合には、税法上の評価なども合理的な方法として認められます。

　土地及び土地の上に存する権利の場合、実施事業に継続して使用するものとして、建物と一体として時価評価することも可能です。

(2) **有価証券**

　市場価額又は売買実例価額が標準的な評価方法です。有価証券によっては、市場価額、売買実例価額のいずれもない場合もありますので、その際には、実質価額法（純資産を発行済み株式数で割る方法）も合理的な方法として認められます。

　また、満期保有目的の債券などで、市場価額、売買実例価額もなく、実質価額法でも算定できないときには、帳簿価額を時価評価額とすることもできます。

(3) **美術品等**

　美術年鑑の価額や売買実例価額が標準的な評価方法です。実施事業に継続して使用する場合や時価評価が困難な場合、時価評価額と帳簿価額に多額の差額が認められない場合には、帳簿価額を時価評価額とすることもできます。

3．負債で注意すべき引当金

　負債として記載している引当金が負債として認められない場合があります。負債として認められる引当金の要件は次の4つです。

　（特例民法法人の場合、この要件に合致しない引当金を負債としているケースがみられ、そのような引当金は負債ではないので資産から差し引くことはできません）

(1) **将来の特定の費用又は支出であること**

　例えば、職員の退職時に支給する退職金に備えて引き当てる退職給付引当金のように、特定の目的のための費用又は支出であることです。

(2) **その費用又は支出の発生が当期以前の事象に起因していること**

　退職給付引当金でいえば、今現在まで職員が業務に従事していたという事象に起因して、退職金が退職時に発生することです。

(3) その費用又は支出の発生の可能性が高いこと

　退職給付引当金でいえば、職員の退職はいずれ必ず発生しますので、退職金の支給の可能性は高いといえます。

(4) その費用又は支出の金額を合理的に見積もることができること

　退職給付引当金でいえば、法人内部にある退職金規定などで具体的な退職金の算定方法があれば、退職金額を合理的に見積もることができます。

4．正味財産でも差し引くことができるもの

　資産から負債を差し引いて算出された正味財産が公益目的財産額ですが、貸借対照表の正味財産に次のものの記載があればそれらの金額は差し引くことができます。しかし、これらのものは特殊なケースであり、この適用を受ける特例民法法人は多くありません。

(1) 基金

　公益法人制度改革において、一般社団法人又は公益社団法人で、定款に定めたものに限り基金制度を設定することが可能となりました。

　この基金制度は、基金拠出者に基金拠出額の返還義務があるもので、従来の制度にあった基金とは異なるものです。

　この基金制度は、特例民法法人の間でも定款を変更して設けることができるので、そのような特例民法法人は、公益目的財産額から設けた基金額を差し引くことができます。

(2) 引当て又は積立てが法令により定められている場合の引当額又は積立額

　特例民法法人の場合、実施している事業によってはその事業に関する別途の法律で引当てや積立てを求めている事業があります。

　そのような引当てや積立てを正味財産として記載している場合には、公益目的財産額から差し引くことができます。

III 公益法人と移行法人が満たすべき数値的要件

図Ⅲ-2-1 公益目的財産額のイメージ

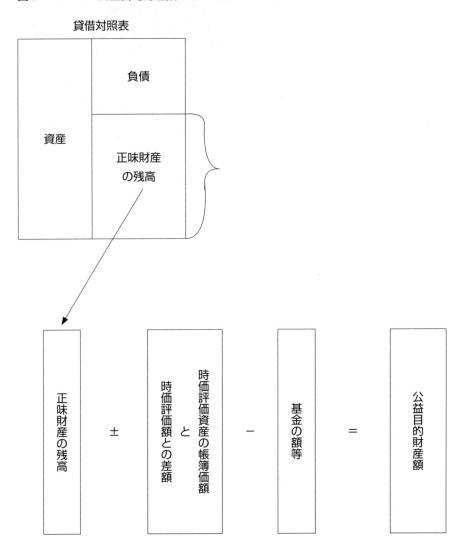

Q27.
公益目的支出計画の内容を教えてください。

A27. 公益目的支出計画は、特例民法法人が一般法人へ移行する際に、公益目的財産がある場合には、実施が必要となる公益活動です。
　公益法人へ移行した場合の公益活動は、公益目的事業といいますが、移行法人の場合の公益活動は、実施事業等といいます。

１．実施事業等の範囲
　実施事業等は、次の３事業があり、どの事業を実施するかは法人の任意です。
(1) 公益目的事業
　公益目的事業とは、移行後に新たに行う事業です。今まで行っていた事業は公益目的事業にはなりません。公益目的事業の要件は、公益法人の場合と同様ですので、実施事業等の中で一番ハードルの高い事業といえます。
(2) 特定寄附
　国、地方公共団体、類似の公益法人等への寄附をいいます。
(3) 継続事業
　今まで行っていた公益活動を移行後も引き続き実施する場合は継続事業となります。継続事業の判断は、今まで指導・監督をしていた主務官庁の意見が尊重されることになります。
　他の２事業は移行後にも追加することは可能ですが、継続事業は、移行時にのみ申請できる事業です。

２．実施事業等を行って公益目的支出計画を実施する
　実施事業等は単事業年度で赤字であることが要件です。その赤字事業は、赤字

Ⅲ 公益法人と移行法人が満たすべき数値的要件

額の積算額が移行時に求めた公益目的財産額が０になるまで実施しなければなりません。移行時に持っていた財産額は、公益性のある赤字事業に補填することになりますので、移行法人の数値的要件も厳しいものがあります。

　公益目的支出計画の実施期間が 200 年を超える法人もありますが、やむを得ない事情がある場合を除き、私見では一世代 30 年として 30 年以内の計画が現実的であると考えます。

図Ⅲ－２－２　公益目的支出計画のイメージ

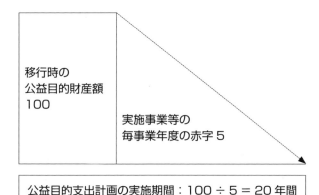

公益法人の豆知識３：特例民法法人の残余財産

　特例民法法人は、平成 20 年 12 月 1 日から平成 25 年 11 月 30 日までの 5 年間で、一般法人又は公益法人へ移行しなければなりません。移行しない場合は解散となります。特例民法法人が移行せずに解散した場合の残余財産は、民法上の規定に基づき、主務官庁の指導監督の下、解散する法人の目的に類似の目的のために処分するなど、公益目的に使用されることとなります。

　「公益目的に使用」となっていることから、特例民法法人の解散時の残余財産を公益法人へ贈与することは考えられますが、一般法人へ贈与することは不適切であり、認められません。

Q28. 実施事業資産を教えてください。移行法人の場合には資産取得資金や特定費用準備資金の適用がありますか？

A28. 実施事業資産とは、実施事業等のために使用する固定資産のことです。考え方としては、公益法人の場合の控除対象財産に似ていますが、実施事業資産には、資産取得資金や特定費用準備資金はありません。

1．実施事業資産とは

　実施事業等を行うにあたり、使用している固定資産は実施事業資産となります。例としては、実施事業のために運用している有価証券や実施事業のために使用している土地や建物、什器備品などが考えられます。

　この実施事業資産は、移行時の申請書に具体的な資産名と数値を記載する必要があります。また、資産取得資金や特定費用準備資金のような特別な資金は実施事業資産の中にはありません。

2．実施事業資産と貸借対照表内訳表

　移行法人の間は、行政庁へ毎事業年度、財務諸表等を提出することになっています。提出する財務諸表等のうち、正味財産増減計算書は内訳表の提出が必須となっていますが、貸借対照表の内訳表は、実施事業資産の記載が財務諸表の注記などに記載していなければ必要です。

　記載の方法や様式が特に定められているわけではありませんので、移行申請書に記載した内容を参考に、「当事業年度末日における実施事業資産○×円」などと記載すればよいと思われます。行政庁によっては指定された様式があります。

　実施事業資産はその名のとおり、実施事業等のために使用している資産なので、実施事業資産を処分したときの売却損益等は、公益目的支出計画の収益また

費用となります。

　実施事業資産が建物や土地などの場合には、売却損益等の金額が高額になることも考えられ、公益目的支出計画へ大きく影響します。

　公益目的支出計画へ大きく影響する可能性がある実施事業資産は、他の資産と区別して管理する必要があります。

公益法人の豆知識4：理事会の運営

　理事会は、法人のすべての理事で組織され、①法人の業務執行の決定、②理事の職務の監督、③代表理事の選定及び解職等を行います。

　理事会の上には社員総会や評議員会がありますが、理事会が設置された法人の場合の社員総会又は評議員会の権限は、「法人法に規定する事項及び定款で定めた事項に限り決議することができる」と制限されています。

　また、各理事（代表理事を含む）に委任できない事項（理事会で必ず決定する事項）としては次のようなものがあります。

　①重要な財産の処分及び譲り受け
　②多額の借財
　③重要な使用人の選任及び解任
　④従たる事務所の設置、変更及び廃止
　⑤内部体制の整備等の重要な業務執行の決定

Q29. 公益目的支出計画を実施すれば、法人の財産がなくなりませんか？

A29. 公益目的支出計画の実施中に実施事業等のみを行っていれば法人の財産はなくなる可能性がありますが、移行法人の場合は実施事業等の他に、収益事業又は共益事業を行って財務のバランスをとる必要があります。

1．公益目的支出計画は財産をはきだす計画？

(1) 実施事業等は赤字の事業

公益目的支出計画で実施する実施事業等は毎事業年度赤字ですので、実施事業等のみを行えば、移行時に求めた公益目的財産額の赤字となり、法人が所有している財産がなくなる可能性は十分あります。

そこで、このような赤字の事業と並行して黒字事業として収益事業や共益事業を行い、法人全体の財務バランスをとる必要があります。

(2) 移行申請時の対応

移行申請時には、公益目的支出計画を作成して行政庁へ提出し、その実施が確実であると見込まれる場合に移行申請が認可されます。

公益目的支出計画終了後に法人の財産がなくなる計画や、公益目的支出計画中に、法人が所有する財産がなくなり、公益目的支出計画が最後まで実施できないような計画は認められません。このような場合には、移行申請事業年度以後の事業年度で次のような事項を検討して、バランスのとれた公益目的支出計画になることを移行申請時に行政庁に認めてもらう必要があります。

①実施事業等会計の赤字額を減少させる

②その他会計と法人会計の黒字額を増加させる

③新規の収益事業又は共益事業を開始する

図Ⅲ-2-3　バランスのとれた計画

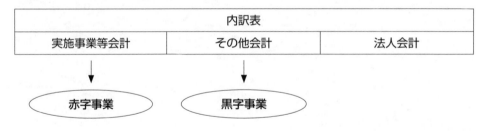

公益法人の豆知識5：役員の制限

　公益法人は、認定法第5条10号、11号において、「理事及び監事（以下「理事等」という）は、親族等又は他の同一の団体の理事及び使用人等で理事等の総数の3分の1を超えてはならない」とあります。

　一般法人の非営利型法人は、法人税法第2条9号において、「理事は親族等で理事の総数の3分の1以下であること」となっているため、理事は3人以上でなければなりません。また、公益法人のような、他の同一の団体の要件や、監事に対する要件はありません。

　一般法人の設立自体は、理事は1人でも可能なので、非営利型を選択するときには注意しましょう。

3．公益法人と移行法人の共通事項

Q30.
法人会計が大きく黒字というのは問題でしょうか？

A30. 法人会計は法人の管理運営のための会計です。公益目的事業を主たる目的として税制優遇を受けている公益法人において、法人会計が過大に黒字である状況は、不適切と考えます。しかし、移行法人の場合は、公益目的支出計画の実施が可能であればよいので、法人会計が黒字でも支障はないと思われます。

1．公益法人の場合
(1) 公益法人会計上の問題
　公益法人には公益目的事業会計は収支相償（赤字）であることが要件にありますので、法人会計が過大に黒字であると収支相償を満たすために法人会計へ収益を過大に計上し、管理費を少なく計上しているのではないかとの疑義が生じます。
(2) 税務上の問題
　難しい話になりますが、法人税法上の収益事業を行っていれば、収支相償の計算において収益事業等会計から公益目的事業会計へ繰り入れた利益は収益事業の費用となるという税制優遇（みなし寄附金）があります。
　収益事業から繰り入れる利益は、公益目的事業会計の赤字額が限度額ですので、公益目的事業会計の赤字額が大きければ収益事業からの繰入額も大きくなり、法人税の納付額も少なくなるということになります。
　ですので、収益事業から公益目的事業への繰入額を大きくして法人税を少なくするために、無理やり公益目的事業会計を赤字にした結果、法人会計が大きく黒字になっていれば、租税回避行為と判断される可能性もあると思われます。
　いずれにせよ、公益目的事業を主たる目的としている公益法人に、法人会計が

Ⅲ　公益法人と移行法人が満たすべき数値的要件

黒字になるような収益があれば、公益目的事業のために使うことが適切かと思われます。

２．移行法人の場合
(1) 公益法人会計上の問題

　移行法人には、公益目的支出計画の実施という要件があります。

　公益目的支出計画の実施のためには、実施事業等会計が赤字であることが求められていますので、実施事業等会計の事業費を多く、収益を少なく計上することがポイントです。

　①事業費

　　移行法人において公益目的支出計画を短期間で終わらせるために、実施事業等会計の事業費を過大に計上し、法人会計の管理費を過少に計上することは、認められません。

　②収益

　　収益に関しては、実施事業等会計の収益には実施事業等と直接関連する事業収益や実施事業のための寄附金、助成金や補助金のみを記載し、それ以外の収益についてはその他会計か法人会計に計上することになっており、収益の計上に関しては公益法人より柔軟に考えられています。よって、移行法人の場合には、法人会計が黒字でも問題はないと考えます。

(2) 税務上の問題

　①移行法人で法人税法上の非営利型法人の場合

　　移行法人で法人税法上の非営利型法人の場合には、法人税は公益法人と同様の収益事業課税となりますが、公益法人の場合の他の会計からの繰入れをすることによる「みなし寄附金」の税制優遇は適用がありません。実施事業等会計が大きく赤字であっても法人税額が少なくなるようなことにはなりません。

　②移行法人で法人税法上の普通法人の場合

　　移行法人で法人税法上の普通法人の場合には、法人全体の収益と費用で法人税額を計算しますので、平成20年基準による会計区分ごとの黒字、赤字は関係ありません。よって、普通法人の場合も、実施事業等会計が大きく赤字であっても法人税額が少なくなるようなことはありません。

Q31. 移行後、行政庁へ変更認定(認可)や届出が必要な場合を教えてください。

A31. 移行後の運営で変更があった場合には、行政庁への「変更認定（認可）」や「届出」が必要です。

　変更認定（認可）や届出が必要な内容は公益法人と移行法人とで異なります。ここでは、会計的な事項だけに限らず、変更内容全般について説明します。

　変更認定（認可）届出の様式や手続き方法は内閣府から発表されていますので、内閣府HP「公益法人 imformation」→「認定・認可された法人の皆様へ」→「変更認定申請・変更届出の手引き」を参照してください。

１．公益法人の場合
(1) 変更認定と届出の違い

　変更認定とは、変更前にあらかじめ行政庁の認定を受けなければ変更ができない内容のことです。

　届出とは、変更する又は変更した内容について行政庁へ届け出れば変更が可能な内容のことで、変更する前に届出する内容と変更した後に届出する内容があります。

(2) 変更認定の内容

　変更認定の内容は次の４つです。これらの内容に該当する場合であっても、軽微な変更に関しては変更認定ではなく、届出となります。軽微な変更の詳細に関しては、上記の「変更認定申請・変更届出の手引き」P2～3を参照してください。

　変更認定の場合には、行政庁の審査が入りますので変更までに相当期間かかる可能性があります。内閣府からは標準処理時間は40日と発表されています。

①公益目的事業を行う都道府県の区域を定款で変更する場合
　　②主たる事務所又は従たる事務所の所在場所を変更をすることで所管行政庁が変更される場合
　　③公益目的事業の種類の変更
　　④公益目的事業又は収益事業等の内容の変更
(3) **変更前の届出が必要である内容**
　変更前に届出が必要なのは次の3つです。
　　①合併
　　②事業の全部又は一部の譲渡
　　③公益目的事業の全部の廃止
(4) **変更後の届出が必要である内容**
　変更後に届出が必要なのは次の8つです。
　　①法人の名称又は代表者の氏名の変更
　　②公益目的事業を行う都道府県の区域の変更（上記(2)①以外の場合）
　　③主たる事務所又は従たる事務所の所在場所の変更（上記(2)②以外の場合）
　　④公益目的事業又は収益事業等の内容の変更（軽微な変更の場合）
　　⑤定款の変更（変更認定に関すること以外）
　　⑥理事、監事、評議員又は会計監査人の氏名もしくは名称の変更
　　⑦理事、監事及び評議員に対する報酬等の支給の基準の変更
　　⑧事業を行うにあたり必要な許認可等の変更
(5) **公益法人を解散したとき**
　公益法人が解散した場合には、解散日から1カ月以内に行政庁へ届出が必要です。解散後の清算結了の際にも届出が必要です。

2．移行法人の場合
(1) **変更認可と届出の違い**
　変更認可とは、変更前にあらかじめ行政庁の認可を受けなければ変更ができない内容のことです。
　届出とは、変更する又は変更した内容について行政庁へ届け出れば変更が可能な内容のことで、公益法人と同様に変更する前に届出する内容と変更した後に届

出する内容があります。

(2) **変更認可の内容**

変更認可の内容は次の2つです。①の変更に関して軽微な変更と認められるものに関しては、変更認可の必要はなく届出をすることになります。軽微な変更の詳細については、内閣府発表の「変更認可申請・変更届出の手引き」P2～5を参照してください。

①実施事業等の内容の変更

②公益目的支出計画の完了年月日の変更（完了予定日が延長する場合）

(3) **変更前の届出が必要である内容**

変更前に届出が必要なのは収支の見込みの変更（多額の借入れ等や資産運用方針の変更）があった場合です。

(4) **変更後の届出が必要である内容**

変更後に届出が必要なのは次の8つです。

①法人の名称もしくは住所又は代表者の氏名の変更

②公益目的事業又は継続事業を行う場所の名称又は所在場所のみの変更

③特定寄附の相手方の名称又は主たる事務所の所在場所のみの変更

④各事業年度の公益目的支出の額又は実施事業収入の額の変更

⑤合併の予定の変更又は当該合併がその効力を生ずる予定年月日の変更

⑥定款で残余財産の帰属に関する事項を定めたとき又はこれを変更したとき

⑦定款で移行法人の存続期間もしくは解散の事由を定めたとき又はこれを変更したとき

⑧実施事業を行うにあたり必要な許認可等の変更

(5) **その他の申請等**

移行法人が公益法人へ移行する場合には、行政庁へ公益認定申請を行う必要があります。また、公益目的支出計画中に移行法人が解散する場合には、行政庁へ申請を行う必要があります。

公益目的支出計画が完了した場合には、公益目的支出計画実施完了確認請求書を行政庁へ提出することになっています。

公益法人の豆知識6：役員等の任期

　公益法人又は一般法人の役員等（会計監査人を除く）の任期は次のようになっており、従来のような年単位での任期ではなく、選任後から定時総会までの規定になっています。

(1) 理事

　選任後2年以内に終了する事業年度のうち、最終のものに関する定時社員総会の終結の時まで。

　ただし、一般社団法人又は公益社団法人の場合には、定款の定めや社員総会の決議により、短縮（1年以内）することができます。一般財団法人又は公益財団法人の場合には、定款の定めにより短縮することはできますが、評議員会の決議により短縮することはできません。

(2) 監事

　選任後4年以内に終了する事業年度のうち、最終のものに関する定時社員総会の終結の時まで。

　ただし、定款で定めることにより、短縮（2年以内）することもできます。

(3) 評議員

　選任後4年以内に終了する事業年度のうち、最終のものに関する定時社員総会の終結の時まで。

　ただし、定款で定めることにより、伸長（6年以内まで）することもできます。

Ⅳ　実践あるのみ！　公益法人会計の実務
１．会計のルール　〜公益法人会計を始める前に〜

Q32.
会計では何を行えばよいのでしょうか？

A32. 　会計には、その取り扱う業種や法人の形態によって、公益法人が行う公益法人会計、病院が行う病院会計、学校が行う学校法人会計、介護施設などが行う社会福祉法人会計など様々な種類があります。

　これらすべての会計に共通する基本的なルールや手順があります。

１．法人の事業活動・運営の状況とは　⇒「取引を認識する」

　会計上での法人の事業活動・運営の状況とは、１事業年度中の資産及び負債の増減、収益及び費用の発生のことをいいます。

　資産と負債がわかれば正味財産がわかり、収益と費用がわかれば、正味財産の増減のプロセスがわかることは、これまで述べたとおりです。

　会計では、法人の日々の事業活動・運営の中で、資産及び負債の増減、収益及び費用の発生を認識することから始まります。このことを「取引を認識する」といいます。

２．仕訳を行い、会計帳簿に転記する

　会計上の「取引の認識」をしたものは、会計のルールにそって仕訳を行います。

　仕訳には勘定科目と金額を使用します。仕訳に使用した勘定科目には会計帳簿が存在するので、金額をその勘定科目の会計帳簿へ記載していきます。

3．期末にはいったん会計帳簿を締め、事業年度中の金額を集計し試算表を作成する

　会計の計算期間は事業年度です。

　事業年度中の会計帳簿を集計し、資産及び負債の残高や、収益及び費用の発生額を試算表という計算書類に記載していきます。

4．決算整理仕訳をし、財務諸表となる貸借対照表と正味財産増減計算書を作成

　試算表ができれば、財務諸表を作成する手続きを行います。

　この手続きを決算整理仕訳といいます。

　決算整理仕訳が終了すれば、貸借対照表と正味財産増減計算書ができます。

5．会計の基本は、取引の認識と仕訳！

　このように、会計とは、最初の取引の認識から最終の財務諸表の作成まで連動していますので、正しい取引の認識と仕訳を行わなければ、正しい財務諸表も作成できないことになります。

図Ⅳ－1－1　会計の手順

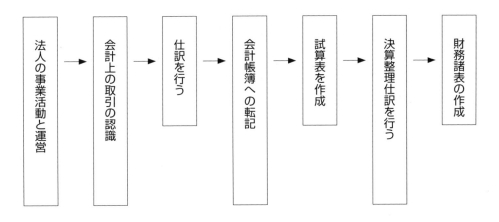

Q33. 会計取引を認識するとはどういうことですか？

A33. 取引の認識とは、前述のとおり、法人の日々の事業活動・運営の中で、資産及び負債の増減、収益及び費用の発生を認識することですが、資産及び負債の増減、収益、費用の発生をいつどういう場合に認識するのかは、会計上のルールがあります。

1．資産、負債、収益、費用の発生が確定したときが、会計上の取引となる

⑴　会計上の取引の認識

「取引」という言葉は、日常でも使われることがあります。

　例えば……「取引先から消耗品を10個購入するとの契約をした」

これもある意味では「取引」といえるでしょう。ですが、このような「取引」で資産、負債、収益、費用の発生が確定したでしょうか？

契約をしただけでは、購入したわけではありません。もしかしたらこの後に契約変更で金額や個数が変動する可能性がありますので、会計上では、このような状態では、「取引」として認識しません。会計上では、ものを購入した事実が確定したとき、即ち商品を実際に購入したときに、「取引」として認識します。

このように、会計上では、どのような場合に資産、負債、収益、費用が確定するのかのルールを定め、そのルールにそって「取引」を認識しています。

⑵　会計上の資産、負債、収益、費用

会計上の資産、負債、収益、費用とは、簡単にいえば次のようなもののことです。

　①資産は：現金預金や将来の現金預金の増加要因となるもの
　②負債は：未払金や借金など現金預金の減少要因となるもの

③収益は:寄附金や助成金など現金預金の入金原因となるもの
④費用は:給与や旅費など現金預金の出金原因となるもの

2．取引の認識は、2つの方面から行う ⇒ 複式簿記

会計上の「取引」の認識は、常に2つの方面から行います。

例えば……「取引先から消耗品10個を購入し、現金1万円を支払った」

このような「取引」を2つの方面から認識すると次のようになります。

① 1つ目の方面

　消耗品費の発生→費用の発生

② 2つ目の方面

　現金1万円が減った→資産の減少

このように、会計では常に1つの「取引」を2つの方面から捉えます。このことを、「複式簿記」といいます。

2つの方面からの捉え方は、「資産が増えたか減ったか」「負債が増えたか減ったか」「収益が発生したか」「費用が発生したか」のいずれかによります。

会計上の「取引」の認識とは、すべての取引を、「資産の増減」「負債の増減」「収益の発生」「費用の発生」にあてはめて、2つの方面から捉えていく複式簿記を行っていくものなのです。

図Ⅳ－1－2　取引の認識

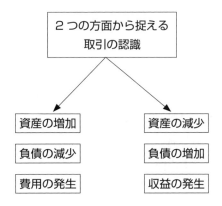

Q34. 仕訳の方法を教えてください。借方と貸方とは？

A34. 仕訳を行うには、「借方」と「貸方」に記載する「勘定科目」と「金額」が必要です。

1．借方と貸方とは ⇒ 左と右のこと

仕訳には、借方と貸方を使います。借方と貸方とは、左と右のことをいいます。借方が左で、貸方が右です。

1つの取引を2つの方面から捉えることを複式簿記といい、複式簿記により1つの取引を借方と貸方の2つに分けることを「仕訳」といいます。

2．借方（左）と貸方（右）に分ける会計上のルール

借方（左）と貸方（右）に取引を認識した資産、負債、収益、費用を分けるには会計上のルールがあります。
(1) 借方（左）に分けるもの：「資産の増加」「負債の減少」「費用の発生」
(2) 貸方（右）に分けるもの：「資産の減少」「負債の増加」「収益の発生」

3．借方（左）と貸方（右）に記載するのは勘定科目と金額

借方（左）と貸方（右）には、勘定科目と金額を記載します。勘定科目とは、資産、負債、収益、費用の内容の区分を示したものです。

仕訳を行うときには、仕訳帳（伝票）に記載するのですが、仕訳帳の様式は、借方（左）と貸方（右）に勘定科目と金額を記載できるようになっています。

図Ⅳ-1-3　仕訳帳

仕訳帳

借方		摘要	貸方	
金額	勘定科目		勘定科目	金額

例えば……「取引先A社より消耗品10個を購入し、現金1万円を支払った」の取引を認識し、仕訳をすると次のようになります。

①1つ目の方面

　消耗品費の発生→費用の発生→借方（左）

②2つ目の方面

　現金10万円が減った→資産の減少→貸方（右）

図Ⅳ-1-4　仕訳帳への記載

仕訳帳

（単位：円）

借方		摘要	貸方	
金額	勘定科目		勘定科目	金額
10,000	消耗品費	消耗品10個　A社から購入	現金	10,000

4．その他の仕訳のルール

上記で説明した他にも仕訳には、次のような会計上のルールがあります。

①借方（左）と貸方（右）のそれぞれの金額合計は必ず同額であること

②金額は円を単位とし、3桁ずつにカンマを入れること

③勘定科目は、できるだけ標準的な科目を使うこと

④摘要には、取引先や個数など、取引の内容明細を記載すること

Q35. 仕訳をした後、帳簿へ転記する方法を教えてください。

A35. 仕訳の後は、各勘定科目の帳簿へ転記していきます。転記の方法にも会計上のルールがあります。

1．帳簿への転記は、借方（左）と貸方（右）に相手勘定科目と金額を書き写すだけ

仕訳帳には、必ず、借方（左）と貸方（右）に勘定科目と金額があります。会計では、仕訳帳に記載したすべての勘定科目に帳簿が存在します。

各勘定科目の帳簿には、仕訳で借方（左）と貸方（右）に記載した金額と相手勘定科目を書き写します。これを転記といいます。

図Ⅳ－1－5　仕訳帳からの転記

仕訳帳

（単位：円）

借方		摘要	貸方	
金額	勘定科目		勘定科目	金額
10,000	消耗品費	消耗品 10 個　A 社から購入	現金	10,000

2．各勘定科目の帳簿をみてわかること

　転記した消耗品費の帳簿をみてみますと、現金で支払った消耗品費が10,000円発生していることがわかります。

　現金の帳簿をみてみますと、消耗品費のために10,000円支払ったことがわかります。このように、借方（左）、貸方（右）どちらの帳簿をみても、お金の流れと内容がわかるようになっています。

3．勘定科目の帳簿の集合体は、「総勘定元帳」という

(1)　総勘定元帳

　左記の例では、消耗品費と現金の帳簿を簡略化して、Tの字で表しました。

　これは、T勘定元帳といって、簿記（帳簿記録）を勉強するときに使うものです。実際の帳簿は、仕訳帳のように、「借方（左）」「貸方（右）」「摘要」があります。そして、すべての帳簿を合わせて、総勘定元帳といいます。

(2)　2大帳簿（仕訳帳と総勘定元帳）

　会計を行うにあたって、「仕訳帳」と「総勘定元帳」は、なくてはならない2大帳簿組織です。

　仕訳帳も総勘定元帳も税法では7年間、会社法では10年間その保存が求められています。できれば、どの法人も過去の活動記録として半永久的に保存しておいたほうがよいかと思われます。

Q36.
試算表を作成する方法を教えてください。

A36. 試算表とは、各勘定科目の残高や発生金額を集計し、まとめて記載したものです。

1．各勘定科目の帳簿残高と発生金額を求める

　取引を認識し、仕訳を行って各勘定科目の帳簿へ転記を行う。これを1事業年度の期首から期末まで繰り返し行っていきます。

　各勘定科目の帳簿に転記するだけでは、法人全体の資産及び負債の残高、収益及び費用の発生金額がどのような状況になっているかはわかりません。

　そこで、各勘定科目の残高や発生金額を算出し、法人全体のバランスを把握するために、試算表の作成を行います。まずは、各勘定科目の帳簿で、資産及び負債の科目は残高を、収益及び費用は発生金額を求めます。

　例えば、次の図Ⅳ－1－6の例により、それぞれの勘定科目の残高又は発生金額を求めてみます。

「消耗品費」は費用の勘定科目なので、帳簿には借方（左）にのみ金額があります。これらの金額を集計すると35,000円になり、1事業年度中の「消耗品費」の費用発生金額となります。

「現金預金」は資産の勘定科目なので、帳簿には現金預金の増加が借方（左）へ、減少が貸方（右）へ記載されます。これらの金額を集計すると、増加金額が150,000円、減少金額が15,000円で差引き135,000円が期末時点の残高となります。この期末残高は、翌期へ繰越しされ、翌期の「現金預金」の帳簿の借方（左）へ転記されます。

図Ⅳ-1-6 残高と発生金額の求め方

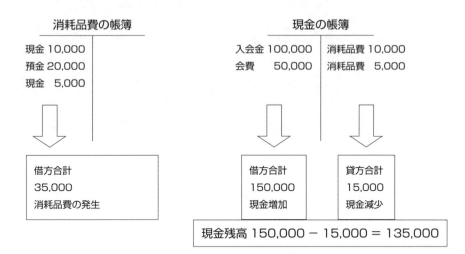

2. 帳簿の発生金額又は残高を勘定科目とともに試算表へ転記する

各勘定科目の発生金額又は残高が求まれば、あとは試算表へ転記するだけです。

試算表にも「借方（左）」と「貸方（右）」があり、資産及び負債の試算表（貸借対照表の試算表）と収益及び費用の試算表（正味財産増減計算書の試算表）に分けて転記を行います。転記のルールは次の2つです。

(1) 借方（左）へ転記：資産の残高、費用の発生金額
(2) 貸方（右）へ転記：負債の残高、収益の発生金額

図Ⅳ-1-7 試算表の作成

貸借対照表の試算表		正味財産増減計算書の試算表	
現金 135,000	未払金 ○×	消耗品費 35,000	受取入会金 100,000
預金 ○×	借入金 ○×	給与手当 ○×	受取会費 50,000

2．レッツトライ！公益法人会計① 〜収益、費用の仕訳〜

Q37. 公益法人会計での収益、費用の仕訳方法を教えてください。

A37. 公益法人会計で収益、費用の仕訳を行うには、借方、貸方に分ける前に、会計区分の属性と勘定科目の性質と種類を理解する必要があります。

1．会計区分の属性

(1) どの会計の取引なのかを判断する

公益法人会計で仕訳を行うには、借方（左）、貸方（右）に記載する前にいくつかの手順をふまなければなりません。

平成20年基準では、公益法人と移行法人で会計区分があります。公益法人会計で、取引を認識する場合にはまず、その取引がどの会計に属する取引なのかを認識する必要があります。

公益法人又は移行法人が行う取引はそのほとんどが事業に関連するものです。

要するに、どの事業がどの会計区分に属するかがわかれば、取引の会計区分もわかることになります。

(2) 移行申請書の確認

公益法人と移行法人は、移行申請の際にこれ以後行う事業がどこの会計区分に属するかを行政庁に申請します。慣れるまでは、申請の内容を確認しながらの処理になるかと思われます。これ以後の説明には、会計区分が多く出てきますので、公益法人を例として説明します。

移行法人の場合には、次の読み替えを行うものとします。

「公益目的事業会計⇒実施事業等会計」、「収益事業等会計⇒その他会計」

IV 実践あるのみ！公益法人会計の実務

図Ⅳ－2－1　公益法人の会計区分と事業区分

内訳表						
公益目的事業会計			収益事業等会計			法人会計
A事業	B事業	共通	C事業	D事業	共通	事業なし管理のみ

2．会計区分、事業区分が不明な場合

　取引によっては、複数の事業や会計が混在する収益、費用で、具体的な会計区分、事業区分がわからない場合もあります。

　そういう場合のルールが下記のとおりあります。不明な場合には、⑹を除くすべてのパターンが内訳表の右側の会計区分又は事業区分に記載することになっています。

会計区分が不明な場合

⑴　公益目的事業会計か収益事業等会計か不明→収益事業等会計
⑵　公益目的事業会計か法人会計か不明→法人会計
⑶　収益事業等会計か法人会計か不明→法人会計
⑷　公益目的事業会計か収益事業等会計か法人会計か不明→法人会計

事業区分が不明な場合

⑸　A事業かB事業か不明→公益目的事業会計の共通へ
⑹　C事業（収益事業）かD事業（共益事業）か不明→C事業へ
⑺　C事業（収益事業）かD事業（収益事業）か不明→収益事業等会計の共通へ
⑻　C事業（共益事業）かD事業（共益的な事業）か不明→収益事業等会計の共通へ

3．勘定科目の性質と種類 ⇒ 部→大科目→中科目

　公益法人会計の収益と費用の大科目を記載する区分が、一般正味財産増減の部と指定正味財産増減の部の2つあることは前述しました。

　公益法人会計で、収益と費用の仕訳を行うには、まず、大科目を区分する部を

決めて、大科目の種類、さらに中科目の種類を選択します。

標準的な中科目の種類については、運用指針に記載されています。

図Ⅳ－2－2 収益・費用の仕訳の手順

①収益の仕訳の手順

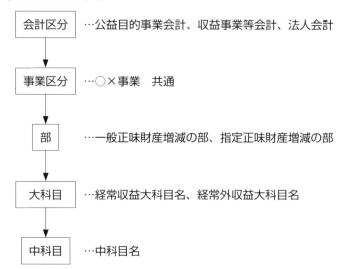

②費用の仕訳の手順

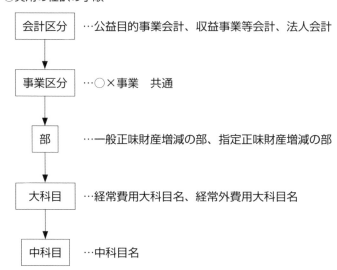

4. 実際の仕訳

Q34 図Ⅳ-1-4の消耗品費の例をとって、公益法人会計で仕訳を行ってみましょう。

図Ⅳ-2-3 収益・費用の仕訳の手順(消耗品費の仕訳の手順)

「公益目的事業会計に属するA事業に使用するため、取引先A社より消耗品10個を購入し、現金1万円を支払った。A事業のための通常費用であり、大科目は経常費用の事業費である」

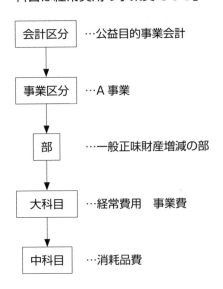

仕訳帳

公益目的事業会計　A事業　　　　　　　　　　　　　　　　　　（単位:円)

借方		摘要	貸方	
金額	勘定科目		勘定科目	金額
10,000	一般正味財産増減の部 経常費用　事業費 消耗品費	消耗品10個　A社から購入	現金	10,000

Q38. 収益、費用の中科目の勘定科目を教えてください。

A38. 平成20年基準の収益、費用の勘定科目については、運用指針に記載されています。運用指針に記載されていない勘定科目がある場合には、各法人で独自に作成し、追加します。

1．平成20年基準の勘定科目は、「形態別」が原則

　平成20年基準の勘定科目は、「形態別」であることが求められています。形態別とは、給与手当、旅費交通費、通信運搬費といった具合に、収益・費用の内容明細がわかる勘定科目のことをいいます。

　公益法人は従来から、事業ごとの収入と支出を重視していたため、A事業費、B事業費と事業別に費用を区分する考えがありました。ですが、A事業費、B事業費とするとA事業、B事業にどれだけ費用がかかったかはわかりますが、法人全体の費用の内容明細まではわかりません。できるだけ、一般的に受け入れやすい勘定科目の体系にするため、平成20年基準では、形態別の勘定科目に統一することが求められています。

　この本の巻末で、運用指針に記載されている収益と費用の中科目と内容を紹介しています。運用指針では正味財産増減計算書への記載順に収益と費用を発表していますので、本書でもその順番にならって記載しています。

2．法人独自の勘定科目の設定

　運用指針に記載されている勘定科目は標準的なものなので、すべての収益と費用を運用指針に記載されている勘定科目で表示することができない場合もありま

す。その際には、法人独自の勘定科目を設定することも可能です。新しい勘定科目を設定する場合には、可能な限り、形態別の勘定科目を設定しましょう。

また、従来の資金ベースの勘定科目名にあったような「……収入」、「……支出」の表示ではなく、「……収益」や「受取……」、「……費」や「支払……」のような損益ベースの勘定科目名を設定します。

公益法人の豆知識7：一般法人の解散

　公益法人の場合の公益認定取消しばかりが目立ちますが、一般法人の場合にも解散事由があります。一般法人の解散事由は、もちろん公益法人にも及びます。
(1) 一般財団法人の純資産額
　一般社団法人は、法人法第148条と第149条に、一般財団法人は法人法第202条と第203条にそれぞれ規定があります。その解散事由の中で実務的に気をつけていただきたい事項は、一般財団法人は、貸借対照表上の純資産額（資産－負債）が2事業年度連続300万未満となれば、解散となることです。
(2) 休眠法人のみなし解散
　一般社団法人と一般財団法人の共通事項として、休眠法人のみなし解散があります。法人は、役員等（評議員も含む）が変更された場合（再任を含む）、法人の名称や目的を変更した場合等にも登記が必要です。
　例えば、理事の任期は、「選任後2年以内に終了する事業年度のうち最終のものに関する定期社員総会（評議員会）の終結の時まで」とあり、約2年おきに理事の変更登記が必要です。
　これらの登記は、変更があった日から2週間以内に登記をするのが原則ですが、その法人に関する最後の登記があった日から5年を経過したものは、休眠法人となります。それから2カ月以内に、法務大臣から事業を廃止していない旨の届出をするように官報に公告がされて、その届出がないときには、その2カ月が満了した日に解散となります。

Q39. 入会金や会費を徴収したときの仕訳を教えてください。

A39. 入会金や会費を徴収したときの仕訳は、公益法人の場合であっても公益社団法人と公益財団法人とでは仕訳の方法が異なります。

1．公益社団法人が入会金、会費を徴収した場合

公益社団法人が、会員から入会金や会費を徴収した際は、その法人の定款や会費規程の内容により仕訳が異なります。

(1) 定款や会費規程に、入会金や会費の使途が指定されている場合には、その指定にそって、各会計区分の入会金、会費とする。
(2) 定款や会費規程に、入会金や会費の使途について指定がない場合には、50%以上を公益目的事業会計の入会金、会費とする。

上記(1)の場合、公益社団法人の定款や会費規程には、「○×%以上を公益目的事業会計とする」と定めているケースが多く見受けられます。
この場合、残りの会費はどの会計区分の会費とするのかは、各法人の任意となります。実務的には、法人会計に記載している場合が多いようです。

図Ⅳ－2－4 公益社団法人の会費の仕訳

「会員から今年度の会費5万円を現金で徴収した。会費規程には、50%以上を公益目的事業会計とする旨の規程があり、公益目的事業会計のA事業と法人会計に50%ずつ区分することにした」

IV 実践あるのみ！公益法人会計の実務

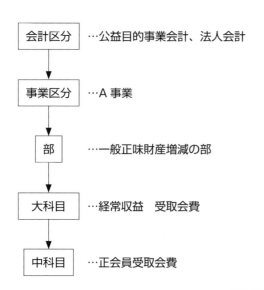

会計区分	…公益目的事業会計、法人会計
事業区分	…A事業
部	…一般正味財産増減の部
大科目	…経常収益　受取会費
中科目	…正会員受取会費

仕訳帳

公益目的事業会計　A事業 　　　　　　　　　　　　　　　　　（単位：円）

| 借方 || 摘要 | 貸方 ||
金額	勘定科目		勘定科目	金額
25,000	現金	正会員会費 25 年度 50％計上	一般正味財産増減の部 経常収益　受取会費 **正会員受取会費**	25,000

法人会計 　　　　　　　　　　　　　　　　　　　　　　　　（単位：円）

| 借方 || 摘要 | 貸方 ||
金額	勘定科目		勘定科目	金額
25,000	現金	正会員会費 25 年度 50％計上	一般正味財産増減の部 経常収益　受取会費 **正会員受取会費**	25,000

※入会金の場合は、大科目、中科目を受取入会金とします。

2．公益財団法人が会費を収受した場合

公益財団法人の場合の会費とは、「賛助会費」と呼ばれ、寄附金と同様の取扱いをします。通常入会金は存在しません。

社団法人の構成員である会員から義務的に会費を徴収する場合と、財団法人の事業目的に賛同した賛助会員から会費を収受する場合とでは、会費の性質が異なるため、公益社団法人と公益財団法人とでは取扱いが異なります。

公益財団法人の場合の賛助会費は、特別な使途の指定がない限り、原則全額公益目的事業会計の会費とします。

図Ⅳ－2－5　公益財団法人の会費の仕訳

「賛助会員から賛助会費5万円を現金で収受した。全額公益目的事業会計のA事業の賛助会費とする」

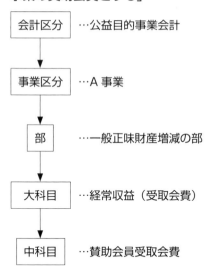

仕訳帳

公益目的事業会計　A事業　　　　　　　　　　　　　　　　　　（単位：円）

借方		摘要	貸方	
金額	勘定科目		勘定科目	金額
50,000	現金	賛助会員会費25年度	一般正味財産増減の部 経常収益　受取会費 **賛助会員受取会費**	50,000

IV 実践あるのみ! 公益法人会計の実務

3．移行法人が入会金又は会費を徴収した場合

　移行法人の場合には、一般社団法人と一般財団法人で取扱いの違いはありません。定款や会費規程などに、会費の使途の指定がない限り、法人会計に全額記載します。ここでは、一般財団法人の場合の仕訳を紹介します。

図Ⅳ－2－6　一般財団法人の場合の会費の仕訳

「賛助会員から賛助会費5万円を現金で徴収した。会費の使途の指定はないため全額法人会計の賛助会費とする」

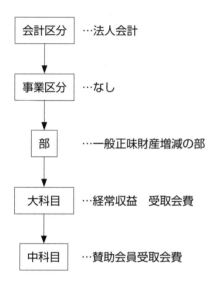

会計区分	…法人会計
事業区分	…なし
部	…一般正味財産増減の部
大科目	…経常収益　受取会費
中科目	…賛助会員受取会費

仕訳帳

法人会計　　　　　　　　　　　　　　　　　　　　　　　　（単位：円）

借方		摘要	貸方	
金額	勘定科目		勘定科目	金額
50,000	現金	賛助会員会費25年度	一般正味財産増減の部 経常収益　受取会費 賛助会員受取会費	50,000

99

Q40. 寄附金を収受したときの仕訳を教えてください（取引・仕訳を含む）。

A40. 寄附金を収受した場合は、公益法人と移行法人とで仕訳が異なります。

1．公益法人の場合の寄附とは

(1) 寄附金の使途

　寄附金を受ける公益法人は、定款や寄附規程により、寄附金を収受した場合の寄附の種類と使途の指定を規定しています。寄附者はこれらの規程内容に賛同して寄附の種類と使途を指定して寄附をしますので、公益法人側はその指定に従って収受した寄附金を各会計区分に記載します。

　もし、寄附者が寄附の種類や寄附の指定をせずに寄附をし、公益法人側にも寄附金について定めを設けていないのであれば、通常は全額公益目的事業会計の寄附金とします。

(2) 寄附金の会計処理方法

　寄附者からの使途の指定を受けた寄附は、指定正味財産となります。寄附者からの寄附金の使途の指定がない場合には、一般正味財産とします。

　また、公益法人の公益目的事業のための寄附であれば、寄附者は税制優遇を受けることができます。

2．1事業年度中の寄附を受けた場合

　1事業年度中の寄附を受けた場合には、使途の指定を受けていても一般正味財産増減の部に記載します。

図Ⅳ－2－7　公益法人の寄附金の仕訳

「寄附者から、当期の寄附として公益目的事業会計のA事業に使途を指定した寄附金100万円を収受して、普通預金口座に入金した」

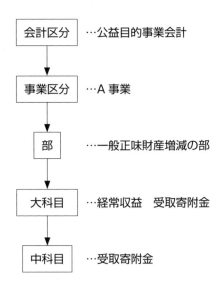

会計区分　…公益目的事業会計

事業区分　…A事業

部　…一般正味財産増減の部

大科目　…経常収益　受取寄附金

中科目　…受取寄附金

仕訳帳

公益目的事業会計　　A事業　　　　　　　　　　　　　　　　（単位：円）

借方		摘要	貸方	
金額	勘定科目		勘定科目	金額
1,000,000	普通預金	○×から寄附	一般正味財産増減の部 経常収益　受取寄附金 受取寄附金	1,000,000

3．複数の事業年度の寄附金をまとめて収受した場合

　寄附者からの使途の特定を受け、かつ、複数の事業年度分の寄附金をまとめて収受した場合には、寄附金＝基本財産又は特定資産となるため、収益としての受取寄附金も指定正味財産増減の部に記載します。

図Ⅳ－2－8　公益法人の寄附金の仕訳

「寄附者から、翌期から3年間の寄附として公益目的事業会計のA事業に使途を指定した寄附金3千万円を収受して、特定資産の預金口座に入金した」

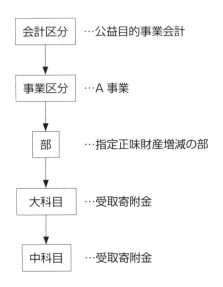

仕訳帳

公益目的事業会計　　A事業　　　　　　　　　　　　　　　　　　　　（単位：円）

借方		摘要	貸方	
金額	勘定科目		勘定科目	金額
30,000,000	特定資産 ▲○積立預金	○×から寄附	指定正味財産増減の部 受取寄附金 受取寄附金	30,000,000

4．指定正味財産から一般正味財産への振替えは1取引2仕訳

(1) 収益と費用を対応させるための1取引2仕訳

　指定正味財産には寄附者からの寄附で寄附者により使途が特定又は制約されている資産のみを記載します。また、それらの資産を実際に費消する場合には、一般正味財産へ振り替えて収益と費用を対応させます。

　よって、指定正味財産増減の部には、正味財産の増加要因となる収益はあっても、減少要因となる経常費用や経常外費用を記載することはありません。

会計では、収益と費用を対応させて正味財産の増減を算定するという基本的概念がありますが、指定正味財産増減の部では経常費用や経常外費用を計上しないためそれができません。

指定正味財産を使用する場合には、まず、指定正味財産として保有していた基本財産又は特定資産を取り崩して費用とします。次に、その費用と同額の指定正味財産を一般正味財産へ振り替えて一般正味財産増減の部の収益として記載します（下記(3)①～③の場合）。

(2) 会計処理方法を統一させるための1取引2仕訳

指定正味財産である満期保有目的の債券を償却原価法(※)により評価する場合には、償却原価法を行うことにより発生する受取利息は指定正味財産の収益として記載します。この方法と統一するために、債券の利息を実際に受け取ったときには、まず指定正味財産の収益として記載して、その後に一般正味財産へ振り替えます（下記(3)④の場合）。

(※償却原価法の説明はQ58参照)

(3) 1取引2仕訳の会計処理方法

上記(1)と(2)は、公益法人会計独特の考え方であり、指定正味財産から一般正味財産へ振り替えるという1つの取引から2つの仕訳を行いますので、1取引2仕訳といいます。1取引2仕訳が生じる場合は、次の4項目です（平成20年会計基準　注解15及び日本公認会計士協会　非営利法人委員会報告第28号　公益法人会計基準に関する実務指針より）。

①指定正味財産を費消する場合
②指定正味財産の資産を減価償却する場合
③指定正味財産の資産が災害等により滅失した場合
④償却原価法により評価する満期保有目的の債券で、指定正味財産であるものの利息を受け取った場合

図Ⅳ-2-9 指定正味財産を費消する場合の1取引2仕訳

> 1取引：指定正味財産を費消する
> 2仕訳：
>   ①指定正味財産として保有していた基本財産又は特定資産は取り崩して費用とする
>   ②指定正味財産を一般正味財産へ振り替えて一般正味財産増減の部の収益とする

「前期に受けた寄附のうち、当期分の寄附金1千万円にあたる特定資産を取り崩して公益目的事業Ａ事業の研究費として費消した」

①指定正味財産として保有していた特定資産は取り崩して費用とする。

仕訳帳

公益目的事業会計　　Ａ事業　　　　　　　　　　　　　　　　　　　　（単位：円）

借方		摘要	貸方	
金額	勘定科目		勘定科目	金額
10,000,000	一般正味財産増減の部 経常費用　事業費 研究費	Ａ事業　研究費	特定資産 ▲○積立預金	10,000,000

②指定正味財産を一般正味財産へ振り替えて一般正味財産増減の部の収益とする。

仕訳帳

公益目的事業会計　　Ａ事業　　　　　　　　　　　　　　　　　　　　（単位：円）

借方		摘要	貸方	
金額	勘定科目		勘定科目	金額
10,000,000	指定正味財産 一般正味財産への 振替額	指定から 一般へ振替	一般正味財産増減の部 受取寄附金 受取寄附金振替額	10,000,000

IV 実践あるのみ！ 公益法人会計の実務

図Ⅳ-2-10 指定正味財産の資産を減価償却する場合の1取引2仕訳

「前期以前に寄附を受けた基本財産である建物の減価償却を行う。減価償却費は100万円である。公益目的事業A事業の建物である」

①減価償却費を計上して、指定正味財産である基本財産を減少させる。

仕訳帳

公益目的事業会計　　A事業　　　　　　　　　　　　　　　　　　　　（単位：円）

借方		摘要	貸方	
金額	勘定科目		勘定科目	金額
1,000,000	一般正味財産増減の部 経常費用　事業費 減価償却費	減価償却	基本財産 建物	1,000,000

②指定正味財産を一般正味財産へ振り替えて一般正味財産増減の部の収益とする。

仕訳帳

公益目的事業会計　　A事業　　　　　　　　　　　　　　　　　　　　（単位：円）

借方		摘要	貸方	
金額	勘定科目		勘定科目	金額
1,000,000	指定正味財産 一般正味財産への振替額	指定から 一般へ振替	一般正味財産増減の部 経常外収益 固定資産受贈益 建物受贈益振替額	1,000,000

図Ⅳ-2-11 指定正味財産の資産が災害等により減失した場合の1取引2仕訳

「前期以前に寄附を受けた投資有価証券100万円が、諸事情により時価が20万円まで下落して回復の見込みがないと判断される。投資有価証券は公益目的事業A事業の特定資産として保有している」

①指定正味財産として保有していた特定資産は取り崩して費用とする。

仕訳帳

公益目的事業会計　　A事業　　　　　　　　　　　　　　　　　　　　（単位：円）

借方		摘要	貸方	
金額	勘定科目		勘定科目	金額
1,000,000	一般正味財産増減の部 経常外費用 固定資産減損損失 投資有価証券減損損失	減損損失計上	特定資産 投資有価証券	1,000,000

②指定正味財産を一般正味財産へ振り替えて一般正味財産増減の部の収益とする。

仕訳帳

公益目的事業会計　　A事業　　　　　　　　　　　　　　　　　　　　（単位：円）

借方		摘要	貸方	
金額	勘定科目		勘定科目	金額
1,000,000	指定正味財産 一般正味財産への振替額	指定から一般へ振替	一般正味財産増減の部 経常外収益 固定資産受贈益 投資有価証券受贈益振替額	1,000,000

図Ⅳ-2-12 指定正味財産の満期保有目的の債券で償却原価法により評価するものが、利息を受け取った場合の1取引2仕訳

「満期保有目的の債券で償却原価法により評価している特定資産の投資有価証券の利息を10万円受け取った。この特定資産は指定正味財産である」

①受け取った利息を指定正味財産の収益とする。

仕訳帳

公益目的事業会計　　A事業　　　　　　　　　　　　　　　　（単位：円）

借方		摘要	貸方	
金額	勘定科目		勘定科目	金額
100,000	現金預金	利息・計上	指定正味財産増減の部 基本財産運用益 基本財産受取利息	100,000

②指定正味財産を一般正味財産へ振り替えて一般正味財産増減の部の収益とする。

仕訳帳

公益目的事業会計　　A事業　　　　　　　　　　　　　　　　（単位：円）

借方		摘要	貸方	
金額	勘定科目		勘定科目	金額
100,000	指定正味財産 一般正味財産への 振替額	指定から 一般へ振替	一般正味財産増減の部 経常収益 基本財産運用益 基本財産受取利息	100,000

5．移行法人が寄附金を収受した場合

　移行法人の場合は、公益法人よりも多額の寄附を収受するケースは少ないと思われます。移行法人の場合には、定款又は寄附規程などで指定された寄附であれば、その指定にそって各会計区分に記載しますが、このような指定がない場合には、全額法人会計へ記載します。

　移行法人への寄附の場合は、寄附者への税制優遇はありません。

Q41. 土地等の贈与を受けたときの仕訳を教えてください。

A41. 土地等の贈与を受けた場合には、贈与側が土地等の使途の指定を行うか否かで異なります。

1．公益法人又は移行法人が土地等の贈与を受けた場合⇒使途の指定がない場合

公益法人又は移行法人が土地等の贈与を受けた場合で、贈与側の使途の指定がない場合は、通常、法人内部（理事会等）で使途の特定を行います。

この場合、基本財産又は特定資産としても、贈与側の使途の指定がないので一般正味財産とし、贈与に関する受贈益は、一般正味財産増減の部の収益となります。また、土地等の贈与は経常的な収益ではないとして、経常外収益となります。

図Ⅳ－2－13　土地の贈与を受けた場合の仕訳

「時価相当額1千万円の土地の贈与を受けた。贈与側の使途の指定はないが、公益目的事業A事業の基本財産とする」

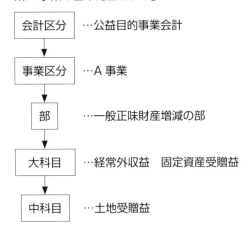

仕訳帳

公益目的事業会計　　A事業　　　　　　　　　　　　　　　　　（単位：円）

借方		摘要	貸方	
金額	勘定科目		勘定科目	金額
10,000,000	基本財産 土地	○県×市▲番地 □氏から贈与	一般正味財産増減の部 経常外収益　固定資産受贈益 土地受贈益	10,000,000

2．公益法人又は移行法人が土地等の贈与を受けた場合⇒使途の指定がある場合

　公益法人又は移行法人が、贈与側から贈与を受けた土地等について使途の指定を受けたのであれば、贈与を受けた土地等は資産の部では基本財産又は特定資産となり、正味財産の部では指定正味財産となり、贈与に関する受贈益は、指定正味財産増減の部の収益となります。指定正味財産増減の部には、経常収益又は経常外収益の区分はありません。

図Ⅳ－2－14　土地の贈与を受けた場合の仕訳（指定）

「時価相当額1千万円の土地の贈与を受けた。贈与側の使途の指定を受け、公益目的事業A事業の基本財産とする」

仕訳帳

公益目的事業会計　　A事業　　　　　　　　　　　　　　　　　（単位：円）

借方		摘要	貸方	
金額	勘定科目		勘定科目	金額
10,000,000	基本財産 土地	○県×市▲番地 □氏から贈与	指定正味財産増減の部 固定資産受贈益 土地受贈益	10,000,000

Q42. 雑収益の使い方を教えてください。

A42. 雑収益には、預金口座を所有している場合の利息、事業収益ではない手数料等の収益、売買目的のために所有していた有価証券の評価益や売却益を記載します。

1．預金口座に利息の入金があった場合

預金口座を所有していると、1事業年度中に預金残高に比例した利息の入金があります。

この利息を公益法人会計では、その保有している預金口座の資産としての種類に応じて、次のような勘定科目の体系となります。

(1) 基本財産である預金口座

「基本財産運用益（大科目）―基本財産受取利息（中科目）」

(2) 特定資産である預金口座

「特定資産運用益（大科目）―特定資産受取利息（中科目）」

(3) 上記(1)又は(2)以外の預金口座

「雑収益（大科目）―受取利息（中科目）」

ちなみに、特例民法法人は、受取利息に源泉所得税は課税されておらず、非課税となっていました。移行後は、公益法人のみが非課税で、一般法人は課税されます。

図Ⅳ-2-15 利息を受けた場合の仕訳

「公益目的事業A事業ための預金口座に利息5,000円の入金があった」

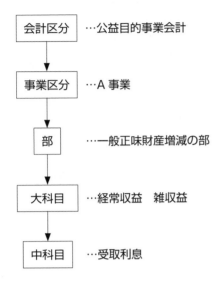

…公益目的事業会計
…A事業
…一般正味財産増減の部
…経常収益　雑収益
…受取利息

仕訳帳

公益目的事業会計　　A事業　　　　　　　　　　　　　　　　　　　　（単位：円）

借方		摘要	貸方	
金額	勘定科目		勘定科目	金額
5,000	普通預金	○預金口座 半期利息	一般正味財産増減の部 経常収益　雑収益 受取利息	5,000

111

2. 事業収益ではない手数料等の収益を収受した場合

　法人が事業として行っているわけではないが、僅少の手数料等を収受する場合があります。例えば、コピーを一時的に貸したことで収受する手数料など、コピー機の貸与をその法人が事業の一環として行っていれば事業収益ですが、通常は、「雑収益（大科目）―雑収益（中科目）」とします。

　このような収益をどこの会計区分に記載するかは、事業との関連性をみて判断しますが、どの事業にもまったく関連しないものであれば、法人会計に記載することも考えられます。

図Ⅳ－2－16　手数料を収受した場合の仕訳

「A会員にコピー機を貸して、手数料として1,000円現金で収受した。収益事業等会計D事業に記載する」

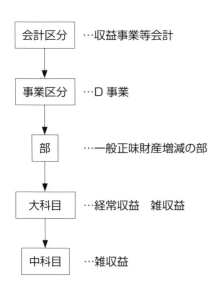

仕訳帳

収益事業等会計　　D事業　　　　　　　　　　　　　　　　　　　（単位：円）

借方		摘要	貸方	
金額	勘定科目		勘定科目	金額
1,000	現金	A会員 コピー代	一般正味財産増減の部 経常収益　雑収益 雑収益	1,000

3．売買目的の有価証券の評価益又は売却益

　有価証券を保有する場合には、保有目的によって仕訳が異なります。

　売買目的の有価証券を期末時に時価評価した場合の評価益や売却したときの売却益は、「雑収益（大科目）―有価証券運用益（中科目）」となります。

　また、時価評価した場合の評価損や売却したときの売却損があれば、「事業費又は管理費（大科目）―有価証券運用損（中科目）」となります。運用益又は運用損がどちらもある場合には、相殺していずれかを記載します。

　ですが、公益法人の場合、投機目的の事業を行うことは認定法において禁止されていますので、公益法人が売買目的の有価証券を所有していることはありません。

※保有制限のある投機目的には、取引の規模、内容等具体的事情によりますが、例えば、ポートフォリオ運用の一環として行う公開市場等を通じる証券投資等は保有制限には該当しません。

Q43. 給与を支給する場合の仕訳を通勤手当や社会保険料の処理もあわせて教えてください。

A43. 職員に給与を支給する場合には、「複合仕訳」を使います。

1．給与支給に伴う税金等

給与を支給する際には、それに伴う税金や社会保険などがあります。

源泉所得税や住民税などは、職員の給与から差し引いて公益法人が納付します。健康保険・介護保険・厚生年金・雇用保険などの社会保険料は、職員負担分を給与から差し引いて公益法人が法人負担分とあわせて納付します。

給与を支給する場合は、これらの税金や社会保険を給与から差し引きます。つまり、職員から税金や社会保険料を預かる処理を行います。

2．単一仕訳と複合仕訳

ここまで紹介した仕訳例はすべて、借方と貸方に1つずつの勘定科目が記載されていました。このように、1行で終了する仕訳のことを「単一仕訳」といいます。

実務上は、できるだけ単一仕訳を行うほうがよいでしょう。

なぜなら、単一仕訳であれば、総勘定元帳に相手の勘定科目が特定されて記載されますので、会計処理後の調査や監査の際に便利だからです。

ですが、今回の給与を支給するという1つの取引において、税金や社会保険など複数の事項が発生する場合には、単一仕訳での処理は難しくなります。

借方と貸方に複数の勘定科目が記載される場合の仕訳を複合仕訳といいます。複合仕訳の場合は総勘定元帳に相手の勘定科目が特定されず「諸口」として記載

されます。よって、相手の勘定科目が何かを特定したいときには最初の仕訳に戻って確認することになります。

図Ⅳ-2-17　給与を支給する場合の仕訳

「公益目的事業A事業に従事する職員に5月給与を30万円、通勤手当3万円（定期代）を支給した。これに伴う源泉所得税6,960円、住民税2万円、社会保険4万円（計66,960円）を預かり、職員には差引き263,040円普通預金から支給した」

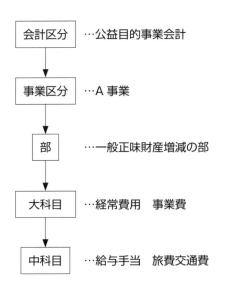

仕訳帳

公益目的事業会計　　A事業　　　　　　　　　　　　　　　　　　　　　（単位：円）

借方		摘要	貸方	
金額	勘定科目		勘定科目	金額
300,000	一般正味財産増減の部 経常費用　事業費 給与手当	職員　5月給与	普通預金	263,040
30,000	一般正味財産増減の部 経常費用　事業費 旅費交通費	職員　5月給与 通勤手当	預り金	66,960

3．源泉所得税・住民税・社会保険の預り金処理

前の例では、源泉所得税、住民税、社会保険をまとめて預り金（負債）で仕訳を行っていますが、実務上は、預り金の下に小科目や補助科目をつけて種類別に仕訳を行うほうが管理する上でよいでしょう。

図Ⅳ－2－18　預り金に小科目又は補助科目をつける場合の仕訳

仕訳帳

公益目的事業会計　　A事業　　　　　　　　　　　　　　　　　（単位：円）

借方		摘要	貸方	
金額	勘定科目		勘定科目	金額
300,000	一般正味財産増減の部 経常費用　事業費 給与手当	職員　5月給与	普通預金	263,040
30,000	一般正味財産増減の部 経常費用　事業費 旅費交通費	職員　5月給与 源泉	預り金 （源泉所得税）	6,960
		職員　5月給与 住民税	預り金 （住民税）	20,000
		職員　5月給与 社会保険	預り金 （社会保険）	40,000

また、実務上は、社会保険料の処理を預り金ではなく、福利厚生費（費用）を貸方に記載する方法も考えられます。

費用は発生のみで借方に記載すると前述しましたが、実務上は費用が貸方に記載される場合もあります。

図Ⅳ－2－19　社会保険を福利厚生費で処理する場合の仕訳

仕訳帳

公益目的事業会計　　A事業　　　　　　　　　　　　　　　　　　　　　（単位：円）

借方		摘要	貸方	
金額	勘定科目		勘定科目	金額
300,000	一般正味財産増減の部 経常費用　事業費 給与手当	職員　5月給与	預金	263,040
30,000	一般正味財産増減の部 経常費用　事業費 旅費交通費	職員　5月給与 源泉	預り金 （源泉所得税）	6,960
		職員　5月給与 住民税	預り金 （住民税）	20,000
		職員　5月給与 社会保険	一般正味財産増減の部 経常費用　事業費 福利厚生費	40,000

　複合仕訳で気をつけていただきたいのは借方と貸方の合計金額を一致させることです。最近では、会計ソフトが主流になっていて、借方と貸方の合計金額が一致しなければ、入力できないようになっていますが、手書きでの仕訳を行う際には、注意が必要です。

Q44. 非常勤の理事や監事が理事会に出席した場合の報酬は役員報酬ですか？ 謝金ですか？

A44. 役員報酬です。

1．理事や監事は法人の役員

(1) 役員と法人の関係

　理事や監事は、法人から事業活動の運営を委任されている立場にある役員です。法人とこれら役員との間には委任契約が結ばれていることになります。

　委任契約に基づき、法人が役員に支給する報酬を役員報酬といいます。

(2) 役員報酬の会計処理

　役員報酬は会計上、職員へ支給する給与と同じ性質のものと解釈されており、事業の一部又は全部を外注した際に支払う謝金とは異なるものです。役員報酬の場合も、給与と同様に、必要な場合には税金や社会保険が差し引かれることになります。評議員に報酬を支払う場合には、その旨を定款に記載することになっており、評議員は役員ではありませんが会計上は役員報酬とします。

　理事会や総会に出席するための役員報酬は、法人会計に記載します。特定の事業執行のための役員報酬であれば、その事業に係る会計区分の役員報酬として記載します。

2．役員報酬か旅費交通費か

　法人から役員に何らかの金銭を支払う場合には、役員報酬や旅費規程などの規程に基づいて金銭等を支払っています。

　理事や監事が理事会に出席した場合に、旅費実費相当額の旅費日当を支給する

ことが規定されている場合もあります。そのような場合には役員報酬とせずに、旅費交通費となり、税金や社会保険は差し引かれません。

図Ⅳ-2-20 役員報酬を支給する場合の仕訳

「理事会に出席した理事に役員報酬規程に従い2万円の役員報酬を支給した。源泉所得税は1,575円、住民税、社会保険はなく、実際の支給額は18,425円であった」

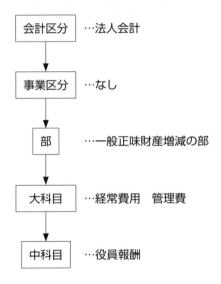

会計区分 …法人会計
事業区分 …なし
部 …一般正味財産増減の部
大科目 …経常費用　管理費
中科目 …役員報酬

仕訳帳

法人会計　　　　　　　　　　　　　　　　　　　　　　　　　　（単位：円）

借方		摘要	貸方	
金額	勘定科目		勘定科目	金額
20,000	一般正味財産増減の部 経常費用　管理費 役員報酬	5月　役員報酬	普通預金	18,425
		5月　役員報酬	預り金 （源泉所得税）	1,575

Q45. 消耗品費と消耗什器備品費の使い方を教えてください。

A45. 消耗品費と消耗什器備品費の厳密な使い分けはありませんが、実務的には、消耗品費はコピー用紙や事務用品など比較的すぐ消費するもの、消耗什器備品費は棚やパソコンなど比較的長期にわたって使用できるものです。

1．資産と費用の使い分けの基準は10万円！?

50万円の複合機を購入しました。これは、什器備品として資産とするべきでしょうか？ それとも、消耗什器備品費として費用とするべきでしょうか？

資産とするか、費用とするかは、使用可能期間と金額により判断されます。

公益法人会計では、具体的な使用可能期間と金額が示されていませんが、多くの公益法人が税法上の考えを取り入れて、使用可能期間が1年以内又は金額が10万円未満のものは費用とし、それ以外のものは資産としています。

公益法人の場合、経理規程などにこのような会計処理のルールを規定しているケースが多くみられます。

Ⅳ 実践あるのみ！ 公益法人会計の実務

図Ⅳ-2-21 消耗品費と消耗什器備品費の仕訳

「A社より事務用の糊を10個980円で、書籍棚を1個19,800円でいずれも現金で購入した。法人会計とする」

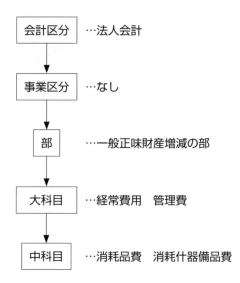

- 会計区分 …法人会計
- 事業区分 …なし
- 部 …一般正味財産増減の部
- 大科目 …経常費用　管理費
- 中科目 …消耗品費　消耗什器備品費

仕訳帳

法人会計　　　　　　　　　　　　　　　　　　　　　（単位：円）

借方		摘要	貸方	
金額	勘定科目		勘定科目	金額
980	一般正味財産増減の部 経常費用　管理費 消耗品費	A社より 事務用のり10個	現金	980
19,800	一般正味財産増減の部 経常費用　管理費 消耗什器備品費	A社より 書籍棚　1個	現金	19,800

Q46.
印刷製本費や通信運搬費の使い方を教えてください。

A46. 印刷製本費は、パンフレットや事業報告書、総会又は理事会の式次第の作成費、通信運搬費は、電話代、インターネット代、郵便、配達などの費用として使用します。

1．印刷製本費の使い方

　公益法人又は移行法人等の場合、事業に関するパンフレットや資料、報告書、理事会や総会などの式次第など、法人独自の書類を作る機会が多くなります。

　印刷製本費とは、このような書類を外部に依頼して作成するときに使う勘定科目です。

　法人によっては、自前で書類を作成する場合も印刷製本費を使っているケースもありますが、自前で作成する場合は消耗品費で処理をするのが適当かと思われます。

2．情報化社会になって、通信運搬費の範囲は拡大

　携帯電話やパソコンなどあらゆる通信機器が存在する今、通信運搬費が使われる範囲は広くなっています。

　使用する機器によって、小科目や補助科目を設定すると、予算作成などに役立つかもしれません。

図Ⅳ-2-22　印刷製本費と通信運搬費の仕訳

「印刷会社に作成を依頼していた公益目的事業会計のA事業の講演会資料が作成され、印刷会社に50万円普通預金から支払った。

また、同日に、講演会資料の郵送に使う切手を10万円現金で購入した」

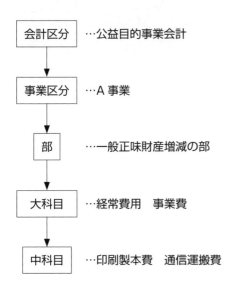

会計区分　…公益目的事業会計

事業区分　…A事業

部　…一般正味財産増減の部

大科目　…経常費用　事業費

中科目　…印刷製本費　通信運搬費

仕訳帳

公益目的事業会計　　A事業　　　　　　　　　　　　　　　　　　（単位：円）

借方		摘要	貸方	
金額	勘定科目		勘定科目	金額
500,000	一般正味財産増減の部 経常費用　事業費 印刷製本費	講演会資料代 ○×印刷会社へ	普通預金	500,000
100,000	一般正味財産増減の部 経常費用　事業費 通信運搬費	講演会資料郵送 切手○枚	現金	100,000

Q47. 関連団体に対する少額の贈答品の仕訳を教えてください。

A47. 関連団体への贈答品は、交際費又は渉外費などの費用となります。

1．公益法人は交際費を記載してはいけない？

　公益法人は、公益事業を行うことで税制優遇などの恩恵を受けていますので、事業に直接的な関連性が薄く営業的な費用となる交際費を出すことは認められないのでは？　という考えもあるようです。

　確かに、多額の飲食接待費や贈答があるのは好ましくありませんが、私見では、公益法人でも、事業を行うにあたって関連団体とのある程度のお付き合いは必要と思われます。

2．特別の利益に注意

　公益法人の場合、特別の利益にあたる行為は認定法において禁止されています。特別の利益の対象者は、理事、監事、会員、評議員や、その関係者、株式会社などの営利目的法人です。

図Ⅳ-2-23 交際費の仕訳

「公益目的事業 A 事業に協賛している関連団体へ 5,000 円の事務所増設祝いを贈った。支払は普通預金から支払った」

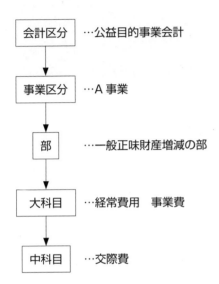

- 会計区分 …公益目的事業会計
- 事業区分 …A 事業
- 部 …一般正味財産増減の部
- 大科目 …経常費用　事業費
- 中科目 …交際費

仕訳帳

公益目的事業会計　　A 事業　　　　　　　　　　　　　　　　　（単位：円）

借方		摘要	貸方	
金額	勘定科目		勘定科目	金額
5,000	一般正味財産増減の部 経常費用　事業費 交際費	関連団体○×へ 事務所増設祝い	普通預金	5,000

Q48.
賃借料と委託費の使い方を教えてください。

A48. 賃借料は土地、建物、事務機器などを賃借した際に使用します。委託費とは、業務の全部又は一部を外部へ委託した場合に使用します。

１．賃借料は形あるものを借りた場合

　賃借料は、土地や建物、事務機器など形あるものを借りた場合に使用します。講演のために場所を借りたり、事務所として建物を借りたり、事務機器をリース契約により借りたり、と用途は様々です。

　賃借料もその用途によって、小科目や補助科目を設定しておくと管理上便利です。

２．委託費は、業務の全部又は一部を委託する場合

(1) 委託費の使い方

　委託費は、事業中の業務を外部に委託した場合に使用します。

　調査事業で調査事項の集計を委託した場合、事務所のエレベーターの点検や清掃などを委託した場合、事務の一部を委託した場合などがあります。

(2) 委託費と事業の公益性の判断

　公益法人の公益目的事業、移行法人の実施事業の判断基準に、主体性の有無があります。

　形式的にはその法人の事業でも、実態としては事業のほとんどを外部に委託しているのであれば主体性がないとして公益性がある事業とはみなされず、公益目的事業や実施事業には該当しないと判断される可能性が高くなります。

図Ⅳ-2-24 賃借料と委託費の仕訳

「事務所家賃6月分10万円を支払った。同日、公益目的事業A事業に関する検査委託費30万円を検査会社に支払った。いずれも普通預金から支払っている」

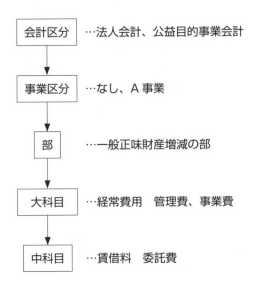

会計区分	…法人会計、公益目的事業会計
事業区分	…なし、A事業
部	…一般正味財産増減の部
大科目	…経常費用　管理費、事業費
中科目	…賃借料　委託費

仕訳帳

法人会計　　　　　　　　　　　　　　　　　　　　　　　　　（単位：円）

借方		摘要	貸方	
金額	勘定科目		勘定科目	金額
100,000	一般正味財産増減の部 経常費用　管理費 賃借料	6月事務所家賃	普通預金	100,000

公益目的事業会計　A事業

借方		摘要	貸方	
金額	勘定科目		勘定科目	金額
300,000	一般正味財産増減の部 経常費用　事業費 委託費	○×検査会社 検査委託	普通預金	300,000

Q49.
会議費の使い方を教えてください。

A49. 会議費は、理事会、総会での費用、事業に直接関係する打合せなどの費用として使用します。

1．会議費と交際費の区別は難しい

　会議費は、取引先や法人内部での業務に直接関連する打合せなどを行う際の、茶菓・弁当・飲み物・会場代・資料作成代などに使用します。

　業務に直接関連する打合せであれば会議費、業務に関連する接待や供応であれば交際費となります。

　また、打合せの際の飲食代が高額な場合は、交際費となる可能性があります。直接関連するのか、しないのか、金額が高額なのかの判断は難しいですが、ただの飲み会なのか商談などを目的とした打合せなのか、常識的な判断を行うしか方法はありません。金額については、内部規程で会議費としての範囲を定めておくのもよいでしょう。そして、業務関連性を明確にするため、相手先と打合せ内容の記録を残す必要があります。

　公益法人会計ではその内容が公益法人として妥当なのかの判断はあるにしても、会議費でも交際費でも同じ費用ですが、税法上（法人税）では、一定の交際費は費用として認めない損金不算入の考え方があります。

2．理事会や総会の費用はすべて法人会計に記載する

　公益法人は、法人法の定めにより理事会や総会を開催する必要があります。理事会や総会での費用は全額法人会計に記載をすることになっています。

IV 実践あるのみ！公益法人会計の実務

図Ⅳ-2-25 会議費の仕訳

「理事会を開催し、お茶菓子を20人分5,000円現金で購入した」

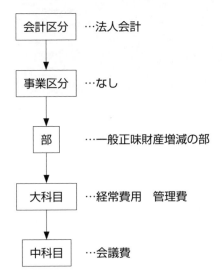

会計区分 …法人会計
事業区分 …なし
部 …一般正味財産増減の部
大科目 …経常費用　管理費
中科目 …会議費

仕訳帳

法人会計　　　　　　　　　　　　　　　　　　　　　　　　（単位：円）

借方		摘要	貸方	
金額	勘定科目		勘定科目	金額
5,000	一般正味財産増減の部 経常費用　管理費 会議費	5月理事会 お茶菓子20人分	現金	5,000

Q50. 租税公課の使い方を教えてください。

A50. 租税公課は、固定資産税、自動車税、消費税、印紙税などの税金を納付する際に使用します。

1．租税公課で仕訳する税金の種類

租税公課の勘定科目で処理をする税金の種類は、固定資産税、自動車税、消費税、印紙税などが考えられます。

2．法人税等の納付は、租税公課ではなく「法人税、住民税及び事業税」

公益法人の場合、法人税、住民税、事業税の納付義務がない、又は、納付金額が僅少のケースがあり、法人税等の納付をその他の税金と同様、租税公課を使用している法人もみられます。

ですが、日本公認会計士協会の非営利法人委員会が平成23年5月に発表している「研究資料第4号　貸借対照表内訳表及び正味財産増減計算書内訳表の作成と会計処理」には、法人税等は、その他の税金と区別して「法人税、住民税及び事業税」の勘定科目で処理をする記載があります。

法人税、住民税及び事業税の勘定科目は、経常費用でも経常外費用でもありません。これは、法人税等の税金が法人の収益から費用を差し引いたあとの儲けに対して課税されるため、収益から差し引くその他の費用とはその性質が異なるためです。

IV 実践あるのみ！公益法人会計の実務

図Ⅳ－2－26 租税公課の仕訳

「公益目的事業A事業に使用している車の自動車税45,000円を現金で納付した」

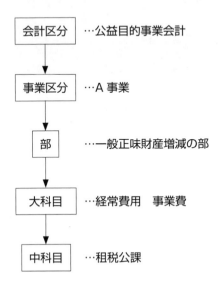

会計区分 …公益目的事業会計

事業区分 …A事業

部 …一般正味財産増減の部

大科目 …経常費用　事業費

中科目 …租税公課

仕訳帳

公益目的事業会計　A事業　　　　　　　　　　　　　　　　　（単位：円）

借方		摘要	貸方	
金額	勘定科目		勘定科目	金額
45,000	一般正味財産増減の部 経常費用　事業費 租税公課	車○×　自動車税	現金	45,000

Q51. 関連団体への会費等を支払った場合の仕訳を教えてください。

A51. 関連団体への会費等を支払う場合には、「支払負担金」の勘定科目を使用します。

1．関連団体への会費は法人会計が原則

(1) 上部団体への会費

　公益法人の場合、下部組織の公益法人が上部団体の公益法人の会員となって会費等を支払っているケースがあります。

　この場合の会費等は、「支払負担金」として、通常、法人会計に記載します。

　会費等によっては特定の事業のための費用であることが明確にわかっている場合もあります。そのような場合には、その特定の事業が属する会計区分の会費等として記載することができます。

(2) 支部がある場合の会計処理

　公益法人には、本部・支部組織がある場合があります。この支部が、法人の内部の組織なのか、外部の組織なのかで会計処理が異なります。

　法人の内部組織として支部がある場合には、本部と支部は同じ法人ですので、本部と支部の金銭等のやり取りやその他の取引は、「内部取引」として外部報告としての財務諸表等には記載されません。

　法人の外部組織として支部がある場合には、本部と支部は別団体ということになりますので、本部と支部との取引は、本部と支部それぞれの財務諸表等に「資産」「負債」「収益」「費用」として記載されます。

図Ⅳ-2-27　上部団体の会費の仕訳

「上部団体の会費として10万円を普通預金から支払った」

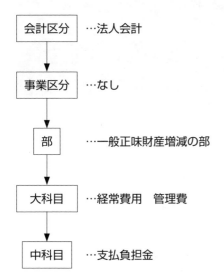

会計区分　…法人会計

事業区分　…なし

部　…一般正味財産増減の部

大科目　…経常費用　管理費

中科目　…支払負担金

仕訳帳

法人会計　　　　　　　　　　　　　　　　　　　　　　　　（単位：円）

借方		摘要	貸方	
金額	勘定科目		勘定科目	金額
100,000	一般正味財産増減の部 経常費用　管理費 支払負担金	公益社団法人 ○×会費	普通預金	100,000

Q52. 雑費の使い方を教えてください。

A52. 雑費は、その他の形態別の科目として表現しづらいものや金額的に僅少である費用に使用します。

1．金額が僅少のものでも最終的に集計すれば大きな金額になるので注意

　コピー代やティッシュペーパー代など、金額的に僅少なものや、ごみ処理代など形態別の科目で表現しづらいものは雑費としています。

　ですが、このようなものでも、1事業年度中の発生額を集計すれば結果として大きな金額になる可能性もあります。

　一つの基準として、証券取引法に基づく財務諸表等規則には、経常費用計の5％を超える場合には、独自の科目を設定する旨の定めがあります。

　様々な費用を雑費とすると、金額も大きくなりますし、その内容も不明確です。できるだけ形態別の勘定科目を使って記載するように心がけましょう。

　形態別の勘定科目例として次のような勘定科目が考えられます。

　①金融機関への手数料→支払手数料
　②税理士等への報酬→支払報酬
　③コピー代、ティッシュペーパー代→消耗品費
　④社外へのお葬式のお花代→慶弔費又は渉外費
　⑤社内社員への退職時のお花代（社内規程に基づく）→福利厚生費
　⑥ごみ処理代→委託費

図Ⅳ－2－28　雑費の仕訳

「公益目的事業A事業に使用したカーテンをクリーニングして630円現金で支払った」

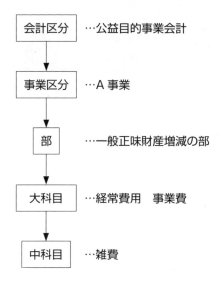

会計区分　…公益目的事業会計

事業区分　…A事業

部　…一般正味財産増減の部

大科目　…経常費用　事業費

中科目　…雑費

仕訳帳

公益目的事業会計　A事業　　　　　　　　　　　　　　　　（単位：円）

借方		摘要	貸方	
金額	勘定科目		勘定科目	金額
630	一般正味財産増減の部 経常費用　事業費 雑費	カーテン クリーニング代	現金	630

3．レッツトライ！公益法人会計②　～資産の仕訳と管理方法～

Q53.
公益法人会計での資産の範囲と仕訳を教えてください。

A53. 　平成20年基準の資産の範囲は、大科目と中科目が運用指針に記載されています。この本でも巻末に運用指針に記載されている順で紹介しています。

　資産の仕訳は、資産の構成を理解することが重要なポイントです。

１．負債から構成される資産
(1)　資産の構成
「資産＝正味財産＋負債」の算式から、資産は正味財産と負債から構成されていることがわかります。

　負債から構成される資産の代表例は借入した現金預金です。銀行から借金をするとお金という資産が増えますが、同額の借金という負債も増えます。

　公益法人会計のルールとして、基本財産は正味財産を財源とする資産のみなので、負債から構成される資産には、基本財産は存在しません。

(2)　仕訳の方法
　仕訳でいいますと、資産の増加は借方（左）へ、負債の増加は貸方（右）へとバランスをとることができます。

　反対に、借金を銀行に返すと、借金という負債が減少し、同額のお金も減少します。仕訳では、負債の減少は借方（左）へ、資産の減少は貸方（右）へと、これもバランスがとれています。

図Ⅳ－3－1　資産の仕訳（負債から構成される資産の仕訳）

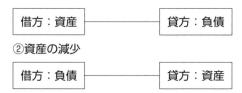

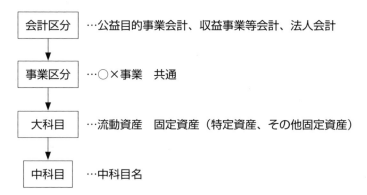

2．正味財産からできている資産

(1) 資産と正味財産との関係

では、正味財産からできている資産とはどのようなものでしょうか？ それは、正味財産の増加要因となる収益が発生する場合の資産をいいます。

例えば、受取寄附金という収益が発生したときに、寄附として受け取った現金や預金、土地などは正味財産からできている資産となります。

(2) 仕訳の方法

正味財産を構成する資産が増加したときには、資産を借方（左）へ、収益の発生は貸方（右）へとバランスがとれています。反対に、正味財産から構成されている資産が減少するときとはどのようなときでしょうか？ それは、正味財産の減少要因となる費用が発生する場合の「資産の減少」のことをいいます。

例えば、給与を支給したときに減少する普通預金は、資産の減少となります。仕訳では、費用の発生が借方（左）へ、資産の減少が貸方（右）へとバランスを

とることができます。このように、資産の仕訳を行うには、資産の増加と減少の原因を理解することが重要なポイントとなるのです。

図Ⅳ-3-2　資産の仕訳（正味財産から構成される資産の仕訳）

①資産の増加

②資産の減少

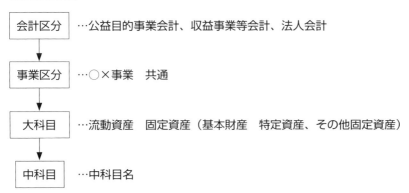

③仕訳の手順

3．資産に会計区分や事業区分は必要？

(1)　行政庁への提出書類と会計区分の関係

　公益法人の場合、収支相償という財務的な要件があります。端的にいえば、「公益目的事業は単年度で赤字であること」ですが、この収支相償の計算には50％繰入れと50％超繰入れの2つがあり、どちらの方法で計算するかは公益法人の任意となっています。

　収支相償で50％超繰入れを選択した公益法人は、行政庁へ会計区分をした貸借対照表を提出する必要があります。

　また、移行法人の場合、実施事業資産という資産があります。この実施事業資産を財務諸表の注記などに記載していない場合には、会計区分をした貸借対照表

を作成することになっています。

(2) 資産管理の観点からの会計区分

　行政庁への提出書類の観点からいえば、上記の要件に該当しない法人の場合には、資産と負債の会計区分や事業区分をする必要はないことになっています。

　私見では、実務的には資産と負債を各会計区分で管理しておく必要があると思います。特に公益法人の場合には、認定法において、公益目的事業用の資産を他の事業に使ってはならないという要件がありますので、資産、負債の会計区分での管理が求められていると考えられます。

図Ⅳ－3－3　貸借対照表の会計区分が不要の場合

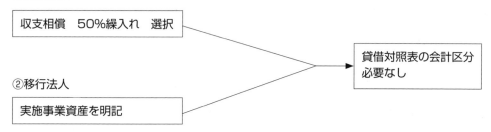

4．資産管理・運用の重要性

　公益法人会計において、資産は最も重要な要素です。資産があれば事業活動の幅も広がりますし、資産運用もできます。

　資産がなければ、どこからか資産を調達しなければ事業活動は行えません。

　資産を正しく仕訳して管理することは、事業計画や予算作成の際の有用な情報にもなります。

Q54.
現金と預金の仕訳と管理方法を教えてください。

A54. 現金と預金の仕訳は会計ごとに行います。現金は金種表の作成、預金は通帳や残高証明書での管理を心がけましょう。

1．現金と預金の管理
⑴　会計区分ごとの管理

　平成20年基準での質問で一番多いのが、現金と預金の取扱いです。

　事業活動を行う過程で、頻繁に動く現金と預金。これを会計ごとに仕訳、管理をするのは煩雑です。「できれば、現金と預金を1つの会計にまとめて管理をしたい」と考えている法人は多いと思います。ですが、現金と預金を1つにまとめて管理すると、どの会計にどれだけお金を使ったのか、又は増えたのかがわからなくなってしまいます。現金と預金を会計別に所有し、管理をすることは、公益法人会計を行うにあたりとても重要なポイントです。

⑵　公益法人の要件

　また、前述したように、公益法人では、認定法において公益目的事業用の資産は他の会計に使ってはならないという要件があります。これは、「貸してはいけない」ということではなく、「あげてはならない」ということです。貸したお金を返してもらえばよいのです。

　会計間のお金の貸し借り管理をすることは、認定法の要件を満たす上でもとても重要です。

2．預金口座が1つしかない場合

　公益法人及び移行法人では、3つの会計区分があります。

ですが、預金口座が1つしかない場合や複数の会計で共通で使用している場合の管理はどうすればよいのでしょうか？

考えられる方法としては3つあります。どれも正しい方法ですので、法人実態に合わせて選択することになります。

①会計ごとの口座を持つ
②1つの口座残高を各会計区分に配賦する
③1つの会計に記載して、会計間の貸し借りを行って使用する

図Ⅳ-3-4 口座の管理方法

①会計ごとの口座を持つ

公益目的事業会計	収益事業等会計	法人会計
A口座	B口座	C口座

②1つの口座残高を各会計区分に配賦する（A口座残高 1,000万円）

公益目的事業会計	収益事業等会計	法人会計
A口座 400万円	A口座 500万円	A口座 100万円

③1つの会計に記載して、会計間の貸し借りを行って使用する

公益目的事業会計	収益事業等会計	法人会計
なし	なし	A口座 1,000万円

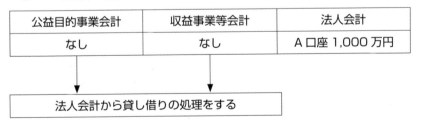

Q55. 有価証券の範囲を教えてください。有価証券を購入した際の仕訳と管理方法を教えてください。

A55. 有価証券の範囲は、金融商品取引法第2条に列挙されている国債、地方債、社債、株券、投資有価証券などです。会計上の種類は保有目的別に勘定科目名が異なります。また、購入後の仕訳の方法も保有目的別に異なります。有価証券を保有する場合には、保有目的ごと銘柄別に管理をしましょう。

1．有価証券の会計処理は保有目的別に異なる

公益法人会計上の有価証券の種類は保有目的別に5種類あります。

会計処理方法はこの保有目的別に異なります。保有目的別の処理方法を図表にしましたので図Ⅳ-3-5を参照してください。

(1) 公益法人の留意点

公益法人の場合は認定法において、公益法人の社会的信用を維持する上でふさわしくないとして、投機的な事業の制限や他の団体の意思決定に関与することができる株式の保有も制限されています。

よって、図表の「Ⅰ有価証券（売買目的の有価証券）」と「Ⅲ子会社株式（支配株式）」は保有できないことになっています。このうち売買目的の有価証券は、取引の規模、内容等具体的事情によりますが、例えば、ポートフォリオ運用の一環として行う公開市場等を通じた証券投資等は保有制限には該当しません。

(2) 公益法人会計上の留意点

また、投資有価証券のその他についての時価評価に関する評価損益は、経常増減の損益ではありますが、経常収益や経常費用の事業費と管理費とは区別して表記することとなっていることも注意が必要です。

これは、中長期的に保有する可能性のある投資有価証券の時価評価に関する損益を経常収益や事業費又は管理費とすれば、財務三基準の要件を満たすことができない可能性もあることから、公益法人にとっての優遇措置ともいわれています。

　例えば、公益目的事業用の投資有価証券の評価益を経常収益とすれば、収支相償が満たせない可能性もありますし、収益事業等会計の投資有価証券の評価損を事業費とすれば、公益目的事業比率50％以上を満たさない可能性があります。

　購入した時は、「購入した価額＝取得価額」を仕訳の金額とします。

　購入時の有価証券の取得価額は、購入価額に購入までの手数料を加えた価額となります。

図Ⅳ－3－5　有価証券の保有目的別の会計処理方法

1. 勘定科目	Ⅰ 有価証券	Ⅱ 関連会社株式	Ⅲ 子会社株式	Ⅳ 投資有価証券(i)	Ⅳ 投資有価証券(ii)
2. 保有目的	売買	20％以上 50％以下	50％超	満期保有	その他
3. 評価方法	時価評価	取得価額	取得価額	取得価額 償却原価法	時価評価
4. B/S	流動資産	特定資産・ その他固定資産	特定資産・ その他固定資産	基本財産 特定資産 その他固定資産	基本財産 特定資産 その他固定資産
5. P/L	経常増減の部	経常外増減の部	経常外増減の部	経常増減の部	－
①大科目	雑収益	固定資産 減損損失	固定資産 減損損失	基本財産運用益 特定資産運用益 雑収益	基本財産評価損益等 投資有価証券評価損益等
②中科目	有価証券 運用益	投資有価証券 減損損失	投資有価証券 減損損失	基本財産受取利息 特定資産受取利息 受取利息	基本財産評価損益等 特定資産評価損益等 投資有価証券評価損益等

図Ⅳ－3－6　有価証券を購入した際の会計処理方法

「株式会社○×の株式100株を1,010,500円で購入した。支払は普通預金口座から行った。保有目的は中長期的になる予定である。公益目的事業A事業のその他固定資産の投資有価証券とする」

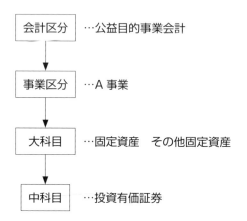

会計区分　…公益目的事業会計

事業区分　…A事業

大科目　…固定資産　その他固定資産

中科目　…投資有価証券

仕訳帳

公益目的事業会計　A事業　　　　　　　　　　　　　　　　　　　（単位：円）

借方		摘要	貸方	
金額	勘定科目		勘定科目	金額
1,010,500	固定資産 その他固定資産 投資有価証券	株式会社○× 100株	普通預金	1,010,500

2．有価証券を保有している場合の管理方法

　有価証券を保有している場合の管理は、保有目的ごと銘柄別に行います。購入日や取得価額、売買株式数などがわかるように表を作っておくとよいでしょう。

　下の図Ⅳ－3－7では、○×株式の取得と払出し（売却）の流れを管理しています。

図Ⅳ－3－7　有価証券を保有する場合の管理表
○×株式（投資有価証券：その他）

日付	NO.	摘要	取得			払出し		
			数量	単価	金額	数量	単価	金額
6/1	1	A証券会社より購入　預金支払	100	10,105	1,010,500			
9/5	2	B証券会社より購入　預金支払	100	9,605	960,500			
11/25	3	A証券会社に売却　預金入金				100	9,855	985,500
12/20	4	B証券会社より購入　預金支払	100	9,705	970,500			
1/27	5	A証券会社に売却　預金入金				100	9,780	978,000

公益法人の豆知識8：理事会の決議の省略

　理事会の決議の省略は、議案につき理事全員の同意と監事の全員が異議を述べなかったときで、定款により決議の省略が可能である旨を定めていれば可能です。理事と監事の同意書は書面で行います。理事会の決議を省略したときは、理事会があったものとみなされた日から10年間、決議省略により決定した事項等を記載した書面（みなし理事会議事録等）を事務所に備え置かなければなりません。

　この書面への記載事項は、法人法施行規則第15条4項にあります。通常の理事会を開催したときの議事録への記載事項とは異なりますので、注意しましょう。

Q56. 有価証券の原価計算とは何ですか?

A56. 有価証券の原価計算とは、有価証券を売却したときの損益を計算するため、所有している有価証券の取得原価を計算することです。公益法人会計基準では、「総平均法」と「移動平均法」「先入先出法」があります。

1．有価証券を売却したときの仕訳

有価証券を売却したときには、「売却収入-取得原価=売却損益」の計算をして仕訳を行います。

図Ⅳ-3-8 有価証券を売却したときの仕訳

「株式会社○×の株式 100 株を 120 万円で売却し、普通預金口座に入金された。取得原価は移動平均法で計算して 985,500 円だった」

仕訳帳

公益目的事業会計　A事業　　　　　　　　　　　　　　　　　　　　　（単位：円）

借方		摘要	貸方	
金額	勘定科目		勘定科目	金額
985,500	普通預金	株式会社○× 100 株売却	固定資産 その他固定資産 投資有価証券	985,500
214,500	普通預金	株式会社○× 100 株売却	一般正味財産増減の部 投資有価証券評価損益等 投資有価証券売却益	214,500

２．総平均法と移動平均法と先入先出法

(1) 総平均法

　総平均法は、取得原価を事業年度中に購入したすべての株式の購入総額を購入株式数で除して求めます。総平均法は事業年度が終わらなければ取得原価が求まらない方法です。

　Q55 の「図Ⅳ－3－7　有価証券を保有する場合の管理表」をもとに説明しますと、11 月 25 日と 1 月 27 日の 2 回売却していますが、総平均法では、どちらの場合も次の算式により算出された価額を取得原価として売却損益を計算します。

「取得原価＝（1,010,500 円＋960,500 円＋970,500 円）÷300 株＝9,805 円／株」

(2) 移動平均法

　移動平均法は、売却するまでに購入した株式の購入総額を購入株式数で除して求めますので、売却の都度、取得原価がわかります。

　Q55 の「図Ⅳ－3－7　有価証券を保有する場合の管理表」をもとに説明しますと、11 月 25 日と 1 月 27 日それぞれの取得原価があることになります。

　① 11 月 25 日に売却したときの取得原価

　　「取得原価＝（1,010,500 円＋960,500 円）÷200 株＝9,855 円／株」

　② 1 月 27 日に売却したときの取得原価

　　「取得原価＝（9,855 円×100 株＋970,500 円）÷200 株＝9,780 円／株」

(3) 先入先出法

　先入先出法は、先に購入したものから取得原価としますので、こちらも 11 月 25 日と 1 月 27 日のそれぞれに取得原価があることになります。

　① 11 月 25 日に売却したときの取得原価

　　「取得原価＝10,105 円／株」

　② 1 月 27 日に売却したときの取得原価

　　「取得原価＝9,605 円／株」

　法人税法上では、総平均法と移動平均法のいずれかを適用することになっており、先入先出法の適用は認められていません。

Q57. 時価評価が必要な投資有価証券を保有している場合、時価評価損益の洗替法と切放法とどちらの処理が正しいの?

A57. 有価証券の時価評価損益に関する「洗替法」と「切放法」は、いずれも会計上認められている方法ですので、法人の選択によります。

ただし、選択した方法はその後も継続して適用しなければならないという会計上のルールがありますので、いったん選択した方法は特別の事情がない限りその後も継続して適用することになります。

1．洗替法と切放法

(1) 有価証券の時価評価

有価証券を期末において時価評価をしたときに発生する収益・費用は、時価評価損益といいます。購入したときの購入価額よりも期末の時価評価が高ければ、時価評価益となりますし、低ければ時価評価損となります。

例えば、B株式を購入した際の購入価額は10万円でしたが、期末における市場価格が15万円ならば、15万円－10万円＝5万円が時価評価益となり、期末における会計上の価額＝帳簿価額は、15万円となります。

「洗替法」と「切放法」は、この時価評価をした有価証券の帳簿価額を翌期にどうするのか？ ということです。

(2) 洗替法

洗替法は、時価評価損益をした帳簿価額を翌期には引き継がない方法です。要するに、洗替法では、翌期の有価証券の帳簿価額を、時価評価をする前のもともとの購入価額に戻します。先の例でいえば、時価評価をした後の15万円の帳簿価額を、翌期に時価評価前の「10万円に戻す＝評価損を計上する」という方法です。

洗替法では、時価評価をした仕訳と反対の仕訳を翌期の期首（翌期首）に行います。

(3) 切放法

切放法は、時価評価した帳簿価額を翌期に引き継ぐ方法です。先の例でいえば、時価評価した帳簿価額の15万円を翌期にもそのまま帳簿価額として使用します。よって、切放法を選択すれば、翌期の期首に仕訳をすることはありません。

図Ⅳ－3－9　有価証券を期首洗替法又は期首切放法により処理をした場合

(1) 洗替法

「翌期首において、公益目的事業会計A事業B株式の帳簿価額は15万円である。実際の購入価額は10万円である。洗替法を適用しているため、振替処理をする」

仕訳帳

公益目的事業会計　A事業　　　　　　　　　　　　　　　　　（単位：円）

借方		摘要	貸方	
金額	勘定科目		勘定科目	金額
50,000	一般正味財産増減の部 投資有価証券評価損益等 投資有価証券評価損	B株式　洗替え	固定資産 その他固定資産 投資有価証券	50,000

(2) 切放法

「翌期首において、公益目的事業会計A事業B株式の帳簿価額は15万円である。実際の購入価額は10万円である。切放法を適用している」

　⇒翌期首仕訳なし

Q58. 満期保有目的の債券の償却原価法とはどのような処理方法ですか？

A58. 満期保有目的の債券の償却原価法は、債券の取得価額と債券の額面金額に差額があり、その差額が金利の調整と認められる場合に行う期末時の処理です。償却原価法では、償還期間までに額面に近づける処理をします。

1．満期保有目的の債券の取得価額と額面金額

⑴　満期保有目的の債券の種類

満期保有目的の債券の帳簿価額は、原則、取得価額となっています。

購入時の取得価額が債券の額面金額と異なる場合があります。購入価額が額面金額より低い場合を割引発行、同額の場合を平価発行、高い場合を打歩発行といいます。現在の債券では割引発行が主流です。

⑵　償却原価法の考え方

割引発行や打歩発行の場合で、取得価額と額面金額との差額が金利の調整と認められるときは、期末時に償却原価法により取得価額を額面金額に近づける処理を行います。償却原価法で処理を行えば、債券の償還時には、債券の帳簿価額が額面金額になっています。

⑶　償却原価法による仕訳

割引発行による償却原価法の処理は、債券の帳簿価額を増加させていくことになりますので、借方は有価証券となり、貸方は受取利息となります。

債券の場合には、定期的に利息の入金があります。この利息も受取利息で処理をしますので、満期保有目的の債券の場合には、実際受け取った利息と償却原価法による利息とを受取利息として処理をすることになります。

また、一般法人が実際に受け取った利息には、源泉所得税が課税され、公益法人が受け取った利息には、源泉所得税は課税されません（非課税）。

2．「定額法」と「利息法」

償却原価法の計算方法には定額法と利息法の2つがあります。

会計基準上は利息法が原則ですが、利息法は計算が複雑であり、実務上は簡便な定額法を継続して用いるのが一般的です。ここでは定額法を説明します。

定額法は、購入から債券の償還期間まで定額を期末時に処理する方法です。「償却原価法の定額法による処理額＝（額面金額－取得価額）÷償還期間」の算式で求めます。

図Ⅳ-3-10　満期保有目的の債券を償却原価法（定額法）により評価した場合

「公益目的事業会計A事業の△債券は満期保有目的の債券である。特定資産の投資有価証券として保有している。この投資有価証券は寄附者からの使途の指定があるものではない。

取得価額は900万円、額面金額は1,000万円、償還期間10年である。償却原価法の定額法で処理をする。

償却原価法の定額法による処理額＝（1,000万円－900万円）÷10年＝10万円」

仕訳帳

公益目的事業会計　A事業　　　　　　　　　　　　　　　　　　（単位：円）

借方		摘要	貸方	
金額	勘定科目		勘定科目	金額
100,000	固定資産 その他固定資産 投資有価証券	償却原価法　定額法 (1,000万円－900万円)÷10年	一般正味財産増減の部 特定資産運用益 特定資産受取利息	100,000

図Ⅳ-3-11 満期保有目的の債券の利息を受領した場合

「公益目的事業会計A事業の満期保有目的債券に関する利息の入金が12万円あった。普通預金に入金された」

仕訳帳

公益目的事業会計　A事業　　　　　　　　　　　　　　　　　　　　　　（単位：円）

借方		摘要	貸方	
金額	勘定科目		勘定科目	金額
120,000	流動資産 普通預金	満期保有目的債券 利息入金	一般正味財産増減の部 特定資産運用益 特定資産受取利息	120,000

図Ⅳ-3-12 満期保有目的の債券の償却原価法のイメージ

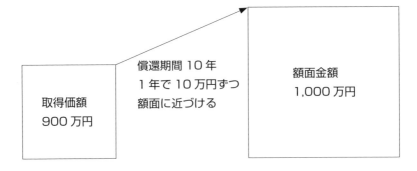

公益法人の豆知識9：国と特に密接な関係がある公益法人

(1) 国家公務員法の規定

　公益法人のホームページ等に、「当法人は、……に規定する国と特に密接な関係がある公益法人には該当しません」の記載があります。

　これは、総務省から発表されている「国家公務員法等の一部を改正する法律（平成19年法律第108号）による改正後の国家公務員法（昭和22年法律第120号）第106条の24第1項等に関する公益社団法人及び公益財団法人に対する指導指針について」の中の指導によるもので、公益法人は、「国と特に密接な関係がある公益法人」への該当性を、毎事業年度終了後3カ月以内に作成、公表することになっているからです。

(2) 国家公務員が公益法人へ就職する場合

　国家公務員の元管理職職員が離職後2年間公益法人に再就職しようとする場合には、一定の事項を内閣総理大臣へ届出する必要があります。公益法人の中で「国と特に密接な関係がある公益法人」に該当する場合には、就職前に届出が必要です。それ以外の公益法人に就職する場合には、就職後に届け出ます。

(3) 総務省と公益法人による情報開示

　総務省のホームページの「密接関連公益法人一覧」に掲載されている法人が「国と特に密接な関係がある公益法人」の該当法人となります。この掲載は毎月2回更新されます。

　「国と特に密接な関係がある公益法人」は、総務省の公開情報ですが、公益法人側でもその該当性を情報公開するように求められています。

Q59. 満期保有目的の債券について保有目的を変更することは可能ですか？

A59. 満期保有目的の意思は、取得時において判断されたものに限り、時価評価をせずに取得価額による評価を行えるものであり、取得後に満期保有目的の債券の保有目的を変更することは原則できません。目的を変更した場合には、ペナルティがあります。

1．満期保有目的債券の要件

満期保有目的の債券を所有するためには、定められた償還日に額面金額で償還するという公益法人側で満期まで保有する積極的な意思と能力があることが要件となっています。

今後の状況から資金繰りが苦しくて継続的な保有ができない場合や、将来の金利の変動によっては売却する可能性のあるものは、ここでいう「積極的な意思と能力」には該当しないことになります。

2．保有目的の変更をした場合のペナルティ

満期保有目的の債券の保有目的を変更した場合には、次のペナルティがあります。
　①満期保有目的として保有しているその他の債券を投資有価証券のその他として保有すること
　②保有目的を変更した事業年度を含む2事業年度中は、満期保有目的の債券は保有できない

3．保有目的を変更してもペナルティがない場合

満期保有目的の債券を次の事象が発生した場合に売却したり、保有目的を変更した場合には、上記2．で説明したペナルティはありません。

①債券発行者の信用状態の著しい悪化
②税法上の優遇措置の廃止
③重要な合併又は事業譲渡に伴うポートフォリオ（金融資産商品）の変更
④法令の改正又は規制の廃止
⑤監督官庁の規制・指導
⑥自己資本比率等を算定する上で使用するリスクウェイト（資産の安全度を示す指標→0に近いほど安全）の変更
⑦その他予測できなかった売却又は保有目的を変更せざるをえない保有者に起因しない事象の発生
⑧償還日に極めて近いタイミングで行われる売却
⑨割賦償還等により、元本の大部分が償還された銘柄について残りの債券を売却すること

※④の法令の改正とは、債券に関する改正のことを指し、今回の公益法人制度改革は該当しないものと思われます。

公益法人の豆知識10：代表理事と業務執行理事

代表理事は、法人の代表者であり、法人の業務に関する一切の裁判上又は裁判外の行為に関する権限（対外的な業務執行権）を有します。

業務執行理事は、対外的な業務執行権は有さず、内部的な業務執行権を有し、法人の業務を分担して執行します。

実務上は、代表理事のみが対外的な取引を執行するわけではなく、理事会の決議により、代表理事と業務執行理事の職務分担の規程を作成するなどして、代表理事から授権する形式で、業務執行理事が対外的な取引を執行することは可能です。

Q60. 有形固定資産と無形固定資産の違いを教えてください。

A60. 有形固定資産と無形固定資産の違いは、その名のとおり、目に見えて形のあるものは有形固定資産、形のないものは無形固定資産となります。

1．有形固定資産

有形固定資産の定義は、「法人の運営のために長期的に使用・保有する具体的形態を有するもの」となっています。有形固定資産には、次の3種類があります。

(1) **非償却資産**

非償却資産とは、会計上はその有形固定資産が時の経過によりその価値が減少しないものをいい、土地や美術品などがあります。

(2) **償却資産**

償却資産とは、時の経過によりその価値が減少するものをいい、建物や車両運搬具、什器備品などがあります。時の経過による償却資産の価値の減少を、「減価償却」といいます。

(3) **建設仮勘定**

建設仮勘定とは、建物の建設を開始して実際に建物が完成するまでの支出を、便宜的に資産計上するもので、建物の建設が完了すれば建設仮勘定は建物に振替えることになります。

2．有形固定資産の会計処理

(1) **有形固定資産とするもの**

有形固定資産の判定は、「長期的に使用・保有するもの」の基準を各法人で設

けて行います。実務上は、税法上の基準を採用して使用期間が1年以内又は購入価額が10万円未満のものは、使用期間が短く又は金額が少額で重要性に乏しいため、「長期的に使用・保有するもの」には該当しないとして、資産管理の手間を省くために有形固定資産とせずに、費用の発生とするのが一般的です。

また、このように有形固定資産とせずに購入時に費用処理をする考えは、非償却資産には適用されません。

(2) **有形固定資産の取得**

有形固定資産を取得する場合には、購入・交換・受贈・自家建設があります。いずれも有形固定資産を取得し、事業用に供するまでの支出を有形固定資産の取得価額とするのが原則です。例えば、什器備品を購入した場合には、購入代金に買取手数料、運送費、据付費、試運転費などの付随費用を加えた価額が什器備品の取得価額となります。ただし、付随費用の中に含まれる税金など、取得価額に入れなくてもよいものもあります。

3．無形固定資産

無形固定資産には、非償却資産として借地権、電話加入権などがあり、償却資産としてソフトウェア、商標権、特許権、実用新案権などがあります。

取得価額の考え方は有形固定資産と同様です。

4．固定資産台帳による管理

有形固定資産も無形固定資産も中長期的に保有・使用するものですので別途台帳を作成し、購入日や購入価額、減価償却方法などを管理します。これを「固定資産台帳」といいます。

図Ⅳ-3-13　固定資産台帳

NO.	名称	数量	取得価額	期首帳簿価額	耐用年数	償却限度額	期末帳簿価額	摘要
	取得日				償却方法	償却実施額	減価償却累計額	
	増加事由				率			
1	建物	1	50,000,000	45,000,000	50	1,000,000	44,000,000	
	H20.4.6				定額法	1,000,000	5,000,000	
	新規取得				0.02			

Q61. 資本的支出と修繕費の違いを教えてください。

A61. 有形固定資産を購入した後の支出がその有形固定資産のもともとの機能を高めるものであった場合や使用可能期間が延長する場合には費用の発生（修繕費）とせず、資本的支出として資産計上します。

1．資本的支出

　資本的支出は、有形固定資産のもともとの機能を高める場合や使用可能期間が延長する場合の有形固定資産購入後の支出のことをいいます。

　例えば、用途変更の場合の模様変えや改造・改装、建物に備え付けた避難階段などが考えられます。

2．修繕費

　修繕費とは、購入した有形固定資産の維持管理のための費用であり、原状回復費ともいいます。通常的に生じる修繕や地盤沈下した土地を沈下前の状態に回復するための地盛りなどが考えられます。

3．資本的支出と修繕費の区別は難しい

　資本的支出と修繕費の区別を上記のそれぞれの定義だけで行うのは、実務上は難しいので、法人税法上の考えを取り入れて区別をするのが一般的です。

図Ⅳ-3-14 法人税法上の資本的支出と修繕費の判定の手順

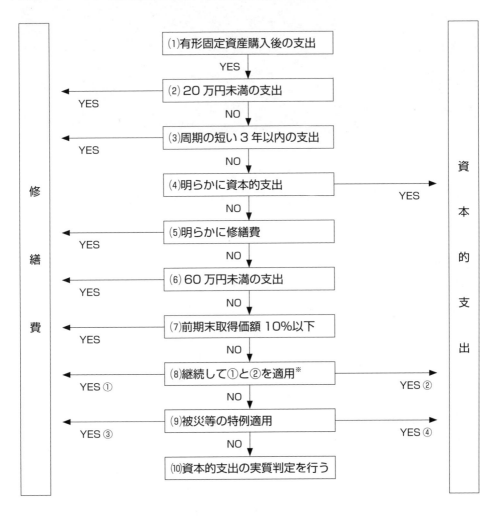

①支出×30％又は前期末取得価額×10％いずれか少ない金額→修繕費
②支出－①→資本的支出
③支出×30％→修繕費
④支出×70％→資本的支出
※資本的支出か修繕費か不明な金額がある場合に継続して適用する方法です。

4．レッツトライ！公益法人会計③　～負債の仕訳と管理方法～

Q62.
公益法人会計での負債の範囲と仕訳を教えてください。

A62. 公益法人会計での負債の種類は運用指針に記載されています。大科目の流動負債と固定負債に分けて中科目が記載されており、この本の巻末に紹介しています。

1．負債の仕訳

　資産に比べて負債の仕訳は簡単です。負債が増加した場合には貸方（右）に記載され、減少する場合には借方（左）に記載されます。

　負債の増加を仕訳する場合の相手の勘定科目は、資産、費用の場合がほとんどです。負債の減少を仕訳する場合の相手の勘定科目は、資産の場合がほとんどで、まれに収益が相手の勘定科目となる場合もあります。

2．負債を正確に認識する重要性

　負債とは、将来の支払債務です。公益法人は資金ベースの考えが従来からありましたので、支出の考えが強く残っていて負債はなじみが薄いかもしれません。

　ですが、損益ベースの考え方に変わった今、負債の概念はとても重要です。

　将来の支払債務を正確に認識し、将来の支払に備えた資金繰りを計画することは、法人の安定した継続にも繋がります。

図Ⅳ－4－1　負債の仕訳

(1) 負債の増加の仕訳

①相手の勘定科目が資産

②相手の勘定科目が費用

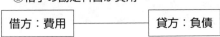

(2) 負債の減少の仕訳

①相手の勘定科目が資産

| 借方：負債 | 貸方：資産 |

②相手の勘定科目が収益

(3) 負債の仕訳の手順

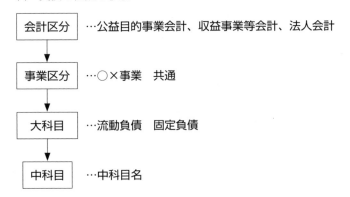

Q63.
未払金と未払費用の使い方を教えてください。

A63. 未払金と未払費用の区別は、未払金は固定資産の購入など突発的な支払債務であり、未払費用は定期的な役務の提供に基づく支払がある場合の支払債務となります。

1．会計上の負債の概念

負債には次の(1)と(2)の2つの概念と①②③の3つの種類があるといわれています。

(1)法的な債務 ┌①契約に基づく確定債務
　　　　　　　└②条件付債務
(2)会計的な債務　③適正な期間損益計算に基づく経過勘定等

①契約に基づく確定債務

最もわかりやすい負債ではないでしょうか？　例えば、備品を購入したが代金は未払いの場合や電気代や水道代で当月分の支払を翌月としている場合などが契約に基づく確定債務となります。

②条件付債務

条件付債務の代表例には、「退職給付引当金」があります。職員が退職した際に退職金を支給する旨の規程があれば、「職員の退職」という条件で、「退職金を退職時に支給」するという負債が発生していることになります。

③適正な期間損益計算に基づく経過勘定等

適正な期間損益計算に基づく経過勘定等とは、例えば、当期の会費ではなく

IV 実践あるのみ！公益法人会計の実務

翌期の会費をあらかじめ徴収した場合には、収益とせずに、前受金という負債で処理を行い、翌期になってから前受金を収益に振り替えます。

　このように、適正な期間損益計算をするために前受金や前受収益、仮受金などでいったん負債として処理をし、その後適正な期間で収益として処理を行います。

２．未払金と未払費用の違い

　未払金も未払費用も契約に基づく確定債務ではありますが、勘定科目の使い分けがあります。実務上は、この２つの勘定科目を上記の要件で明確に使い分けない場合もあり、使い分けなかったということで、罰則等があるわけではありません。

(1) 未払金

　未払金は、通常の業務活動以外の取引により生じた債務であり、固定資産の購入に係る未払金などのときに使用します。

(2) 未払費用

　未払費用は、一定の契約により継続的な役務の提供をすでに受けたが、支払を行っていない場合や〆日から期末までの給与、後払いの利息、賃料、リース費用などのときに使用します。

公益法人の豆知識11：理事会への報告の省略

　理事が不正行為等をした場合等には、監事は遅滞なく理事会へ報告する義務があります。その他にも理事が理事会で承認を受けた利益相反取引を行った場合には、遅滞なく理事会へ報告しなければなりません。

　その際に、すべての理事及び監事にその旨を通知したときには、理事会への報告を省略することができます。理事会への報告は、理事会の決議の省略と異なり、法令において定められていますので、定款でその旨を記載する必要はありません。また、理事及び監事に、理事会への報告を省略することの同意を得る必要もありません。ですが、議事録の作成は必要です。代表理事と業務執行理事の定期報告は省略できませんので、注意しましょう。

Q64. 引当金とは何ですか？ 負債として認められない引当金があるのは本当ですか？

A64. 引当金とは、将来ある条件が発生することにより生じる支払債務です。会計上の4つの要件を満たしたものが負債として認められます。

1．引当金の4要件

会計上の引当金の4要件は次のとおりです。

(1) 将来の特定の費用又は損失であること
(2) その発生が当期以前の事象に起因すること
(3) 発生の可能性が高いこと
(4) その金額を合理的に見積もることができること

これでは、わかりづらいと思いますので、職員の退職に伴う退職金の支給のために引き当てている「退職給付引当金」の例で4要件を説明します。

①職員が将来退職する際に退職規程に基づく退職金の支給を行うための引当
②職員への退職金の支給は、職員のこれまでの業務従事に伴うものである
③職員の退職に伴い、退職金の支給は必ず生じる
④退職給付規程に基づく退職金額を支給する

2．引当金には2種類ある

引当金には、次の2種類があります。

(1) 評価性の引当金

評価性の引当金の例としては、貸倒引当金があります。貸倒引当金とは、期末時の未収金や貸付金などの債権額のうち、将来貸倒れの可能性のある金額をあらかじめ貸倒引当金として記載するものです。

貸倒引当金は負債とせず、債権額の評価勘定として債権の下部に記載します。

(2) 負債性の引当金

負債性の引当金の例としては、退職給付引当金、修繕引当金、賞与引当金、役員慰労引当金などがあります。これらの負債性の引当金は、期末時において発生している支払債務を記載するものです。

3．負債として認められない引当金がある

公益法人の場合、固定資産の特定資産に任意の金額を建物修繕引当金や事業積立預金などの名称で記載し、同額を引当金として負債に記載している場合があります。

これらの引当金はいつかは支払が訪れるかもしれませんが、上記1．の引当金の4要件には該当しないものです。このような引当金は「剰余性の引当金」とも呼ばれていて負債としては認められませんので、正味財産としなければなりません。

4．会計上と法人税法上の取扱い

会計上の引当金と法人税法上の引当金の取扱いは異なります。

特に、負債性の引当金は会計上では引当金として負債となりますが、法人税法上では認められませんので注意しましょう。

Q65.
退職給付引当金の仕訳を教えてください。

A65. 退職給付引当金は、法人が、退職給付会計を適用している場合の勘定科目です。退職給付引当金は、職員へ支給する退職金のうち、その事業年度末までに発生していると認められる負債です。退職金の規程にそった期末時の発生金額を計算し、「退職給付費用」という費用の勘定科目を相手科目にして仕訳をします。

1．退職給付引当金の仕訳

(1) 期末時の処理

「退職給付引当金」の処理は、期末時点で発生していると認められる退職金を退職金の規程にそって計算し、前期の期末で計算した退職金額との差額を仕訳します。この差額を仕訳するときには、借方（左）には「退職給付費用」の費用を発生させ、貸方（右）には「退職給付引当金」を記載します。特定資産に「退職給付引当資産」を計上し、退職金の内部積立てをしているときには、同額を積み立てます。

(2) 退職金支給時の処理

退職金を支給するときは、退職給付引当金を減少させます。特定資産に退職給付引当資産を計上している場合には、その引当資産も取り崩すことになります。

(3) 退職給付会計の簡便法

退職給付会計を適用している場合の期末時点で発生していると認められる退職金を、「退職給付債務」といいます。退職給付債務の原則的な計算方法は、将来発生する可能性のある退職金総額を現在価値計算で求めるので複雑です。

そこで、職員が300人未満の法人などでは簡便な方法として、期末時に職員が退職したと仮定した場合の退職金を「退職給付債務＝退職給付引当金」とするこ

IV 実践あるのみ！公益法人会計の実務

とも認められており、実務上はこの簡便法を適用しているのが一般的です。

(4) 退職金制度の推移

また、法人によっては、法人内部で積立てをして退職金を支給する「退職一時金制度」、外部に運用をしてもらって外部で積立てを行う「企業年金制度」があります。

さらに、企業年金制度では、運用次第では将来の退職金の積立て不足分を法人側が負担する必要のある「確定給付型」と、負担する必要のない「確定拠出型」があります。どの方法で積立てを行うかで仕訳の方法も異なります。

ここでは、実務上で一般的な退職一時金制度と企業年金制度の確定拠出型の仕訳を説明します。

①退職一時金制度→法人内部での積立て

図Ⅳ-4-2　退職一時金制度の場合の退職給付引当金の仕訳

(1) 期末時の仕訳例

「事務局職員の退職給付引当金を法人会計にて引き当てる。

退職一時金制度の簡便法により計算した前期末の退職給付引当金は100万円、当期末における退職給付引当金は150万円である。差額の50万円を引き当て、同額を特定資産に積み立てる」

仕訳帳

法人会計　　　　　　　　　　　　　　　　　　　　　　　　　　（単位：円）

借方		摘要	貸方	
金額	勘定科目		勘定科目	金額
500,000	一般正味財産増減の部 管理費 退職給付費用	退職給付引当	固定負債 退職給付引当金	500,000
500,000	固定資産 特定資産 退職給付引当預金	退職給付積立	流動資産 普通預金	500,000

(2) 支給時の仕訳例

「事務局職員に退職金を150万円支給した」

仕訳帳

法人会計 (単位：円)

借方		摘要	貸方	
金額	勘定科目		勘定科目	金額
1,500,000	流動資産 普通預金	退職金支給の ための取崩し	固定資産 特定資産 退職給付引当預金	1,500,000
1,500,000	固定負債 退職給付引当金	退職金支給	流動資産 普通預金	1,500,000

※源泉所得税及び住民税が課税される場合には、「預り金」として仕訳します。

図Ⅳ－4－3　企業年金制度確定拠出型の退職給付引当金の仕訳

(1) 拠出金支払いの仕訳例（毎月定額を支払う場合）

「事務局職員の確定拠出型の退職金費用を○×共済に2万円支払った」

仕訳帳

法人会計 (単位：円)

借方		摘要	貸方	
金額	勘定科目		勘定科目	金額
20,000	一般正味財産増減の部 管理費 退職給付費用	退職給付引当	流動資産 普通預金	20,000

(2) 退職金支給の仕訳→すべて外部の共済に任せているため仕訳はなし

IV 実践あるのみ！公益法人会計の実務

公益法人の豆知識12：公益法人となった最初の事業年度

(1) **移行登記後の諸手続き**

公益法人としての移行登記が完了すれば、移行登記の日を境に、特例民法法人から公益法人への事業年度となります。

公益法人としてすべきことは、まず、移行完了の届出を移行登記から30日以内に、旧主務官庁と行政庁へ提出することです。登記事項証明書も一緒に添付します。

次に、管轄の税務署、地方公共団体、社会保険事務所、ハローワーク、労働基準監督署等へ、公益法人へ移行したとして異動届出等を提出します。

さらに、所有している口座の金融機関、株式等の証券会社、取引先などにも公益法人へ移行した旨を届け出ます。

(2) **公益法人としての事業計画等**

公益法人への移行登記前に作成した「事業計画書」と「予算書」「資金調達及び設備投資の見込みについて」は、特例民法法人としての書類ですので、移行登記後に、新しい定款にそった方法により公益法人としての書類として決議を行います。最初の事業年度に関しては、これらの書類は行政庁へ提出する必要はありませんが、事務所への備え置きは必要です。

(3) **決算手続き**

特例民法法人としての最後の事業年度の決算承認のときには、すでに公益法人となっていますので、新しい定款にそった手続きにより決算承認を行います。特例民法法人としての最後の決算書類は、旧主務官庁へ提出し、行政庁へは提出しません。主務官庁によっては、提出不要としているところもありますので、事前に確認しておくとよいでしょう。

Q66. 賞与引当金や役員慰労引当金の処理方法は？

A66. 賞与引当金、役員慰労引当金の処理方法は、退職給付引当金の退職一時金制度の場合と同様に、期末に引当金を負債として記載し、賞与や役員慰労金を支給するときには、積み立てた引当金を減少させ、差額は費用とします。

賞与に関する引当金は、翌期には賞与を支給してなくなりますので、流動負債とします。

1．賞与引当金と未払賞与の違い

(1)賞与引当金と(2)未払賞与の違いは、支払債務が確定しているかどうかにあります。

(1) 賞与引当金

賞与引当金は、賞与の支給対象期間が事業年度をまたぐ場合に期末時に発生する負債であり、支払債務は期末時において完全に確定しているわけではありません。

例えば、4月1日から3月31日までの事業年度で、賞与の支給対象期間が、12月から5月までの場合には、3月31日の期末時において12月から3月分の賞与見込分を計算して賞与引当金として記載します。

(2) 未払賞与

未払賞与は、賞与の支給対象期間が期末時までのもので、期末時において支払債務が確定している場合の負債です。

例えば、3月31日までに確定した賞与で、支給が4月以降の場合には未払賞与とします。

未払賞与を計上する際には税務上の制限がありますので、法人税の申告・納付

をする際には、未払賞与の記載には注意が必要です。

図Ⅳ-4-4　賞与引当金の仕訳

(1) 期末時の仕訳例

「事務局職員の支給対象期間 12 月から 5 月までの賞与のうち 12 月から 3 月までの分 60 万円を法人会計に引当てる」

仕訳帳

法人会計　　　　　　　　　　　　　　　　　　　　　　　　　　　　（単位：円）

借方		摘要	貸方	
金額	勘定科目		勘定科目	金額
600,000	一般正味財産増減の部 管理費 賞与引当金繰入額	賞与引当 12月〜3月分	流動負債 賞与引当金	600,000

(2) 支給時の仕訳例

「事務局職員の支給対象期間 12 月から 5 月までの賞与 88 万円を支給した。これに伴う社会保険料 10 万円と源泉所得税 47,782 円（計 147,782 円）を預かり、職員には差引 732,218 円を普通預金から支給した」

仕訳帳

法人会計　　　　　　　　　　　　　　　　　　　　　　　　　　　　（単位：円）

借方		摘要	貸方	
金額	勘定科目		勘定科目	金額
600,000	流動負債 賞与引当金	賞与引当 12月〜3月分	流動資産 普通預金	732,218
280,000	一般正味財産増減の部 管理費 賞与手当	賞与 4月〜5月分	流動資産 預り金	147,782

※賞与からは、住民税は天引きされません。

2．役員退職慰労引当金
⑴　役員退職慰労引当金とは

　役員に対する退職金は、職員に対する退職金とはその性質が異なることから、退職給付引当金とは別途に、「役員退職慰労引当金」として記載します。

　これは、役員と法人は委任契約に基づく関係ですが、職員と法人は雇用契約に基づく関係という違いがあるからです。

⑵　仕訳方法

　仕訳の方法は、退職給付引当金の場合と同様で、期末には発生額を引き当て、支給時には引当金を減少させます。

　役員への退職金額は、もちろん規定上の金額ですが、適正額かどうかを判断する基準として、その役員の勤務年数や功績を鑑みて計算する「功績倍率法」という方法があります。この考えは、法人税法上でも適用されますので、役員への退職金額を決定する上での判断基準となります。

図Ⅳ－4－5　役員退職慰労引当金の仕訳

⑴　期末時の仕訳例

「役員の退職慰労金を法人会計にて引き当てる。

　前期末の役員退職慰労引当金は1,000万円、当期末における退職給付引当金は1,300万円である。差額の300万円を引き当てる」

仕訳帳

法人会計　　　　　　　　　　　　　　　　　　　　　　　　　　（単位：円）

借方		摘要	貸方	
金額	勘定科目		勘定科目	金額
3,000,000	一般正味財産増減の部 経常費用　管理費 役員退職慰労引当金繰入額	役員退職慰労引当	固定負債 役員退職慰労引当金	3,000,000

(2) 支給時の仕訳例

「総会終了後に退職した役員に退職慰労金 1,300 万円を支給した。

源泉所得税 152,500 円と住民税 250,000 円（計 402,500 円）を預かり、役員には差し引き 12,597,500 円を普通預金から支給した」

仕訳帳

法人会計　　　　　　　　　　　　　　　　　　　　　　　　　　（単位：円）

借方		摘要	貸方	
金額	勘定科目		勘定科目	金額
12,597,500	固定負債 役員退職慰労引当金	退職金支給のための取崩し	流動資産 普通預金	12,597,500
402,500	固定負債 役員退職慰労引当金	退職金 源泉及び住民税	流動資産 預り金	402,500

※退職金には、社会保険料はありません。

公益法人の豆知識13：滞納処分とは

公益法人の欠格事由の中に「滞納処分」があります。

「滞納処分」とは、国税、地方税の税金を滞納した場合に、国（税務署）や地方公共団体が、滞納者の財産を差し押さえて公売に付し、滞納した税金や無申告加算税、延滞税などの罰金額に充当するための行政処分です。

国税、地方税を納付期限までに納付しなければ、国や地方公共団体から督促状が送られてきます。督促状が発送された日から10日以内に滞納者が納税しないときには、財産が差し押さえられます。

実務上は、10日たてば即差し押さえられるケースよりも、税務官等から電話や訪問による催促があり、それでも滞納者が納税しない場合には、財産を差し押さえるケースのほうが一般的なようです。

公益法人が滞納処分になるような事態に陥ることはあってはならないことです。適正な税金の納付を納付期限までに行わなければ、無申告加算税や延滞税などの罰金がありますので、決められた期限までに納付をすることは大切です。

5．レッツトライ！公益法人会計④
　～収益・費用の配賦と会計間取引～

Q67.
収益・費用の配賦の考え方を教えてください。

A67. 収益の配賦方法は、公益法人と移行法人で異なりますが、費用の配賦については、公益法人も移行法人も同じです。

1．収益の配賦

　収益の配賦方法は、公益法人と移行法人とでは異なります。

　公益法人の場合には、収益を主たる目的の公益目的事業に使用する考えのもと、収益の配賦が勘定科目別に決まっています。

　移行法人の場合には、実施事業に直接関係する収益のみ実施事業の収益とすることとなっていますので、直接関係ない収益は法人会計に記載するのが一般的です。

図Ⅳ－5－1　公益法人の収益の配賦

勘定科目	配賦内容
基本財産運用益・特定資産運用益	公益目的保有財産の運用益は公益目的事業会計へ、使途の定めがある場合はそれぞれの会計へ
社団法人の会費・入会金	使途の定めがあるものは各会計へ、ないものは50％以上を公益目的事業会計へ
賛助会費・寄附金・補助金	使途の定めがあるものは各会計へ、ないものは公益目的事業会計へ

2．費用の配賦

費用の配賦方法は、公益法人も移行法人も同じです。

従来、管理費としていた事務局の人件費や賃借料、水道光熱費を適切な配賦基準によって事業費に配賦することができることになっています。このような費用を共通費といいます。

共通費の配賦基準は、内閣府から勘定科目別の配賦基準が発表されていますが、適切な配賦基準とは、各法人の実態にあった合理的な配賦基準をいい、法人側で決めることになっており、実務上は従事割合を用いるのが一般的です。そして、いったん決めた配賦基準は、継続して適用することが原則です。

図Ⅳ-5-2　費用の配賦

配賦基準	適用される共通費用
建物面積比	地代、家賃、建物減価償却費、建物保険料等
職員数比	福利厚生費、事務用消耗品費等
従事割合	給料、賞与、賃金、退職金、理事報酬等
使用割合	備品減価償却費、コンピューターリース代

Q68. 各会計へ収益、費用を配賦する場合の配賦仕訳を教えてください。

A68. 収益と費用の配賦により、会計間の貸借勘定を使って仕訳をするのが原則です。

1．収益と費用の配賦

(1) 収益と費用の配賦と仕訳のルール

収益と費用を配賦する場合の仕訳は、収益と費用が発生したときの仕訳を考えれば簡単です。

例えば、会費を10万円徴収したとします。この会費は、50％の5万円を公益目的事業会計の会費とし、残り50％の5万円を法人会計の会費とします。

そして、10万円の会費は、公益目的事業会計の預金口座に全額入金したならば、公益目的事業会計と法人会計の資産と収益の借方（左）と貸方（右）のバランスはどうなるでしょうか？

公益目的事業会計では、「借方（左）に普通預金が10万円増えて、貸方（右）に受取会費が5万円発生」します。法人会計では、「受取会費5万円が収益として貸方（右）に発生」するだけで、借方（左）には何も発生しないことになります。

いずれの会計でも、「借方（左）と貸方（右）の金額を一致させる」という仕訳のルールが守られていません。

(2) 貸借勘定

上記(1)の場合に公益目的事業会計では、借方（左）と貸方（右）の金額を一致させるために次のように考えます。

①公益目的事業会計では、「借方（左）に普通預金が10万円増えて、貸方

（右）には受取会費5万円の発生と法人会計の会費分5万円を法人会計から借りている＝法人会計からの借入金が増加する」と考えます。

②法人会計では、「借方（左）には受取会費の5万円分を公益目的事業会計に貸している＝公益目的事業会計への貸付金が増加し、貸方（右）には受取会費5万円が発生」していることになります。

　費用も同様に考えます。各会計の借方（左）・貸方（右）のバランスをとるために、差額を各会計への貸付金・借入金とするのです。このような会計間の貸付け・借入れを貸借勘定といいます。貸借勘定は、法人内部で使う勘定科目ですので、わかりやすい科目名を設定してかまいません。

図Ⅳ-5-3　受取会費の収益配賦の仕訳

「公益目的事業会計A事業の普通預金口座に会費10万円の入金があった。このうち5万円は公益目的事業会計の会費とし、残りの5万円は法人会計の会費とする」

仕訳帳

公益目的事業会計　A事業　　　　　　　　　　　　　　　　　　　（単位：円）

借方		摘要	貸方	
金額	勘定科目		勘定科目	金額
50,000	流動資産 普通預金	正会員　会費 50％配賦	一般正味財産増減の部 経常収益　受取会費 正会員受取会費	50,000
50,000	流動資産 普通預金	正会員　会費 法人会計 50％配賦	流動負債 他会計からの借入金	50,000

法人会計　　　　　　　　　　　　　　　　　　　　　　　　　　　（単位：円）

金額	勘定科目	摘要	貸方	
			勘定科目	金額
50,000	流動資産 他会計への貸付金	正会員　会費 50％配賦	一般正味財産増減の部 経常収益　受取会費 正会員受取会費	50,000

Q69. 毎月20日に給与を法人会計から支給し、毎月月末に各会計に配賦することになっています。このときの仕訳を教えてください。

A69. 法人会計で費用処理をした給与手当と旅費交通費をその他の会計へ配賦します。

1．配賦基準と配賦割合と配賦の時期

　費用の配賦は、移行申請時に行政庁へ提出している配賦基準で配賦を行うのが原則です。配賦割合に関しては、毎事業年度の事業活動の状況により変化することもありますので、割合は毎事業年度検討することになります。

　費用の配賦時期は、週ごと、月ごと、決算時に１回など、各法人の実態に合わせた配賦を行います。公益法人の場合は、財務三基準と費用の配賦は密接に関わっていますので、予算との対比を明確にするため、決算に備えて事前に配賦をしていくほうがよいかと思われます。

2．給与の配賦

　今回は、いったん法人会計に記載した給与と旅費交通費を月末に各会計へ配賦しますので、法人会計に記載した給与と旅費交通費のうち、他の会計へ配賦する分は費用を差し引くことになり、費用のマイナスで貸方（右）に記載します。

　原則、費用が貸方（右）にくることはありませんが、実務上はこのように費用が貸方に記載されることがあります。

IV 実践あるのみ！公益法人会計の実務

図Ⅳ-5-4 給与の費用配賦の仕訳

「法人会計に記載した5月給与30万円と旅費交通費3万円を従事割合で公益目的事業会計50％、収益事業等会計30％配賦する」

仕訳帳

法人会計 (単位：円)

借方		摘要	貸方	
金額	勘定科目		勘定科目	金額
240,000	流動資産 他会計への貸付金	5月給与配賦 公50％、収30％	一般正味財産増減の部 経常費用　管理費 給与	240,000
24,000	流動資産 他会計への貸付金	5月旅費配賦 公50％、収30％	一般正味財産増減の部 経常費用　管理費 旅費交通費	24,000

公益目的事業会計　A事業 (単位：円)

借方		摘要	貸方	
金額	勘定科目		勘定科目	金額
150,000	一般正味財産増減の部 経常費用　事業費 給与	5月給与配賦 50％	流動資産 他会計からの借入金	150,000
15,000	一般正味財産増減の部 経常費用　事業費 旅費交通費	5月旅費配賦 50％	流動資産 他会計からの借入金	15,000

収益事業等会計 (単位：円)

借方		摘要	貸方	
金額	勘定科目		勘定科目	金額
90,000	一般正味財産増減の部 経常費用　事業費 給与	5月給与配賦 30％	流動資産 他会計からの借入金	90,000
9,000	一般正味財産増減の部 経常費用　事業費 旅費交通費	5月旅費配賦 30％	流動資産 他会計からの借入金	9,000

Q70. 正味財産増減計算書の勘定科目「他会計振替額」はどのような場合に使用しますか？

A70. 他会計振替額は、会計間で財産をあげたりもらったりするときに使われる収益と費用の共通勘定です。他の会計へ財産をあげたときには、他会計振替額は費用として借方（左）に、他の会計から財産をもらったときには、収益として貸方（右）に仕訳します。

1．他会計振替額の使い方

(1) 他会計振替額の例示

　他会計振替額を使う例としてわかりやすいのが、現金預金です。公益目的事業会計の資金繰りの都合上、収益事業等会計の現金預金を公益目的事業会計へあげることは実務上あると思います。

　また、公益法人の場合には、財務三基準の収支相償の要件により、収益事業等会計の利益を50％又は50％超繰入れします。その際に用いる勘定科目も他会計振替額です。他会計振替額は、収益と費用の共通勘定科目であり、経常増減でも経常外増減でもありません。また、中科目がありません。

(2) 他会計振替額を使用するときの留意点

　気をつける点は、公益法人は、公益目的事業会計の財産を他の会計の財産とすることはできないので、公益目的事業会計では他の会計から財産をもらう一方で、他会計振替額は貸方（右）にのみ記載されることになります。また、法人会計の財産を公益目的事業会計への財産とする場合は、社員総会や評議員会での決議が必要です。

　他会計振替額は、公益法人では法人税法上「みなし寄附金[※]」という税制優遇があるため、法人税法上の収益（益金）と費用（損金）となりますが、一般法人

ではそのような税制優遇がないため、法人税法上の収益（益金）と費用（損金）にはなりません。　　　　　　　　　　　（※みなし寄附金の説明はQ97参照）

図Ⅳ－5－5　他会計振替額の仕訳

「公益目的事業会計A事業に収益事業等会計の普通預金500万円を移した」

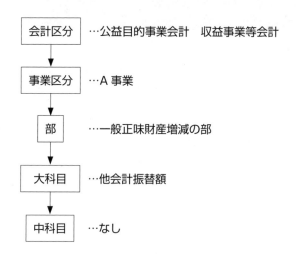

仕訳帳

公益目的事業会計　A事業　　　　　　　　　　　　　　　　　　　　　（単位：円）

借方		摘要	貸方	
金額	勘定科目		勘定科目	金額
5,000,000	普通預金	収益事業等会計から振替	一般正味財産増減の部 他会計振替額	5,000,000

収益事業等会計　　　　　　　　　　　　　　　　　　　　　　　　　　（単位：円）

借方		摘要	貸方	
金額	勘定科目		勘定科目	金額
5,000,000	一般正味財産増減の部 他会計振替額	公益目的事業会計へ振替	普通預金	5,000,000

Q71. 貸借対照表内訳表と正味財産増減計算書内訳表の「内部取引消去」の事例を教えてください。

A71. 内部取引消去は、会計間取引を消去するための財務諸表上に表示される項目です。資産・負債・収益・費用を会計間で取引している場合は仕訳を行いますが、法人内部の取引ですので、実際の資産・負債・収益・費用ではありません。よって、財務諸表を作成するときにこれらの内部取引を内部取引消去の項目において消去します。

1．資産・負債の内部取引

資産・負債の内部取引とは、貸借勘定科目のことです。

貸借勘定は、法人内部の貸付金・借入金ですので、実際の資産・負債ではありません。よって、貸借対照表内訳表の内部取引消去で貸付金と借入金がなかったものとします。下記の図では、貸借勘定と同額を内部取引消去で差し引くことで、向かって右側の合計欄では、貸付金と借入金が0となっています。

図Ⅳ-5-6 貸借対照表内訳表の内部取引消去

内訳表					
公益目的事業会計		収益事業等会計		法人会計	内部取引消去	合計
資産		資産		資産		
……		……		……		
……		他会計への貸付	1,000,000	……	△1,000,000	0
資産計	5,000,000	資産計	8,000,000	500,000	△1,000,000	12,500,000
負債		負債		負債		
……		……		……		
他会計からの借入	1,000,000	……		……	△1,000,000	0
負債計	3,000,000	負債計	2,000,000	100,000	△1,000,000	4,100,000

2．収益と費用の内部取引

収益と費用の内部取引は、各会計での事業取引の場合が考えられます。

例えば、収益事業等である賃貸事業の対象となっている会館を公益目的事業が借りた場合には、公益目的事業会計では会館を借りたことによる「賃借料」という費用が発生し、収益事業等会計の賃貸事業では、「受取家賃」という収益が発生します。

これらの収益と費用は内部取引ですので、正味財産増減計算書内訳表で内部取引消去され、収益と費用がなかったものとされます。下の表では、公益目的事業会計の賃借料5万円と収益事業等会計の受取家賃5万円は、会計間の内部取引として内部取引消去で同額差引され、合計欄では、これらの収益と費用がなかったものとされます。

図Ⅳ－5－7　正味財産増減計算書内訳表の内部取引消去

内訳表				
公益目的事業会計	収益事業等会計	法人会計	内部取引消去	合計
	受取家賃　50,000		△50,000	0
……	……	……	……	……
収益計　　　　0	収益計　500,000	収益計　2,000	△50,000	収益計　452,000
事業費	事業費			
賃借料　50,000	……		△50,000	0
……	……			……
		管理費		
		……		……
		……		……
費用計　200,000	費用計　100,000	費用計　50,000	△50,000	費用計　300,000

3．他会計振替額と内部取引消去

他会計振替額を使用したときには、内部取引消去は使用しません。

これは、他会計振替額が正味財産増減計算書内訳表において、同じ行で収益も費用も記載するため、内部取引消去をせずとも差し引き0になるような様式になっているからです。

6．レッツトライ！ 公益法人会計⑤
～財務諸表を作成するための決算整理仕訳～

Q72. 決算整理仕訳とは何ですか？ どのようなことをすればよいのですか？

A72. 日々の仕訳、転記後に作成される試算表の資産・負債・収益・費用の金額は、財務諸表を作成するために、会計上のルールに基づいて期末日における適切な金額にする必要があります。

そのための仕訳が決算整理仕訳です。

1．資産と負債の決算整理仕訳
(1) 決算整理仕訳とは

貸借対照表や正味財産増減計算書の財務諸表に記載する資産・負債・収益・費用の数値は、期末日における適正な金額でなければなりません。

ですので、これらの財務諸表作成のために、期末時点の試算表の金額を期末日における適正な金額にするための仕訳を決算整理仕訳といいます。

決算整理仕訳は、通常、資産と負債から始めてその後、収益と費用という流れで行います。

(2) 決算整理仕訳の例示

期末日における適正な数値とは、勘定科目ごとに会計上のルールがあります。そのルールに基づいて期末日後に決算整理仕訳を行います。

例えば資産であれば、売買目的の有価証券なら期末日の時価が適正な数値ですし、満期保有目的の債券で取得価額と額面との差額が金利の調整と認められるものなら、償却原価法による方法で計算をした価額が、適正な数値となります。負債であれば、期末日における契約に基づく確定債務があれば未払金又は未払費用として記載する必要がありますし、試算表にすでに未払金などの負債がある場合には支払済みかどうかを確かめなければなりません。

まずは、各勘定科目の期末日の適正な数値をどのように求めるのか理解する必要があるということです。

資産・負債の期末日における適正な数値のことを「貸借対照表価額」といいます。

2．収益と費用の決算整理仕訳
(1) 発生主義

資産と負債の勘定科目について決算整理仕訳を行った後は、収益と費用の決算整理仕訳を行います。収益と費用は、「発生主義」に基づいて計上しなければなりません。発生主義というのは、現預金の収入と支出に関係なく、事業年度の期首から期末までに発生の事実が認められる収益と費用を計上するということです。

例えば、当期の会費のうち未徴収のものがあれば、当期の収益として計上しますし、当期に購入した備品のうち未払いのものがあれば、当期の費用として計上します。

(2) 期間損益計算

発生主義の考え方により一定期間の収益と費用を認識することを、「期間損益計算」といいます。会計では、適正な期間損益計算を行って正味財産増減計算書を作成します。適正な期間損益計算をするための仕訳が収益と費用の決算整理仕訳となります。

3．決算整理仕訳は1事業年度に1回

決算整理仕訳は、1事業年度に1回決算時に行います。また、決算整理仕訳は、毎事業年度の事業活動に大きな変化がなければ、毎事業年度同じ決算整理仕訳を行います。

毎事業年度同じ仕訳でも1事業年度に1回の頻度では、前期にどのような決算整理仕訳を行ったか忘れてしまうことも考えられます。

毎事業年度どのような決算整理仕訳を行ったのかを、内部資料を作成して保存しておくと、翌期以降の決算整理仕訳の事前準備資料として利用することができます。

経理担当者が変わった場合の対応としても、前期以前の会計処理の内部資料として残しておくことは重要です。

Q73.
現金と預金について決算整理仕訳を教えてください。

A73. 現金は期末日の金庫の金銭と帳簿上の残高、預金については、金融機関から期末日の残高証明書を取り寄せて帳簿上の残高と一致しているかを確認します。それぞれ差額があれば差額の原因を突き止め、決算整理仕訳で処理を行います。

1．現金も預金も日々の管理が重要

現金と預金が期末日において実際の残高と帳簿上の残高に差額があれば、差額の原因を突き止めなければなりません。

しかし、事業年度は1年という長い期間ですので、期末日の差額を過去に遡って原因を追求するのは非常に困難です。

現金と預金は事業年度中に頻繁に実際の残高と帳簿上の残高が一致しているかを確認することで、期末日に差額があるような事態を避けることもできます。

預金は月ごとでもかまいませんが、現金については、金種表を作成して毎日実際の残高と帳簿上の残高が一致しているかを確認しましょう。

2．現金と預金の範囲

会計上の現金の範囲は、硬貨、紙幣、小切手、郵便為替証書などがあります。預金の範囲は、普通預金、当座預金、定期預金などがあります。

各法人で所有している現金と預金の範囲を把握し、各現金と預金の期末日の残高を確認します。

3．現金の実際の残高と帳簿上の残高との差額の原因がわからない場合

期末日の実際の残高と帳簿上の残高との差額の原因がわからない場合には、各法人のルールに基づいて現金過不足の処理を決算整理仕訳で行います。

法人の内部で経理規程を作成し、現金の過不足の事態が発生した場合などの対処法を定めておく必要があります。

通常、法人内部には経理担当者と経理責任者が存在します。現金の過不足があれば、経理担当者がその事実と金額を経理責任者に報告し、経理責任者が経理規程にそった処理方法を経理担当者へ指示します。

現金過不足が発生することは運営上好ましくありませんので、現金過不足が発生しない経理システムを構築して、運営体制を改善することが必要です。

図Ⅳ-6-1　現金過不足の決算整理仕訳

「期末日時点の現金の実際残高と帳簿の残高を確認した結果、法人会計の現金が、実際残高が帳簿上の残高より100円少ないことがわかった。原因を精査してみたがわからなかったので、経理責任者に報告したところ、規程にそって雑費で処理をするように指示を受けた」

仕訳帳

法人会計　　　　　　　　　　　　　　　　　　　　　　　　　　　（単位：円）

借方		摘要	貸方	
金額	勘定科目		勘定科目	金額
100	一般正味財産増減の部 管理費 雑費	3月31日時点 現金不足	流動資産 現金	100

Q74. 会費の未収分や債権がある場合の決算整理仕訳を教えてください。

A74. 会費の未収分は収益として仕訳をします。期末日で債権がある場合には、将来の貸倒れに備えて債権の種類別に貸倒引当金を計上します。

1．会費の未収がある場合の決算整理仕訳

(1) 未収会費の計上

期末日において会費の未収がある場合には、決算整理仕訳において収益を計上するのが原則です。したがって、借方（左）に「未収金」という資産、貸方（右）には「受取会費」の収益が仕訳されます。

会費が、主な財源となっている場合には、他の未収金と区別して、「未収会費」として計上することも考えられます。

(2) 各会計への配賦

公益法人は会費の収益計上を複数の会計に配賦している場合がありますので、その際には決算整理仕訳で行う未収の会費に関する「受取会費」も各会計へ配賦します。

「未収金」に関しては、便宜上、いずれかの会計にまとめることも可能です。

図Ⅳ-6-2　未収会費の決算整理仕訳

「期末日時点の未収の会費が 50 万円ある。会費の収益計上は公益目的事業 A 事業と法人会計へ 50％ずつとなっている。未収金に関しては法人会計へまとめて記載する」

仕訳帳

法人会計　　　　　　　　　　　　　　　　　　　　　　　　　（単位：円）

借方		摘要	貸方	
金額	勘定科目		勘定科目	金額
250,000	流動資産 未収金	3月31日時点 会費未収分50％配賦	一般正味財産増減の部 経常収益　受取会費 正会員受取会費	250,000
250,000	流動資産 未収金	3月31日時点 会費未収分50％公益へ	流動資産 他会計からの借入金	250,000

公益目的事業会計　A 事業　　　　　　　　　　　　　　　　　　（単位：円）

借方		摘要	貸方	
金額	勘定科目		勘定科目	金額
250,000	流動資産 他会計への貸付金	3月31日時点 会費未収分50％配賦	一般正味財産増減の部 経常収益　受取会費 正会員受取会費	250,000

2．債権の範囲と種類

(1) 貸倒引当金の計上

　会計上の債権がある場合には、将来の貸倒れに備えるために、貸倒れの金額を予測してその金額を貸倒引当金として債権金額から差し引く必要があります。

　これは、期末日に財政に不利な影響を及ぼす事象があれば、その影響額を財務諸表に表す必要があるという会計上のルールがあるからです。債権金額を全額回収できない可能性があるのであれば、その可能性を数値に表してください。ということです。

(2) 債権の種類

　会計上の債権の範囲には、未収金、受取手形、立替金、前払金、仮払金など

様々ありますが、これらは①将来の財貨を受ける権利、②将来の物品やサービスを受ける権利の大きく2つに区分することができます。

このうち①将来の財貨を受ける権利について、将来財貨を回収できない可能性に備えて貸倒引当金を計上する必要があります。

①将来の財貨を受ける権利……未収金、受取手形、立替金
②将来の物品やサービスを受ける権利……前払金、仮払金

(3) **公益法人会計での債権**

株式会社などの企業会計では、売掛金という債権が最もポピュラーですが、公益法人会計基準では、「売る」「買う」の文字は使いませんので、事業対価の債権であっても未収金などの勘定科目で処理をするのが一般的です。

また、会計には1年基準がありますので期末日から1年を超えて権利を受けることとなっている債権は、固定資産として計上します。

3．貸倒引当金について

(1) **貸倒引当金の対象となる債権の種類**

債権のうち、未収金や受取手形などの将来の財貨を受ける権利が期末日に存在すれば、将来の貸倒れに備えて貸倒引当金を計上します。

貸倒引当金は、貸し倒れる可能性の低い順に、①一般債権、②貸倒懸念債権、③破産更生債権等の3つに区分して、それぞれの債権で将来の貸倒れの可能性を予測して貸倒引当金を計算します。

(2) **貸倒引当金の計算**

貸倒引当金の計算は会計上と税務上でも異なりますし、複雑です。どのような計算方法で引き当てるかは会計税務の専門家に相談するのがよいでしょう。

貸倒引当金は負債ではありますが、評価性の引当金ですので、貸借対照表の記載場所は貸倒引当金の対象となる債権額のすぐ下になります。

このような方法を「間接控除法」といって、仕訳は、借方（左）が貸倒引当金繰入額で貸方（右）が貸倒引当金となります。もう1つ「直接控除法」という方法があります。これは貸倒引当金の金額を直接債権額から差引きしますので、仕訳は、借方（左）が貸倒引当金繰入額で貸方（右）が債権となります。実務上は、間接控除法が一般的です。

直接控除法を選択した場合には、貸倒引当金の価額を財務諸表に対する注記に記載することになっています。

図Ⅳ-6-3 貸倒引当金の決算整理仕訳

「受取手形 50 万円は公益目的事業会計 A 事業の一般債権である。過去の実績に基づき 0.2%の貸倒引当金 1,000 円を繰り入れる」

仕訳帳

公益目的事業会計　A 事業　　　　　　　　　　　　　　　　　　　（単位：円）

借方		摘要	貸方	
金額	勘定科目		勘定科目	金額
1,000	一般正味財産増減の部 経常費用　事業費 貸倒引当金繰入額	受取手形　一般債権 貸倒実績率法 0.2%	流動資産 貸倒引当金	1,000

公益法人の豆知識14：代表理事と業務執行理事の業務報告

　代表理事と業務執行理事は、それぞれの職務執行を確実にするため、理事会において職務の執行の状況を報告しなければなりません。理事会は、報告を省略することができますが、この代表理事と業務執行理事の職務執行の状況報告については、省略することができません。

　職務執行の状況の報告は、原則、「3カ月に1回以上」と定められており、1事業年度中に4回は理事会を開催することになります。ただし、定款に定めることにより「4カ月を超える間隔で2回以上」とすることができ、この場合には、1事業年度中に2回は理事会を開催することになります。

　原則の場合の3カ月、定款で定める場合の4カ月の間隔は、いずれも1事業年度中での間隔です。

Q75. 有価証券の時価評価について教えてください。基本財産の帳簿価額が時価評価により変動してもかまいませんか？

A75. 子会社株式及び関連会社株式並びに満期保有目的の債券以外の有価証券で市場価格があるものは、期末日における時価を貸借対照表価額とします。これを時価評価といいます。

また、基本財産が時価評価により変動することは問題ありません。

1．市場価格があるもの

市場価格があるものは時価評価が必要ですので、まずは市場価格があるものの範囲を知る必要があります。

市場価格があるものの範囲は次のとおりですが、簡単にいえば、日常的に取引が行われている有価証券のことをいいます。取引がなくとも類似の有価証券の価格に基づき算定できる場合や、株式に係る法人自体を時価評価する合理的な方法があれば、市場価格があるものの範囲に含まれることになっています。

①取引所に上場されている有価証券
②店頭において取引されている有価証券
③上記に準じて随時売買や換金が可能なシステムにより取引されている有価証券

2．土日などで期末日の市場価格がない場合

時価評価を行う際の市場価格は期末日の終値が原則ですが、期末日が土日などで市場が開かれていない場合はどうすればよいのでしょう？

そのような場合には、期末日前で最も期末日に近い日の終値を採用することになっています。

また、市場が開かれていても終値がない場合には、気配値を採用することになっています。

3．有価証券の時価評価損益

(1) **一般正味財産を財源としている有価証券**

有価証券を時価評価した際の評価損益は、時価が帳簿価額より高ければ評価益になり収益となります。時価が帳簿価額より低ければ評価損となり費用となります。

一般正味財産を財源としている有価証券の評価損益は、経常増減の収益及び費用ではありますが、他の経常収益と経常費用の事業費又は管理費とは区別して、経常外増減の前に記載されます。

(2) **指定正味財産を財源としている有価証券**

指定正味財産を財源とする有価証券の時価評価損益は、指定正味財産増減の部に記載されます。指定正味財産増減の部には、経常増減、経常外増減の区分はありません。

ただし、評価損でも時価が著しく下落し、回復の見込みがないと判断される場合に帳簿価額を減損させる減損損失にかかる評価損は、一般正味財産増減の部のみに記載されます。よって、指定正味財産を財源としている有価証券の減損損失の場合には、一般正味財産への振替処理が必要になり、1取引2仕訳となります。

(3) **基本財産の有価証券の時価評価**

基本財産の有価証券を時価評価することにより、事業年度によって基本財産の帳簿価額が変化することは、会計上も法律上も問題はありません。

ただし、定款に基本財産の帳簿価額まで記載している場合には、時価評価により帳簿価額が変化すれば、定款の変更手続きの可否を検討することが考えられます。

図Ⅳ-6-4 有価証券の時価評価の決算整理仕訳

(1) 一般正味財産を財源とする有価証券の場合

「期末日時点での所有株式の時価は150万円であった。この株式の時価評価前の帳簿価額は148万円である。公益目的事業会計A事業のその他固定資産の投資有価証券である」

仕訳帳

公益目的事業会計　A事業　　　　　　　　　　　　　　　　　　　（単位：円）

借方		摘要	貸方	
金額	勘定科目		勘定科目	金額
20,000	一般正味財産増減の部 投資有価証券評価損益等 投資有価証券評価損	その他固定資産 投資有価証券時価評価	固定資産 その他固定資産 投資有価証券	20,000

(2) 指定正味財産を財源とする有価証券の場合

「期末日時点での所有株式の時価は150万円であった。この株式の時価評価前の帳簿価額は148万円である。公益目的事業会計A事業の基本財産の投資有価証券で指定正味財産を財源としたものである」

仕訳帳

公益目的事業会計　A事業　　　　　　　　　　　　　　　　　　　（単位：円）

借方		摘要	貸方	
金額	勘定科目		勘定科目	金額
20,000	指定正味財産増減の部 基本財産評価損 基本財産評価損	基本財産 時価評価	固定資産 基本財産 投資有価証券	20,000

(3) 指定正味財産を財源とする有価証券の減損損失の場合

「期末日時点での所有株式の時価の下落が激しく、今後の状況からみて回復の見込みはないと判断される。帳簿価額は200万円、時価は40万円である。公益目的事業会計A事業の基本財産の投資有価証券で指定正味財産を財源としたものである」

仕訳帳

公益目的事業会計　A事業　　　　　　　　　　　　　　　　　　　　（単位：円）

借方		摘要	貸方	
金額	勘定科目		勘定科目	金額
1,600,000	指定正味財産増減の部 一般正味財産への振替額	基本財産 減損損失　計上	固定資産 基本財産 投資有価証券	1,600,000
1,600,000	一般正味財産増減の部 経常外費用 固定資産減損損失 投資有価証券減損損失	基本財産 減損損失　計上 指定から一般へ	一般正味財産増減の部 経常外収益 固定資産受贈益 投資有価証券受贈益振替額	1,600,000

Q76. 外貨建ての有価証券を時価評価する際に、円換算に係る損益と市場価格に係る損益とでは、区別する必要がありますか？

A76. 円換算に係る損益と市場価格に係る損益は、区別するのが原則となっていますが、これらを区別することは困難ですので、まとめて記載することも認められており、実際の実務上も区別せずにこれらの損益をまとめて記載します。

1．外貨建ての有価証券

外貨建ての有価証券は、子会社株式と関連会社株式を除いて期末日の為替相場による円換算額が貸借対照表価額であり、これにより発生する損益は為替差損益として記載します。為替差損は経常費用の事業費又は管理費として記載し、為替差益は経常収益の雑収益として記載します。両者があれば為替差損と為替差益を相殺して、為替差損又は為替差益のいずれかに記載します。

為替相場の種類は次のとおりですが、通常はTTMを使用することになっています。継続適用を要件に、債権・収益はTTBを、債務・費用はTTSを使用することも認められています。

図Ⅳ－6－5 為替相場の種類

種類		内容
直物為替相場		取引当日の為替相場
	TTS	為替銀行が外貨を売る場合
	TTB	為替銀行が外貨を買う場合
	TTM	TTSとTTBの中値
先物為替相場		将来の特定時点の為替相場（予約）

2．時価のある有価証券とない有価証券

時価のある有価証券は、時価評価損益と為替差損益を区別して仕訳をするのは困難ですので、実際はこれらをまとめて評価損益として仕訳をします。

時価のない有価証券は、時価評価がありませんので、円換算による為替差損益のみを仕訳することになります。

図Ⅳ-6-6　外貨建て有価証券の決算整理仕訳

(1) 時価がある場合（公益目的事業会計A事業のその他固定資産の投資有価証券）

「期末日の外貨建て株式の株価（時価）は1,500ドル、為替相場1ドル＝100円、取得時の株価1,480ドルで（1ドル＝98円）、帳簿価額は145,040円。1,500ドル×100円－145,040円＝4,960円」

仕訳帳

公益目的事業会計　A事業　　　　　　　　　　　　　　　　　　　　（単位：円）

借方		摘要	貸方	
金額	勘定科目		勘定科目	金額
4,960	固定資産 その他固定資産 投資有価証券	その他固定資産 投資有価証券時価評価 1,500ドル×100－ 145,040円	一般正味財産増減の部 投資有価証券評価損益等 投資有価証券評価益	4,960

(2) 時価がない場合（期末日の為替相場は1ドル＝100円）

「外貨建て株式には時価は存在しない。取得時の株価1,480ドルで（1ドル＝98円）、帳簿価額は145,040円。1,480ドル×100円－145,040円＝2,960円」

仕訳帳

公益目的事業会計　A事業　　　　　　　　　　　　　　　　　　　　（単位：円）

借方		摘要	貸方	
金額	勘定科目		勘定科目	金額
2,960	固定資産 その他固定資産 投資有価証券	その他固定資産 投資有価証券円換算 1,480ドル×100－ 145,040円	一般正味財産増減の部 経常収益　雑収益 為替差益	2,960

Q77. 減価償却費とは何ですか？ 計算方法と仕訳を教えてください。

A77. 減価償却費とは、有形固定資産や無形固定資産のうち時の経過とともにその価値が減少するもののその減少額を表す費用です。

1．減価償却費の計算方法

有形固定資産と無形固定資産のうちには、時の経過とともにその価値が減少していくものがあります。このような資産を償却資産といいます。償却資産の価値の減少額が減価償却費となり、決算整理仕訳で行います。

減価償却費の具体的な計算方法は、公益法人会計では定められていません。

実務上は、税法上の定めに基づいて行われるのが一般的です。

減価償却費を計算するには、次の4つの事項が必要です。税法上では、これらの4つの要素が償却資産の用途や構成別に定められています。

①取得価額……償却資産のもともとの価値
②耐用年数……償却資産の使用可能期間
③償却方法……償却資産の価値を減少させる計算方法
④残存価額……償却資産を耐用年数経過後に処分する場合の価値（見込み）

2．定額法と定率法

減価償却費の償却方法として実務上最もよく用いられるのが、(1)定額法と(2)定率法です。ある事業年度の期首に、耐用年数5年の車を200万円で購入した場合で説明します。

(1) **定額法**

定額法は、毎事業年度の減価償却費が同額である方法です。図Ⅳ－6－7で

は、取得価額200万円に償却率の0.2を乗じて減価償却費を求めますので、毎事業年度の減価償却費は40万円であり、同額価値が減少していくことになります。

(2) 定率法

定率法は、各事業年度の減価償却費が時の経過とともに少しずつ減少する方法です。定率法は、毎事業年度の期首帳簿価額に定率を乗じて計算する方法です。下の図でいいますと、1事業年度目は100万円、2事業年度目は50万円の価値が減少していくことになります。

図Ⅳ－6－7　定額法と定率法

車（車両運搬具）　取得価額200万円
耐用年数5年　定額法0.2　定率法0.5　残存価額0

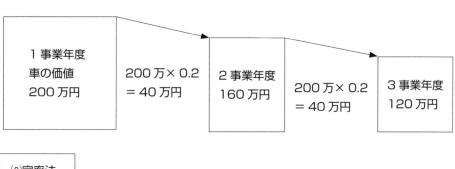

(1)定額法

(2)定率法

⑶　耐用年数経過後の備忘価額

　車を耐用年数の5年を経過しても使用している場合には、残存価額を0として減価償却していますので、帳簿価額が0円となってしまいます。会計上は、売却や滅失、処分など完全に手放すまでは帳簿価額を0円としないルールがありますので、5年目の減価償却費は帳簿価額が1円となるように計上します。

　この1円の帳簿価額のことを「備忘価額」といいます。

　また、減価償却費の計算は月数按分となっています。月数端数があれば端数は1月とします。例えば、今回の車を購入したのが7月24日であれば9カ月となり、減価償却費は定額法であれば40万円×9カ月／12カ月＝30万円となります。

3．減価償却費は予算書にも記載し、費用配賦も検討する必要がある

⑴　平成20年基準の予算書

　減価償却費は償却資産の価値の減少額なので実際の資金が支出されるわけではありません。従来の予算は資金ベースでしたので、減価償却費は予算書には記載することはありませんでした。

　平成20年基準の予算書は損益ベースで正味財産増減計算書の予算書となりますので、減価償却費を記載することになっています。また、移行申請時に減価償却費を費用配賦するとしている場合には、各会計に配賦します。移行申請後に取得した新規の償却資産があれば、費用配賦を検討する必要があります。

⑵　減価償却費と減価償却累計額

　減価償却費の仕訳は借方（左）に減価償却費、貸方（右）に償却資産とするのが一般的です。この方法は、償却資産の帳簿価額を直接減少させますので直接控除法といいます。減価償却費の仕訳にはもう1つ間接控除法という方法があります。これは、償却資産から直接減少額を差し引かずに、「減価償却累計額」という勘定科目を使います。減価償却累計額は、過去から現在までの価値の減少額を表す勘定科目で、取得時から現在までの減価償却費の合計額となっています。

　実務上は、直接控除法が一般的です。直接控除法の場合には、減価償却累計額の価額を財務諸表に対する注記に記載します。

図Ⅳ-6-8　減価償却費の決算整理仕訳

「車両運搬具の減価償却費を仕訳する。償却方法は定率法で50万円。費用配賦は、公40％、収30％、法30％となっている。車両運搬具の資産計上は便宜上、公益目的事業会計A事業にまとめて記載している」

仕訳帳

公益目的事業会計A　事業　　　　　　　　　　　　　　　　　　　　　　　　（単位：円）

借方		摘要	貸方	
金額	勘定科目		勘定科目	金額
200,000	一般正味財産増減の部 経常費用　事業費 減価償却費	減価償却 公40％、収30％、 法30％	固定資産 その他固定資産 車両運搬具	200,000
300,000	流動資産 他会計への貸付金	減価償却 公40％、収30％、 法30％	固定資産 その他固定資産 車両運搬具	300,000

収益事業等会計　　　　　　　　　　　　　　　　　　　　　　　　　　　　　（単位：円）

借方		摘要	貸方	
金額	勘定科目		勘定科目	金額
150,000	一般正味財産増減の部 経常費用　事業費 減価償却費	減価償却 公40％、収30％、 法30％	流動資産 他会計からの借入金	150,000

法人会計　　　　　　　　　　　　　　　　　　　　　　　　　　　　　　　　（単位：円）

借方		摘要	貸方	
金額	勘定科目		勘定科目	金額
150,000	一般正味財産増減の部 経常費用　管理費 減価償却費	減価償却 公40％、収30％、 法30％	流動資産 他会計からの借入金	150,000

Q78. 未払金や未払費用について決算整理仕訳を教えてください。

A78. 未払金と未払費用の決算整理仕訳で実務上使われるのは、固定資産の購入や給与、社会保険料の仕訳が考えられます。
それぞれの仕訳を説明します。

1．未払金と未払費用の使い方

　未払金と未払費用の区別は、期末日において固定資産の購入代金の未払いなどがあれば未払金で、リース料や賃料など、契約に基づき継続して役務の提供を受けた場合の支払いが終わっていない場合は、未払費用で仕訳します。

2．固定資産の購入

　固定資産の購入については、期末日において購入した固定資産の納入があったかどうかで未払金として仕訳するかどうかを判断します。
　また、その購入した固定資産が償却資産であってすでに使用していれば、減価償却費も仕訳します。

図Ⅳ-6-9　固定資産購入の決算整理仕訳

「期末日までに什器備品を購入し納入も完了しているが、代金33万円は翌期に支払うことになっており、期末日において未払いとなっている。この什器備品は管理業務用なので法人会計に記載する。また、当期の使用期間1月分の減価償却費を5,500円計上する」

仕訳帳

法人会計　　　　　　　　　　　　　　　　　　　　　　　　　　（単位：円）

借方		摘要	貸方	
金額	勘定科目		勘定科目	金額
330,000	固定資産 その他固定資産 什器備品	応接セット　購入 代金は4月末日予定	流動負債 未払金	330,000
5,500	一般正味財産増減の部 経常費用　管理費 減価償却費	減価償却　定額法 耐用年数5年　3月使用	固定資産 その他固定資産 什器備品	5,500

3．給与の未払い

(1) 給与の未払金

給与の未払いには2通りあります。例えば、4月から翌年3月を1事業年度とする法人で、毎月の給与が10日締め20日払いの場合に、3月20日に支払われる3月給与が期末日時点で支払われていなかったときには、未払金として仕訳します。

(2) 給与の未払費用

次に、3月11日から3月31日までの給与は翌4月20日に支払われますので、3月31日の期末時点で給与は支払われていませんが、適正な期間損益計算の考え方からすれば、3月31日までに発生している費用といえます。

このような締め日後から期末日までの給与は未払費用として仕訳します。

注意すべき点は、未払費用として処理する場合には締め日が到来していないので社会保険料や預り金など、通常の給与から差し引く項目負債が確定しておらず差し引くことはできません。

図Ⅳ-6-10 給与の未払い

(1) 未払金として処理

「3月給与（2/11～3/10分）は10日締め20日払いであるが、期末時点でまだ支払っていない。公益目的事業会計A事業の給与30万円、通勤手当3万円、源泉所得税6,960円、住民税2万円、社会保険料4万円である」

仕訳帳

公益目的事業会計　A事業　　　　　　　　　　　　　　　　　　　　（単位：円）

借方		摘要	貸方	
金額	勘定科目		勘定科目	金額
300,000	一般正味財産増減の部 経常費用　事業費 給与手当	職員　3月給与 未払い	流動負債 未払金	263,040
30,000	一般正味財産増減の部 経常費用　事業費 旅費交通費	職員　3月給与 源泉所得税	預り金 （源泉所得税）	6,960
		職員　3月給与 住民税	預り金 （住民税）	20,000
		職員　3月給与 社会保険料	預り金 （社会保険料）	40,000

※源泉等は、実際支払ったときに預かる税金等ですので、未払金のときには、預り金を仕訳しない考え方もあります。

(2) 未払費用として処理

「3月11日から31日までの給与203,225円と通勤手当20,322円を未払費用として公益目的事業会計A事業に計上する」

仕訳帳

公益目的事業会計　A事業　　　　　　　　　　　　　　　　　　　　（単位：円）

借方		摘要	貸方	
金額	勘定科目		勘定科目	金額
203,225	一般正味財産増減の部 経常費用　事業費 給与手当	職員　3月給与 未払い	流動負債 未払費用	203,225
20,322	一般正味財産増減の部 経常費用　事業費 旅費交通費	職員　3月給与 未払い	流動負債 未払費用	20,322

4．社会保険料

最後に社会保険料ですが、社会保険料には、(1)健康保険料や厚生年金保険料、(2)児童手当拠出金、(3)雇用保険料などがあります。実務上は、法人がこれらの事業主負担分の保険料を納付する際には福利厚生費（又は法定福利費）という費用で仕訳をします。

(1) 健康保険料と厚生年金保険料

健康保険料や厚生年金保険料は、加入している職員と法人で折半することになっていますが保険料の納付は法人がまとめて行います。納付は、一般的には前月分の保険料を当月末に納付することになっています。

健康保険料と厚生年金保険料の場合には、給与と同様で二通りが考えられます。まず、期末日が土日などで納付ができなった保険料のうち50％の法人負担分を未払金として仕訳します。次に、翌月末に納付される期末日を含む月の保険料は未払費用として仕訳します。

(2) 児童手当拠出金

児童手当拠出金は、納付方法は健康保険料や厚生年金保険料と同じですが、児童手当拠出金には職員負担分がなく、全額法人負担となります。

(3) 雇用保険料

　雇用保険料は、職員負担と法人負担分がありますが、納付は、6月1日から7月10日までの間にその年の4月1日から翌年の3月31日までの保険料を法人が一括して概算で前払いします。

　雇用保険料は、法人の事業年度が4月1日から3月31日までであれば決算整理仕訳はありませんが、それ以外の事業年度であれば、法人が一括して前払いをした金額のうち職員負担分は立替金として処理をします。

　例えば、8月1日から7月31日までの事業年度の場合には、下の図のように、6月頃に支払った保険料は、4月1日から3月31日までの保険料ですので、7月31日の期末日には、翌8月1日から3月31日までの8カ月分の職員負担分を立替金として仕訳します。

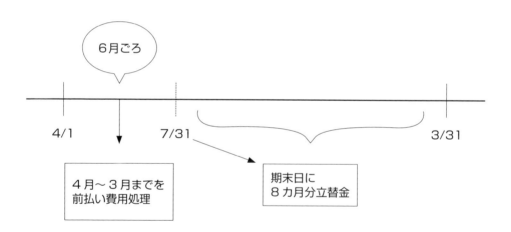

図Ⅳ-6-11　雇用保険の立替処理
図Ⅳ-6-12　社会保険料の未払い

「4月末日に納付する3月分社会保険料は12万円である。このうち法人負担分は、7万円である。福利厚生費で処理をする。福利厚生費の費用配賦は、公40％、収20％、法40％である」

仕訳帳

公益目的事業会計　A事業　　　　　　　　　　　　　　　　　　　　　　（単位：円）

借方		摘要	貸方	
金額	勘定科目		勘定科目	金額
28,000	一般正味財産増減の部 経常費用　事業費 福利厚生費	社会保険料3月分	流動負債 未払費用	28,000

収益事業等会計　　　　　　　　　　　　　　　　　　　　　　　　　　（単位：円）

借方		摘要	貸方	
金額	勘定科目		勘定科目	金額
14,000	一般正味財産増減の部 経常費用　事業費 福利厚生費	社会保険料3月分	流動負債 未払費用	14,000

法人会計　　　　　　　　　　　　　　　　　　　　　　　　　　　　　（単位：円）

借方		摘要	貸方	
金額	勘定科目		勘定科目	金額
28,000	一般正味財産増減の部 経常費用　管理費 福利厚生費	社会保険料3月分	流動負債 未払費用	28,000

Q79. 前払金、前払費用、前受金、前受収益、未収収益、未収金とはどういうときに使う勘定科目ですか？

A79. これらの勘定科目は適正な期間損益計算を行うために、当期の収益・費用にはならない場合や、当期の収益・費用としなければならない場合等に使われる勘定科目です。

1．前払金と前払費用（資産）

(1) 前払金

前払金とは、物やサービスを購入する契約をしたとき、購入（納入）前にあらかじめ代金の全部又は一部を手付金などの形で支払ったときに使う勘定科目です。

(2) 前払費用

前払費用は、翌期以降の費用を前もって当期に支払ったときに使う勘定科目で、定期的な家賃の支払など継続的な役務提供を受ける場合に使用します。

図Ⅳ-6-13　前払金と前払費用の仕訳

(1) 前払金の仕訳

「土地の売買契約に基づき手付金として普通預金から50万円支払った。実際の土地の購入は2月後になる予定である。法人会計とする」

仕訳帳

法人会計　　　　　　　　　　　　　　　　　　　　　　　　　　（単位：円）

借方		摘要	貸方	
金額	勘定科目		勘定科目	金額
500,000	流動資産 前払金	土地の購入手付金	流動資産 普通預金	500,000

「土地を購入し、購入代金の250万円のうち、手付金を差引いた200万円を普通預金から支払った。法人会計のその他固定資産とする」

仕訳帳

法人会計 (単位：円)

借方		摘要	貸方	
金額	勘定科目		勘定科目	金額
2,000,000	固定資産 その他固定資産 土地	土地の購入 250万－50万（手付金）	流動資産 普通預金	2,000,000
500,000	固定資産 その他固定資産 土地	土地の購入手付金	流動資産 前払金	500,000

(2) 前払費用の仕訳

「翌月分（4月分）の賃借料10万円を支払った。法人会計とする」

仕訳帳

法人会計 (単位：円)

借方		摘要	貸方	
金額	勘定科目		勘定科目	金額
100,000	流動資産 前払費用	賃借料　4月分	流動資産 普通預金	100,000

「4月30日、4月分賃借料を振り替える」

仕訳帳

法人会計 (単位：円)

借方		摘要	貸方	
金額	勘定科目		勘定科目	金額
100,000	一般正味財産増減の部 経常費用　管理費 賃借料	賃借料4月分振替	流動資産 前払費用	100,000

２．前受金、前受収益（負債）

⑴ 前受金
　前受金は、物やサービスを提供する契約をしたとき、あらかじめ代金の全部又は一部を手付金などの形で受け取ったときに使う勘定科目です。

⑵ 前受収益
　前受収益は、翌期以降の収益をあらかじめ受け取ったときに使用する勘定科目で、家賃などの継続的な役務提供を行う場合の収益に使用されます。

図Ⅳ－6－14　前受金と前受収益の仕訳

⑴　前受金の仕訳

「土地の売買契約に基づき手付金として50万円普通預金に入金があった。実際の土地の売却は2月後になる予定である。収益事業等会計とする」

仕訳帳

収益事業等会計　　　　　　　　　　　　　　　　　　　　　　　　　　　（単位：円）

借方		摘要	貸方	
金額	勘定科目		勘定科目	金額
500,000	流動資産 普通預金	土地の売却手付金	流動負債 前受金	500,000

「土地を売却し売却代金の250万円のうち、手付金を差し引いた200万円が普通預金に入金された。売却した土地の帳簿価額は220万円であった」

仕訳帳

収益事業等会計　　　　　　　　　　　　　　　　　　　　　　　　　　　（単位：円）

借方		摘要	貸方	
金額	勘定科目		勘定科目	金額
2,000,000	流動資産 普通預金	土地の購入 250万－50万 （手付金）	固定資産 その他固定資産 土地	2,200,000
500,000	流動負債 前受金	土地の購入手付金	一般正味財産増減の部 経常外収益　固定資産売却益 土地売却益	300,000

(2) 前受収益の仕訳

「賃貸料10万円を受け取った。この賃貸料は4月分である。法人会計とする」

仕訳帳

法人会計　　　　　　　　　　　　　　　　　　　　　　　　（単位：円）

借方		摘要	貸方	
金額	勘定科目		勘定科目	金額
100,000	流動資産 普通預金	賃貸料　4月分	流動負債 前受収益	100,000

「4月30日、4月分賃借料を振り替える」

仕訳帳

法人会計　　　　　　　　　　　　　　　　　　　　　　　　（単位：円）

借方		摘要	貸方	
金額	勘定科目		勘定科目	金額
100,000	流動負債 前受収益	賃貸料　4月分振替	一般正味財産増減の部 経常収益　事業収益 受取家賃	100,000

3．未収金と未収収益（資産）

(1) **未収金**

　未収金は、通常の取引における売上や役務の提供、資産の譲渡を行った場合で期末日までに入金がなかった場合に使用する勘定科目です。

(2) **未収収益**

　未収収益は、継続的な役務提供を行った場合で期末日までに入金がなかった場合に使用する勘定科目です。

(3) **貸倒引当金**

　未収金や未収収益は将来の回収債権なので、貸倒引当金の引当対象となります。同じ資産の経過勘定である前払金や前払費用は、貸倒引当金の引当対象とはなりません。これは、前払金や前払費用は、すでに金銭等を支払っていて、翌期

以降には、特定の資産又は費用となる勘定科目です。よって、金銭等を回収するものではなく、貸倒引当金の引当対象とはならないのです。

図Ⅳ－6－15　未収金と未収収益の仕訳

(1) 未収金の仕訳

「期末日において、期中に開催された公益目的事業 A 事業セミナーの受講料 10 万円が未収であることがわかった」

仕訳帳

公益目的会計　A 事業　　　　　　　　　　　　　　　　　　　　　　　（単位：円）

借方		摘要	貸方	
金額	勘定科目		勘定科目	金額
100,000	流動資産 未収金	O月開催セミナー 受講料　未収分	一般正味財産増減の部 経常収益　事業収益 セミナー事業収益	100,000

「翌期になって、前期開催セミナーの受講料未収分の入金が普通預金にあった」

仕訳帳

公益目的事業会計　A 事業　　　　　　　　　　　　　　　　　　　　　（単位：円）

借方		摘要	貸方	
金額	勘定科目		勘定科目	金額
100,000	流動資産 普通預金	前期O月セミナー 受講料入金	流動資産 未収金	100,000

(2) 未収収益の仕訳

「期末日において、当期3月分の賃貸料10万円が未収である。入金は翌期4月の予定である。収益事業等会計である」

仕訳帳

収益事業等会計　　　　　　　　　　　　　　　　　　　　　　　　（単位：円）

借方		摘要	貸方	
金額	勘定科目		勘定科目	金額
100,000	流動資産 未収収益	3月分家賃	一般正味財産増減の部 経常収益　事業収益 受取家賃	100,000

「3月家賃の入金が普通預金にあった」

仕訳帳

収益事業等会計　　　　　　　　　　　　　　　　　　　　　　　　（単位：円）

借方		摘要	貸方	
金額	勘定科目		勘定科目	金額
100,000	流動資産 普通預金	前期3月分家賃入金	流動資産 未収収益	100,000

Q80. 立替金、仮払金、仮受金とはどういうときに使う勘定科目ですか？

A80. 立替金、仮払金、仮受金は、具体的な資産・負債・収益・費用とできない場合に使われる仮勘定です。期末日にはできるだけこれらの勘定科目の残高がないようにしましょう。

1．立替金（資産）

立替金は外部に対する立替えですので期末日に残っていれば債権となり、将来的には立て替えた金銭が戻ってきます。貸倒引当金の引当対象となります。

図Ⅳ－6－16　立替金の仕訳

「公益目的事業A事業の協賛法人分の委託費立替分30万円と当法人の委託費40万円を一括して普通預金から取引先に支払った」

仕訳帳

公益目的会計　A事業　　　　　　　　　　　　　　　　　　　　　　（単位：円）

借方		摘要	貸方	
金額	勘定科目		勘定科目	金額
400,000	一般正味財産増減の部 経常費用　事業費 委託費	委託費支払い	流動資産 普通預金	400,000
300,000	流動資産 立替金	協賛法人委託費 立替え	流動資産 普通預金	300,000

「公益目的事業A事業の協賛法人から3月の立替え分30万円の入金があった」

仕訳帳

公益目的会計　A事業　　　　　　　　　　　　　　　　　　　　　　（単位：円）

借方		摘要	貸方	
金額	勘定科目		勘定科目	金額
300,000	流動資産 普通預金	協賛法人委託費 立替金回収	流動資産 立替金	300,000

2．仮払金（資産）

　仮払金は、具体的な金額や勘定科目が不明な場合に、とりあえず概算払いしたときに使用する勘定科目です。

　仮払金が期末日に残っているのは、内容が確定していないので、予算等の関係上好ましくありません。できるだけ概算払いを期末までには精算できるようにしましょう。

図Ⅳ-6-17　仮払金の仕訳

「公益目的事業A事業の実施現場までの旅費交通費を職員に概算払いで5,000円支払った」

仕訳帳

公益目的会計　A事業　　　　　　　　　　　　　　　　　　　　　　（単位：円）

借方		摘要	貸方	
金額	勘定科目		勘定科目	金額
5,000	流動資産 仮払金	職員へ 旅費概算払い	流動資産 普通預金	5,000

「公益目的事業 A 事業の職員から仮払金 5,000 円の報告を受けた。旅費交通費に 3,800 円、戻りが 1,200 円であった」

仕訳帳

公益目的会計　A 事業 　　　　　　　　　　　　　　　　　　　　　　　　　（単位：円）

借方		摘要	貸方	
金額	勘定科目		勘定科目	金額
3,800	一般正味財産増減の部 経常費用　事業費 旅費交通費	旅費 電車○×円 タクシー○△円	流動資産 仮払金	3,800
1,200	流動資産 現金	仮払い戻り	流動資産 仮払金	1,200

3．仮受金（負債）

　仮受金は、金銭の受取りはあったが、その金額や勘定科目が不確定なときに使用する勘定科目です。仮受金も仮払金と同様に、期末日に残っているのは好ましくありません。

図Ⅳ－ 6 － 18　仮受金の仕訳

「X 社から法人会計の普通預金に 10 万円の入金があった。内容が不明である」

仕訳帳

法人会計 　　　　　　　　　　　　　　　　　　　　　　　　　　　　　　　（単位：円）

借方		摘要	貸方	
金額	勘定科目		勘定科目	金額
100,000	流動資産 普通預金	X 社から入金 内容不明	流動負債 仮受金	100,000

Ⅳ 実践あるのみ！公益法人会計の実務

「不明入金を調べたところ、会費の8万円のところをX社が誤って10万円振り込んだことが判明した。8万円は法人会計の会費とし、2万円はX社へ返還した」

仕訳帳

法人会計 （単位：円）

借方		摘要	貸方	
金額	勘定科目		勘定科目	金額
80,000	流動負債 仮受金	X社会費	一般正味財産増減の部 経常収益 受取会費 正会員受取会費	80,000
20,000	流動負債 仮受金	X社会費 誤入金分返還	流動資産 普通預金	20,000

公益法人の豆知識15：社員総会の書面決議

　一般社団法人又は公益社団法人の社員総会では、書面決議が認められています。書面決議とは、文字どおり、書面によって行う決議です。

　書面決議を行うときは、社員総会の日の2週間前までに、理事は社員総会の招集通知に、社員総会の日時及び場所、目的などとともに、書面決議ができる旨を記載する必要があります。

　書面決議を行使する場合には、原則、社員総会の開催日の直前の業務時間終了時までに議決権行使書面を提出します。提出された議決権行使書面は、社員総会の日から3カ月間、事務所等に備え置く必要があり、社員は、法人の業務時間内であればいつでも、その閲覧又は謄写の請求をすることができます。

　社員総会には、電磁的方法による議決権の行使もあります。電磁的方法とは、電気通信回線を通じて電子計算機等同士で行われる送受信によりデータファイルを記録する方法です。

Q81. 会計間取引を行った際の貸借勘定はどうすればよいですか？

A81. 貸借勘定は期末までに精算するのが原則ですが、決算整理仕訳を行うことでも発生しますので、その場合には残高があってもかまいません。また、精算できないときには他会計振替額を使って処理をします。

1．期末日前までに貸借勘定は精算する

　事業年度中に会計間で貸し借りをしている場合には貸借勘定があります。

　貸借勘定は期末までに精算をするのが原則です。ここでいう精算とは、「借りたものは返す」、「貸したものは回収する」という意味です。

　しかし、期末日後の決算整理仕訳で新たに発生した貸借勘定はそのまま貸借対照表内訳表に計上されることになります。貸借対照表内訳表に計上される貸借勘定は内部取引消去で合計欄からは除かれます。

図Ⅳ－6－19　貸借勘定の仕訳

「公益目的事業会計A事業には収益事業等会計への貸付金100万円があるので精算する。普通預金に100万円入金した」

仕訳帳

公益目的事業会計　A事業　　　　　　　　　　　　　　　　　　　（単位：円）

借方		摘要	貸方	
金額	勘定科目		勘定科目	金額
1,000,000	流動資産 普通預金	貸借勘定精算	流動資産 他会計への貸付金	1,000,000

収益事業等会計　　　　　　　　　　　　　　　　　　　　　　　　　（単位：円）

借方		摘要	貸方	
金額	勘定科目		勘定科目	金額
1,000,000	流動負債 他会計からの借入金	貸借勘定精算	流動資産 普通預金	1,000,000

2．精算できないときは「他会計振替額」を使う

　貸借勘定が精算できないときは、他会計振替額を使って処理をします。他会計振替額は、「他の会計へ財産をあげた」又は「他会計から財産をもらった」ときに使用する勘定科目です。他の会計へ財産をあげた会計には、他会計振替額は費用として借方（左）に、財産をもらった会計には、収益として貸方（右）に記載されます。

　公益法人は、公益目的事業の財産を他の事業等のために使用してはいけないという制限がありますので、公益目的事業会計で、他会計振替額が借方（左）にくることはありません。

図Ⅳ－6－20　他会計振替額の仕訳

「公益目的事業会計A事業には収益事業等会計からの借入金100万円があるが、精算できないので、他会計振替額で処理をする」

仕訳帳

公益目的事業会計　A事業　　　　　　　　　　　　　　　　　　　　（単位：円）

借方		摘要	貸方	
金額	勘定科目		勘定科目	金額
1,000,000	流動負債 他会計からの借入金	貸借勘定 他会計振替額 で処理	一般正味財産増減の部 他会計振替額	1,000,000

収益事業等会計　　　　　　　　　　　　　　　　　　　　　　　　　（単位：円）

借方		摘要	貸方	
金額	勘定科目		勘定科目	金額
1,000,000	一般正味財産増減の部 他会計振替額	貸借勘定 他会計振替額で処理	流動資産 他会計への貸付金	1,000,000

7. レッツトライ！　公益法人会計⑥　～財務諸表等を作成する～

Q82. 貸借対照表の資産、負債、正味財産の記載方法を教えてください。

A82. 貸借対照表の資産と負債は流動的なものから固定的なもの、正味財産は、一般正味財産から指定正味財産の順番で記載します。

1．資産と負債の記載方法

(1) 決算整理仕訳後に財務諸表を作成

　決算整理仕訳が終われば、各勘定科目の金額が確定し、その事業年度の会計帳簿が締められ、試算表の勘定科目と金額も確定します。確定した勘定科目と金額は貸借対照表や正味財産増減計算書の様式にあわせて記載していきます。

　貸借対照表は、資産・負債・正味財産を記載する財務諸表です。資産・負債の記載方法は、流動的なものから固定的なものの順番で大科目、中科目まで記載します。特に、資産の場合は、固定資産が「基本財産」「特定資産」「その他固定資産」の3種類に、正味財産は、「指定正味財産」と「一般正味財産」の2種類に分かれていますので、各勘定科目を適切に区分する必要があります。

(2) 試算表から財務諸表へ

　試算表の勘定科目は、日々の管理がしやすいように設定されている場合もありますので、その場合には貸借対照表や正味財産増減計算書に記載する科目に変更する必要もあります。

　例えば、試算表で現金、普通預金と区分して勘定科目を設定していた場合には、貸借対照表では、現金預金とまとめて記載します。

2．正味財産の記載方法

　正味財産は指定正味財産と一般正味財産の区別が必要ですので、正味財産から

IV 実践あるのみ！公益法人会計の実務

構成される資産を指定正味財産と一般正味財産に区分しなければなりません。

3．貸借対照表の様式

　貸借対照表の様式には、報告式、勘定式、比較式などがあります。報告式は、縦に資産・負債・正味財産を並べる様式です。勘定式は、資産を借方（左）に負債と正味財産を貸方（右）に記載する様式です。比較式は、報告式の様式で、前期実績と当期実績を並べて記載する様式です。平成20年基準の貸借対照表は比較式となっており、適用初年度は、前期実績は記載する必要はありません。

図Ⅳ-7-1　決算整理仕訳後の流れ

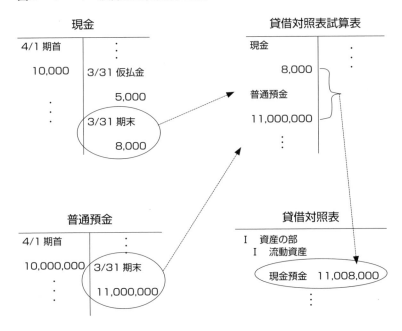

図Ⅳ-7-2 貸借対照表の様式：比較式

貸借対照表
平成　年　月　日　　　　　（単位：円）

科目	当年度	前年度	増減
Ⅰ 資産の部			
1 流動資産			
流動資産計			
2 固定資産			
(1)基本財産			
基本財産計			
(2)特定資産			
特定資産計			
(3)その他固定資産			
その他固定資産計			
固定資産計			
資産合計			
Ⅱ 負債の部			
1 流動負債			
流動負債計			
2 固定負債			
固定負債計			
負債合計			
Ⅲ 正味財産の部			
1 指定正味財産			
指定正味財産計			
2 一般正味財産の部			
一般正味財産計			
正味財産合計			

公益法人の豆知識16：非営利と営利（会計の目的）

(1) 非営利とは

　非営利とは、一般的に、利益を目的としない活動を行うことと解釈される場合もありますが、会計上は、法人の事業活動により得た利益を法人の出資者である構成員に分配（配当）しないことをいいます。

　「非営利法人」は、狭義にはNPO法人を指しますが、広義には一般社団法人、一般財団法人、公益社団法人、公益財団法人、社会福祉法人、学校法人、宗教法人、医療法人なども含みます。

(2) 営利とは

　営利とは、法人の事業活動により得た利益を法人の出資者である構成員に分配（配当）することです。「営利法人」は、株式会社などのことをいいます。

(3) 法人の目的

　法人には、それぞれの主たる目的があります。例えば、公益社団法人と公益財団法人は、広く一般の利益の増進に寄与する公益目的事業を行うことが目的であり、株式会社は、株式を発行して募った事業資金をもとに事業活動を行い、それにより得た利益を株式の所有者（株主）に分配することを目的とした法人です。

(4) 法人の関係者

　それぞれの法人には、法人の事業活動に様々な形で関係する人がいます。

　公益社団法人と公益財団法人の関係者は、公益法人の財務諸表により財務状況、経営状態を把握し、公益法人への寄附や事業活動への賛同の可否を判断します。投資家は、株式会社の財務諸表により財務状況、経営状態を把握し、株式会社への投資の可否を判断します。

(5) 会計の種類

　法人は、法人の関係者が法人に対して適切な判断ができるように、法人の財務状況、経営状態を適切に伝える必要があります。そのために公益法人会計、社会福祉法人会計、学校法人会計、企業会計など法人の目的にあった会計基準を適用して財務諸表を作成します。

Q83. 貸借対照表の正味財産の部にある基本財産、特定資産への充当額の欄の記載方法を教えてください。

A83. 貸借対照表の正味財産には「指定正味財産」と「一般正味財産」に、それぞれ「基本財産と特定資産への充当額」を記載する欄があります。貸借対照表の資産の部に記載されている基本財産と特定資産のうち、正味財産を財源としている資産を記載する欄です。

1．基本財産への充当額

(1) 充当額の記載方法

資産の部に記載されている基本財産は、正味財産を財源とする資産のみを記載しますので、指定正味財産を財源とする基本財産は、「指定正味財産の基本財産への充当額」へ、一般正味財産を財源とする基本財産は、「一般正味財産の基本財産への充当額」へ記載します。

貸借対照表上では、「基本財産＝指定正味財産の基本財産への充当額＋一般正味財産の基本財産への充当額」となります。

(2) 「基本財産＞正味財産」の場合

ちなみに、基本財産は法人の根幹となる財産です。よって、基本財産の金額より、正味財産の金額が小さい場合は、法人の財産は基本財産より少なく、基本財産を食いつぶしていることになります。このような状況では、適正な法人運営を行っているとはいえません。

図Ⅳ-7-3 貸借対照表の基本財産と充当額

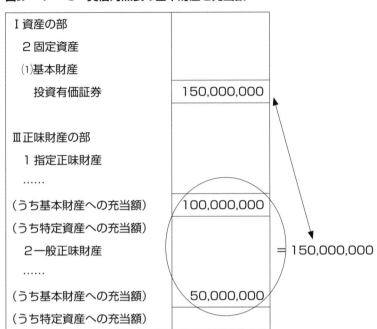

2．特定資産への充当額

　特定資産も基本財産と同様、正味財産を財源とするもので指定正味財産と一般正味財産とに区分されますが、特定資産の場合には、負債を財源とするものもありますので、そのような特定資産は特定資産の充当額には記載されません。

　負債を財源とする特定資産の例としてあげられるのは、退職給付引当資産です。これは、負債の退職給付引当金と紐付きになっているため、負債を財源とした特定資産となります。

図Ⅳ−7−4　特定資産の財源と貸借対照表

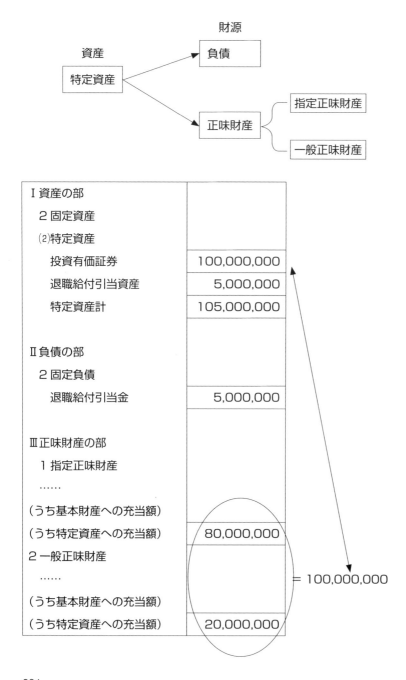

公益法人の豆知識17：公益法人会計と税務調整（法人税）

(1) **公益法人会計の目的**

公益法人会計の目的は、会計上の財務諸表等を作成し、公益法人の関係者に公益法人の財務、経営の状態を報告することです。財務、経営状態は、「資産－負債＝正味財産」「収益－費用＝正味財産の増減」で表します。

(2) **法人税の計算（収益事業課税の場合）**

法人税法では、収益を「益金」、費用を「損金」といい、「益金－損金＝課税所得」「課税所得×税率＝納付税額」となります。法人税の計算は、課税の公平を図る観点から行われますので、必ずしも公益法人会計の収益＝益金、公益法人会計の費用＝損金ではありません。

法人税の計算は、公益法人会計の収益と費用のうち、法人税法上の収益事業に関する収益と費用を集計して求めた正味財産の増減に、法人税法上のルールに従った「税務調整」を行います。税務調整には、「決算調整」と「申告調整」があります。

①「決算調整」は、公益法人会計上の貸借対照表や正味財産増減計算書に記載されていることを条件に益金又は損金とする方法です。

②「申告調整」は、公益法人会計上の貸借対照表や正味財産増減計算書に記載されているかどうかではなく法人税の申告書上のみで益金又は損金を調整する方法です。

(3) **税務調整による法人税の課税所得の算式**

「課税所得＝収益事業の正味財産の増減額（決算調整済み）＋①益金算入＋②損金不算入－③益金不算入－④損金算入」　　　　　　※①～④までが申告調整

①「益金算入」とは、収益ではなく、益金であるもの
②「損金不算入」とは、費用であるが、損金でないもの
③「益金不算入」とは、収益であるが、益金でないもの
④「損金算入」とは、費用でないが、損金であるもの

です。法人税法上の益金・損金の考えは、法人税法上の「別段の定め」として各項目ごとに定められています。

Q84. 正味財産増減計算書の収益、費用の記載方法を教えてください。

A84. 正味財産増減計算書の収益と費用は、一般正味財産増減の部から指定正味財産増減の部の順で記載していきます。一般正味財産増減の部には、経常増減、経常外増減、いずれでもないものの3区分があります。

1．一般正味財産増減の部

正味財産増減計算書の「一般正味財産増減の部」には、「経常増減」と「経常外増減」があります。科目は中科目まで記載します。

「経常増減」には「経常収益」「経常費用」「収益と費用の共通勘定科目」があり、この順番で記載して経常増減での「正味財産増減額」を記載します。「経常外増減」には「経常外収益」と「経常外費用」があり、この順番で記載して経常外増減での「正味財産増減額」を記載します。

最終的には、「経常増減」と「経常外増減」を合わせて「一般正味財産増減の部」での「正味財産増減額」を表します。

2．指定正味財産増減の部

「指定正味財産増減の部」には、一般正味財産増減の部のような区分はありませんが、収益をまず記載してから費用を記載し、「指定正味財産増減の部」での「正味財産増減額」を表します。

指定正味財産増減の部の後には、一般正味財産増減の部もあわせて事業年度全体の「正味財産増減額」を表します。

正味財産増減計算書の様式も貸借対照表と同様比較式となっています。予算との比較は行政庁への提出や外部への報告の必要はなく、各法人の選択になります。

図Ⅳ-7-5 正味財産増減計算書の様式:比較式

科目	当年度	前年度	増減
Ⅰ 一般正味財産増減の部			
1 経常増減の部			
(1)経常収益			
経常収益計			
(2)経常費用			
事業費			
管理費			
経常費用計			
評価損益等調整前当期経常増減額			
基本財産評価損益等			
評価損益等計			
当期経常増減額			
2 経常外増減の部			
(1)経常外収益			
経常外収益計			
(2)経常外費用			
経常外費用計			
当期経常外増減額			
当期一般正味財産増減額			
一般正味財産期首残高			
一般正味財産期末残高			
Ⅱ 指定正味財産増減の部			
当期指定正味財産増減額			
指定正味財産期首残高			
指定正味財産期末残高			
Ⅲ 正味財産期末残高			

Q85. 貸借対照表と正味財産増減計算書が適正に作成されているかをチェックする方法があれば教えてください。

A85. 様式は運用指針でチェックすることができます。また、貸借対照表と正味財産増減計算書の最終金額をチェックすることで、適正に作成されているかの確認ができます。

1．様式チェック

　貸借対照表と正味財産増減計算書の様式は運用指針で確認することができます。会計の知識をある程度習得できれば、「日本公認会計士協会　非営利法人委員会研究報告第23号　公益法人の財務諸表等の様式等に関するチェックリスト（平成20年基準）」によりチェックを行えばより確実となります。

2．金額チェック

　貸借対照表と正味財産増減計算書は常に連動している財務諸表なので、それぞれ欄の最終金額をチェックすることで、正しく連動しているかどうかが確認できます。チェック項目は次のとおりです。

(1) 「貸借対照表の正味財産の部の一般正味財産合計」と「正味財産増減計算書の一般正味財産期末残高」は一致しているか（当年度、前年度いずれも）

(2) 「貸借対照表の前年度の正味財産の部の一般正味財産合計」と「正味財産増減計算書の当年度の一般正味財産期首残高」は一致しているか

(3) 「貸借対照表の正味財産の部の一般正味財産合計の当年度と前年度の増減」は、「正味財産増減計算書の当年度の当期一般正味財産増減額」と一致しているか

(4) 「貸借対照表の正味財産の部の指定正味財産合計」と「正味財産増減計算書の指定正味財産期末残高」は一致しているか（当年度、前年度いずれも）

(5)「貸借対照表の前年度の正味財産の部の指定正味財産合計」と「正味財産増減計算書の当年度の指定正味財産期首残高」は一致しているか

(6)「貸借対照表の正味財産の部の指定正味財産合計の当年度と前年度の増減」は、「正味財産増減計算書の当年度の当期指定正味財産増減額」と一致しているか

(7)「貸借対照表の正味財産の部の正味財産合計」と「正味財産増減計算書の正味財産期末残高」は一致しているか（当年度、前年度いずれも）

公益法人の豆知識18：社員総会での代理行使

　一般社団法人又は公益社団法人の社員総会では、議決権の代理行使を行うことができます。書面決議と異なり、議決権の代理行使は、常に認められています。代理行使を受任する者は、誰でもよいですが、定款で他の社員に限定することも考えられます。

　受任者は、社員総会ごとに定める必要があり、代理行使をする社員と受任者は、代理権を証明する書面（委任状）を法人へ提出する必要があり、法人の承諾があれば、電磁的方法により提出することができます。

　受任者の資格を証明する方法等は、定款や社員総会の招集通知を決定する理事会で定めます。

　提出された代理権を証明する書面は、社員総会の日から3カ月間、事務所等に備え置く必要があり、社員は、法人の業務時間内であればいつでも、その閲覧又は謄写の請求をすることができます。

Q86. 貸借対照表と正味財産増減計算書の附属明細書、事業報告書の附属明細書の作成方法を教えてください。

A86. 貸借対照表と正味財産増減計算書の附属明細書には、基本財産、特定資産、引当金の明細を記載します。事業報告書の附属明細書には、事業報告書に記載した内容で重要な事項を補足する場合に作成します。

1．貸借対照表と正味財産増減計算書の附属明細書

　貸借対照表と正味財産増減計算書の附属明細書の作成は、法人法において定められています。具体的な項目は、「基本財産」「特定資産」「引当金」の明細です。

　これらの項目について、事業年度中の増減を記載することになっています。

　様式については運用指針にあります。また運用指針にはこれらの明細を財務諸表の注記に記載していれば、その旨を記載し、附属明細書への記載を省略することができるとありますが、附属明細書の作成自体を省略することはできません。

　また、「基本財産」や「特定資産」の増減で重要な事項があれば、資産の種類や金額、増減の理由を付記する必要があります。

「引当金」については、目的外の取崩しがあればその金額と理由を付記する必要があります。

2．事業報告書の附属明細書

　事業報告書の附属明細書には、法人法に関する施行規則第34条3項に事業報告書の内容で、補足説明をする必要がある重要な事項を記載するとあります。

　この重要な事項がどのようなものかの具体的例示はありませんので、各法人で検討し、判断することになります。

　実務上は、そのような補足すべき重要な事項がないと事業報告に付記して作成

を省略する場合や、事業報告書と附属明細書を一体として作成している場合などがあります。

図Ⅳ-7-6　貸借対照表及び正味財産増減計算書の附属明細書の様式
①基本財産及び特定資産の明細

(単位：円)

区分	資産の種類	期首帳簿価額	当期増加額	当期減少額	期末帳簿価額
基本財産	土地 …… 基本財産計				
特定資産	退職給付 引当資産 …… 特定資産計				

②引当金の明細

(単位：円)

| 科目 | 期首残高 | 当期増加額 | 当期減少額 | | 期末残高 |
			目的使用	その他	
賞与引当金					

Q87. 財産目録の作成方法を教えてください。

A87. 財産目録には、貸借対照表の資産、負債の科目ごとに、場所、物量等、使用目的、金額を記載します。公益法人の場合には、遊休財産の計算の判断基準となります。

1．財産目録の作成が必要な場合

　従来、財産目録はすべての社団法人・財団法人において作成が必要でしたが、公益法人制度改革後は、公益法人のみが認定法において作成が必要です。ただし、一般法人（移行法人を含む）の場合も、定款において財産目録の作成を必要としている場合には、財産目録の作成が必要です。

2．財産目録への記載内容

　従来の財産目録は、貸借対照表の資産、負債の科目の明細と金額を記載していましたが、平成20年基準での財産目録はこれに加えて使用目的を記載することになっています。

　使用目的には、どの事業に供しているのか明確に記載する必要があります。公益目的事業、収益事業等、法人の管理運営のいずれに供しているのか、その中でも具体的な事業に供しているものがあればその旨も記載します。

　また、公益法人の場合、これらの記載と遊休財産の保有制限の算定表と内容が一致している必要があります。財産目録の様式は運用指針にあります。

図Ⅳ－7－7 財産目録の様式

貸借対照表科目		場所・物量等	使用目的等	金額
（流動資産）				
	現金	手元保管	運転資金として	…
流動資産合計				
（固定資産）				
基本財産	土地	○○㎡　□市▽町○番地	公益目的保有財産であり、△△事業の施設に使用している	…
特定資産	建物	○○㎡　□市▽町○番地	1～2階部分：△△事業に使用している	…
その他固定資産				
固定資産合計				
資産合計				
（流動負債）				
	未払金	○○に対する未払額	○○事業に供する備品購入の未払い分	…
流動負債合計				
（固定負債）				
	退職給付引当金	従業員に対するもの	従業員○○名に対する退職金の支払に備えたもの	…
固定負債合計				
負債合計				
正味財産				

Q88. 財務諸表に対する注記項目を教えてください。

A88. 財務諸表に対する注記項目は運用指針に17項目あり、次のとおりです。従来の財務諸表の注記項目から2項目追加されています。

財務諸表の注記とは、「貸借対照表」「正味財産増減計算書」「キャッシュ・フロー計算書」に記載された数値の根拠や内容を説明するための記載です。

1．財務諸表の注記

財務諸表に対する注記には、「貸借対照表」「正味財産増減計算書」「キャッシュ・フロー計算書」の内容に関する明細の説明を記載します。従来からの注記項目から、「継続事業の前提に関する注記」「キャッシュ・フロー計算書の資金の範囲及び重要な非資金取引」の2つが追加されました。

また、従来の収支計算書、収支予算書に関する注記は平成20年基準にはありません。

平成20年基準での財務諸表の注記には17項目あり次のとおりです。これらの項目のうち、各法人の「貸借対照表」「正味財産増減計算書」「キャッシュ・フロー計算書」の内容に該当する項目に関して注記します。

(1) 継続事業の前提に関する注記
(2) 重要な会計方針
　①有価証券の評価基準及び評価方法
　②棚卸資産の評価基準及び評価方法
　③固定資産の減価償却の方法
　④引当金の計上基準
　⑤キャッシュ・フロー計算書における資金の範囲

⑥消費税等の会計処理
(3) 会計方針の変更
(4) 基本財産及び特定資産の増減額及びその残高
(5) 基本財産及び特定資産の財源等の内訳
(6) 担保に供している資産
(7) 固定資産の取得価額、減価償却累計額及び当期末残高(直接法の場合のみ)
(8) 債権の債権金額、貸倒引当金の当期末残高及び当該債権の当期末残高(直接法の場合のみ)
(9) 保証債務(債務保証を主たる目的事業としている場合を除く)等の偶発債務
(10) 満期保有目的の債券の内訳並びに帳簿価額、時価及び評価損益
(11) 補助金等の内訳並びに交付者、当期の増減額及び残高
(12) 基金及び代替基金の増減額及びその残高
(13) 指定正味財産から一般正味財産への振替額の内訳
(14) 関連当事者との取引の内容
(15) キャッシュ・フロー計算書の資金の範囲及び重要な非資金取引
(16) 重要な後発事象
(17) その他

図Ⅳ－7－8　財務諸表に対する注記の記載例

財務諸表に対する注記

1．継続事業の前提に関する注記
　継続事業の前提に重要な疑義を生じさせるような事象又は状況はありません。
2．重要な会計方針
(1) 有価証券の評価基準及び評価方法
　①満期保有目的の債券：償却原価法(定額法)によっている。
　②その他の有価証券
　　1)時価のあるもの：期末日の市場価格等に基づく時価法によっている。
　　2)時価のないもの：移動平均法による原価法によっている。
(2) 固定資産の減価償却
　①建物：定額法によっている。
　②什器備品：定率法によっている。

Q89. 「継続事業の前提に関する注記」の記載を教えてください。

A89. 継続事業の前提に関する注記は平成20年会計基準から新たに追加された項目です。

法人は継続して事業を実施することが前提ですが、法人の財政状態の悪化などの理由により、継続性に疑義が生じている場合には、その旨を注記する必要があります。

1．継続事業の前提

(1) 継続事業の前提とは

株式会社などの企業は倒産せず発展し続けることを目指して経営することが前提ですが、企業の財政状態の悪化により継続性に疑義が生ずる場合も考えられます。上場企業等の大企業がそのような場合には、企業の関係者への情報開示として、現況や対応策などを「継続企業の前提に関する注記」として記載します。

公益法人会計においても法人を継続させて事業を実施していくことが前提となっています。法人の財政状態の悪化などにより事業の実施を継続させていくことが困難な場合には、その状況や対応策を公益法人の関係者へ情報開示しなければなりません。このような考えのもと、公益法人会計でも「継続事業の前提に関する注記」が新たな注記項目として追加されました。

(2) 注記の記載内容

継続事業の前提に関する注記の記載内容は、「日本公認会計士協会　非営利法人委員会研究報告第21号　公益法人の継続事業の前提について」にて発表されていますので、確認してください。

この報告によると、「継続事業の前提が適切であるかどうかを総合的に評価し

た結果、貸借対照表日（期末日）において、単独で又は複合して継続事業の前提に重要な疑義を生じさせるような事象又は状況が存在する場合であって、当該事象又は状況を解消し、又は改善するための対応をしてもなお継続事業の前提に関する重要な不確実性が認められるときは、継続事業の前提に関する事項として、以下の①～④の事項を財務諸表に注記する」となっています。

要は、法人を継続できないような状態になっている場合には、その状況や対応策を注記するということです。

①当該事象又は状況が存在する旨及びその内容
②当該事象又は状況を解消し、又は改善するための対応策
③当該重要な不確実性が認められる旨及びその理由
④財務諸表は継続事業を前提として作成されており、当該重要な不確実性の影響を財務諸表に反映していない旨

２．継続事業の前提に重要な疑義を生じさせるような事象又は状況

法人の継続性に重要な疑義を生じさせるような事象又は状況とはどのような場合をいうのでしょうか？　前述の報告では、財務指標、財務活動、事業活動、その他に区分して次のような例があげられています。

(1)　財務指標関係
　①経常収益の著しい減少
　②継続的な評価損益等調整前当期経常増減額のマイナス又は事業活動によるキャッシュ・フローのマイナス
　③重要なマイナスの当期経常増減額又は当期一般正味財産増減額の計上
　④重要なマイナスの事業活動によるキャッシュ・フローの計上
　⑤債務超過
　⑥正味財産が300万円未満
（注）⑥は、公益財団法人・一般財団法人に特有な事象又は状況

(2)　財務活動関係
　①事業に関連する債務の返済の困難性
　②借入金の返済条項の不履行又は履行の困難性
　③新たな資金調達の困難性

④債務免除の要請

　　⑤売却を予定している重要な資産の処分の困難性

(3) **事業活動関係**

　　①主要な取引先からの与信又は取引継続の拒絶

　　②重要な事業又は取引先の喪失

　　③事業活動に不可欠な重要な権利の失効

　　④事業活動に不可欠な人材の流出

　　⑤事業活動に不可欠な重要な資産の毀損、喪失又は処分

　　⑥法令に基づく重要な事業の制約

(4) **その他**

　　①巨額な損害賠償金の負担の可能性

　　②ブランド・イメージの著しい悪化

　　③認定法第5条各号に掲げる基準への不適合等による行政庁からの勧告、命令

　　④ 認定法第6条各号の欠格事由に基づく公益認定の取消しのおそれ

　　⑤正当な理由なく公益目的支出計画に定めた支出を行わない等による行政庁からの勧告、命令

(注)③と④は、公益社団・財団法人に特有な事象又は状況

　　　⑤は、移行法人に特有な事象又は状況

3. 重要な疑義を生じさせるような事象又は状況が発生しているかどうかを判断するのは各法人

　上記2.で述べた項目は例示ですので、実際に重要な疑義を生じさせるような事象又は状況が発生しているかどうかの判断は、法人の実態や規模、金額の重要性などによって各法人で判断することになります。

IV 実践あるのみ！公益法人会計の実務

図IV-7-9 継続事業の前提に関する注記の文例

1．継続事業の前提に関する注記

　当法人は、賛助会員からの寄附金収益を主な財源として事業活動を行ってきております。当事業年度においては、主要な賛助会員である企業の業績の悪化により寄附金収益が減少し、経常収益は大幅に減少することとなりました。当該状況により、継続事業の前提に重要な疑義を生じさせるような状況が存在しております。

　当法人においては、当該状況を解消すべく○×事業を縮小するとともに、○○名の人員削減を行い、併せて費用の○○％削減を行う予定であります。

　しかし、これらの対応策を関係者との協議を行いながら進めている途中であるため、現時点では継続事業の前提に関する重要な不確実性が認められます。

　なお、財務諸表は継続事業を前提として作成しており、継続事業の前提に関する重要な不確実性の影響を財務諸表に反映しておりません。

公益法人の豆知識19：法人税の別段の定め

　法人税の「益金」と「損金」の規定は、法人税法上の「別段の定め」により各項目ごとに規定があります。次は、実務上よくある事項です。

(1)　役員給与の損金不算入

　法人税法上決められた方法により支給し、会計上費用とした役員報酬でなければ、損金とはなりません。

(2)　寄附金の損金不算入

　法人が支出した寄附金は、法人税法上の損金算入限度額を超えた部分の寄附金は、会計上費用としていても、損金とはなりません。

(3)　資産の評価益の益金不算入及び評価損の損金不算入

　法人が所有する資産の評価益及び評価損は、特定の場合を除き、法人税法上では、益金及び損金にはなりません。公益法人では、会計上売買目的有価証券以外の有価証券を時価評価した場合の評価益及び評価損（一定の場合を除く）は、法人税法上では益金及び損金ではありません。

Q90. 「関連当事者との取引の範囲」の記載を教えてください。

A90. 関連当事者の範囲は法人と個人の両者が範囲となっており、公益法人会計基準及び運用指針に規定されています。これは、役員等の法人の関係者が当該法人と取引を行う場合には、第三者と取引を行う場合の通常価格と異なる価格での取引を行う可能性があるため、役員等のお手盛り防止として、情報開示が求められています。

1．関連当事者とは

関連当事者とは、次の公益法人の意思決定を支配できる法人又は個人となっています。
①当該公益法人を支配する法人
②当該公益法人によって支配される法人
③当該公益法人と同一の支配法人をもつ法人
④当該公益法人の役員又は評議員及びそれらの近親者

ここでいう支配とは、法人の議決権の過半数を占めている場合のほかにも、役員構成や資金調達の状況など実質判定もありますので留意しなければなりません。具体的な範囲については運用指針に規定されています。

また、④の場合には公益法人の有給常勤者の役員及び評議員及びこれらの近親者が議決権の過半数を有している法人も該当します。

2．関連当事者との取引に関する注記内容

関連当事者との取引は、次の事項を関連当事者ごとに注記します。
(1) 当該関連当事者が法人の場合には、その名称、所在地、直近の事業年度末に

おける資産総額及び事業の内容。なお、当該関連当事者が法人の場合には、当該関連当事者の議決権に対する当該公益法人の所有割合
(2) 当該関連当事者が個人の場合には、その氏名及び職業
(3) 当該公益法人と関連当事者との関係
(4) 取引の内容
(5) 取引の種類別の取引金額
(6) 取引条件及び取引条件の決定方針
(7) 取引により発生した債権債務に係る主な科目別の期末残高
(8) 取引条件の変更があった場合には、その旨、変更の内容及び当該変更が財務諸表に与えている影響の内容

3．注記を要しない場合
(1) 関連当事者との取引でも注記の必要がないもの
　①一般競争入札による取引並びに預金利息及び配当金の受取りその他取引の性格からみて取引条件が一般の取引と同様であることが明白な取引
　②役員又は評議員に対する報酬、賞与及び退職慰労金の支払い
(2) 金額に重要性のあるもののみを注記するもの
　①支配法人、被支配法人又は同一の支配法人を持つ法人との取引
　　(i)正味財産増減計算書項目に係る「経常収益又は経常費用」の場合、「経常収益又は経常費用」の各項目に係る関連当事者との取引については、各項目に属する科目ごとに、「経常収益又は経常費用の合計額の100分の10」を超える取引を開示する。
　　(ii)正味財産増減計算書項目に係る「経常外収益又は経常外費用」の場合、「経常外収益又は経常外費用」の各項目に係る関連当事者との取引については、各項目に属する科目ごとに100万円を超える増減額について、その取引総額を開示し、取引総額と損益が相違する場合には損益を併せて開示する。なお、指定正味財産から「経常収益や経常外収益」に振り替えられたものについては、関連当事者との取引の開示においては含めないものとする。
　　(iii)正味財産増減計算書項目に係る「指定正味財産増減の部」の場合、「指定正味財産増減の部」の各項目に係る関連当事者との取引については、各項

目に属する科目ごとに100万円を超える増加額について、その取引総額を開示する。

ただし、「経常外収益又は経常外費用」の各項目及び「指定正味財産増減の部」に係る関連当事者との取引については、(ⅱ)と(ⅲ)により開示対象となる場合であっても、各項目に属する科目の取引に係る損益の合計額が、「当期一般正味財産増減額の100分の10」以下となる場合には、開示を要しないものとする。

(ⅳ)貸借対照表項目等に係る関連当事者との取引

貸借対照表項目に属する科目の残高及びその注記事項に係る関連当事者との取引、被保証債務並びに関連当事者による当該法人の債務に対する担保提供資産に係る取引については、その金額が「資産の合計額の100分の1」を超える取引について開示する。

ただし、資金貸借取引、有形固定資産や有価証券の購入・売却取引等については、それぞれの残高が100分の1以下であっても、取引の発生総額が「資産の合計額の100分の1」を超える場合には開示を要するものとする。

②役員又は評議員及びそれらの近親者との取引

役員又は評議員及びそれらの近親者との取引については、「正味財産増減計算書項目及び貸借対照表項目」のいずれに係る取引についても、100万円を超える取引についてはすべて開示対象とするものとする。

公益法人の豆知識20：公益法人の決算

(1) 理事会設置法人の決算手続き

　公益法人の決算は、「財務諸表等の作成→監事監査→理事会の決議→社員総会又は評議員会での承認→法人税・消費税等の申告・納付」の手順で行われるのが一般的です。決算の手順は、法人法や法人税法に規定があります。

　例えば、理事会の決議後の財務諸表等を2週間事務所に備え置きして、社員総会又は評議員会の承認をとる定めとなっていますので、理事会と社員総会又は評議員会は同日に行うことはできず、2週間の間隔があることになります。また、監事は理事会への出席義務があり、理事及び監事は、社員総会又は評議員会への説明責任があります。

　適切な決算手続きを行うために、法人法等の法律をよく理解する必要があります。

(2) 法人の事業年度と決算手続きの関係

　公益法人の事業年度は、4月1日から3月31日までの1年としている法人が多いため、監事監査や理事会、社員総会又は評議員会の開催が4月から6月に集中する傾向にあります。

　著名な人を役員等としていると、別の法人の役員等も兼任している可能性もあり、そのような場合には4月から6月が繁忙期となります。

　公益法人の事業年度は、1年を超えなければ開始・終了時期は法人の任意で定款に定めることができます。

　スムーズな決算手続きを執り行うためには、事業年度を4月1日から3月31日ではなく、公益法人の事業活動や役員等の繁忙期を避けて、事業年度を設定することも対策として考えられます。

Ⅴ　公益法人等の税務について
1．源泉所得税　〜給与や謝金に関する税金〜

Q91. 給与や賞与を支給する場合の源泉所得税の計算方法を教えてください。

A91. 給与と賞与の源泉所得税の計算方法は、月額か日額か、主たる給与か従たる給与かで異なります。

1．給与又は賞与に関する源泉所得税の徴収の流れ

　職員や役員に支給する給与・役員報酬は、所得税法上、給与所得といいます。給与所得の場合は、給与を支給する事業者が給与から源泉所得税を差し引き徴収して、源泉所得税を納付します。

　源泉所得税の計算方法には手順があります。

図Ⅴ－1－1　給与の源泉所得税の区分

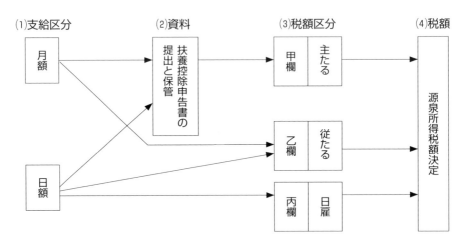

Ⅴ 公益法人等の税務について

(1) 支給区分

　給与の支給が「月額」か「日額」かを確認します。月ごとに支払うものを月額といい、これには半月ごとや旬（10日）ごとに支払うもの、月の整数倍の期間ごとに支払うものも含まれます。また、毎日支払うものを日額といい、これには、週ごとに支払うもの、日割りで支払うもの、日雇の場合も含まれます。この日雇の場合は、(3)で丙欄の税額表を使用して源泉所得税額の計算をします。

(2) 資料

　次に、月額と日雇以外の日額の給与を、主たる給与かどうかの確認をします。その年の「扶養控除申告書」を提出した事業所から受給する給与が「主たる給与」となり、それ以外の給与は「従たる給与」となります。

　給与の受給者は、主たる給与を支給する事業者に給与の受給前にその年の扶養控除申告書を提出し、その提出を受けた事業者は扶養控除申告書を保存する必要があります。

(3) 税額区分

　源泉所得税の税額計算には、「甲欄」「乙欄」「丙欄」の3種類があり、主たる給与は甲欄を、従たる給与は乙欄を、(1)の日額の日雇は丙欄を使用して源泉所得税額の計算をします。

(4) 税額

　甲欄の場合には、受給者から提出された扶養控除申告書に扶養親族の記載がありますので、その扶養の状況で源泉徴収税額が決まります。乙欄や丙欄の給与には、扶養控除申告書の提出はありません。ここまでの手順をふめば、後は国税庁から発表されている「税額表」にあてはめて給与と賞与の源泉所得税が決定されます。給与と賞与の税額表は別々に作成されていますので、注意しましょう。

　これらは居住者に対する規定です。非居住者に対して支給される給与は、原則一率20％の源泉所得税が課税されます。

2．源泉所得税の納付

(1) 原則

　給与・賞与から差し引いた源泉所得税は翌月の10日までに納付をするのが原則です。10日が土日であればその次の平日が納付期限です。ついうっかり納付

を忘れると、納付額によっては不納付加算税や延滞税という罰金がついてきますので注意しなければなりません。

(2) **納期の特例**

給与の支給人数が常時9人以下の場合には、税務署へ申請することにより納期の特例を適用することができます。納期の特例とは、「1月から6月までの給与の源泉所得税は7月10日まで」に、「7月から12月までの給与の源泉所得税は翌1月20日まで」に納付をすることができる制度です。

3．給与は種類や税金計算方法により税額を確定する方法が異なる

毎月の給与から差し引かれる源泉所得税は、その年の1月から12月までの源泉所得税額合計が適正かどうかの計算をして税額を確定させなければなりません。

甲欄の場合には、12月の給与の支給金額が決まった後に年末調整により源泉所得税額を確定させます。乙欄や丙欄の場合には、甲欄の給与も合わせて翌年3月の確定申告で税額を確定させます。

甲欄の給与のみの場合には、年末調整で税額が確定されますが、その年の医療費が高額だった場合や、寄附をした場合、住宅購入資金の借入れ等をした初年度などは、年末調整の税額計算に入れることができませんので、翌年3月に確定申告を行います。

図Ｖ－1－2　給与の源泉所得税の確定

4．年末調整の手続き

(1) 年末調整の対象者

　年末調整は、甲欄の給与の源泉所得税を確定させる手続きであり、給与を支給する事業者側で行いますので、給与の受給者にとってみれば特段のことがなければ確定申告をする必要もなく、便利な手続きといえます。

　年末調整は、給与受給額に関係なくすべての甲欄の給与においてしなければならない手続きです（ただし、年間給与額が2,000万円超等の場合は年末調整対象外）。

(2) 年末調整に必要な手続き・資料

　その年の1月から12月までの給与に対する源泉所得税を計算するために、給与の受給者は、その年の最後の給与・賞与の受給前に「保険料控除申告書」とその年の最初の給与支給前に提出した「扶養控除申告書」の内容に変更があれば訂正した扶養控除申告書も給与を支給する事業者に提出します。

　事業者は年末調整後に作成した源泉徴収簿とともにこれらの書類を保存しなければなりません。これらの書類は国税庁のホームページからダウンロードできます。また、給与の受給者には1年間の給与額と社会保険料、源泉所得税などを記載した源泉徴収票を渡します。

　源泉徴収票は、原則給与を支給した年の翌年1月末までに、給与の受給者へ渡します。途中退職者には、退職後1カ月以内に渡します。

　バイトやパートで給与金額が少ない場合でも、保険料控除申告書、扶養控除申告書、源泉徴収簿の資料は作成・保存しなければなりません。作成・保存をしなければ、甲欄ではなく乙欄や丙欄の給与として源泉所得税が課税されることもありますので注意しましょう。

5．金銭以外の給与

　給与には、金銭以外に食事の給付や社宅の貸付、商品の値引き販売などもあります。これらは必ず全額が給与となるわけではなく、それぞれの項目別に所得税法に定められた要件に該当すれば給与となります。職員や役員へ金銭以外のものを提供する際にも注意が必要です。

6．復興特別所得税

　平成 25 年 1 月 1 日から平成 49 年 12 月 31 日までの間に生じる所得に対して復興特別所得税が課税され、給与もその範囲に含まれています。

　復興特別所得税は、本来納付すべき所得税額に 2.1％を乗じて求めます。

　給与から差し引かれる復興特別源泉所得税は、平成 25 年からは本来徴収すべき源泉所得税額×2.1％で計算されますので、実際の計算は、本来の源泉所得税×102.1％で源泉所得税総額を計算します。

7．給与にかかる住民税の徴収の流れ

　給与に課税される住民税は、給与受給者の前年所得を基礎に、その受給者の住所がある市町村がその年の住民税を計算します。その住民税額は、給与支給者（事業者）が、受給者の毎月の給与から月割りで差し引き、受給者の住所がある市町村へ納付します。このような住民税の納付方法を、「特別徴収」といいます。特別徴収義務者は、従業員が前年中に給与を受給し、かつ、その年の 4 月 1 日において給与の受給がある場合の、その給与支払者（事業者）です。

　受給者本人が自ら市町村に納付する「普通徴収」という方法もあります。この方法は、給与額が少額で特別徴収ができない場合や、年の途中で退職した場合など、特別徴収にしない理由がある場合に申し出れば、普通徴収にすることができますが、単に、受給者の希望により普通徴収を選択することは地方税法の規定により認められていません。

Ⅴ　公益法人等の税務について

図Ⅴ－1－3　給与の住民税徴収の流れ

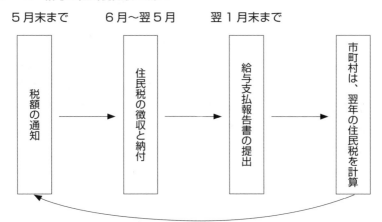

(1) **給与を支給する事業者へ税額の通知**

　給与を支給する事業者には、その年の5月末までに、給与の受給者の住所がある各市町村からその受給者のその年の住民税額と、その年の6月から翌年5月までの給与から差し引く月割額が記された「特別徴収税額の通知書」が届きます。事業者はこの通知を受け、給与から差し引く住民税額の通知書を受給者へ交付します。

　この通知書の住民税額は、給与の受給者のその年に納付すべき住民税額の総額なので、他2カ所以上から給与を受給している場合には、一般的には受給者が選択したいずれか1カ所の事業者に通知書が届きます。普通徴収の場合には、事業者にこの通知書が届くことはありません。

(2) **住民税の徴収と納付**

　①原則

　　事業者が受給者の給与から差し引いた住民税は、原則、事業者が給与を支給した翌月10日までに、受給者の市町村へ納付します。

　　受給者がその年の中途で退職する場合には、事業者は受給者の市町村へ、「給与所得者異動届出書」を退職日の翌月10日までに提出し、退職後の特別徴収の手続きを止め、受給者本人が納付する普通徴収へ切り替えます。受給者が希望すれば退職後の住民税を一括徴収することもできます。ただし、1月から4月末日までに退職した場合には、原則、退職後から5月末までの住民

税額を一括で徴収しなければなりません。

②納期の特例

　従業員が常時 9 人以下の場合には、各市町村に申請すれば年 12 回の納期を年 2 回とする「納期の特例」の適用があります。その場合は、「その年の 6 月から 11 月までの給与分の住民税は、その年の 12 月 10 日まで」「その年の 12 月から翌年 5 月までの給与分の住民税は、翌年の 6 月 10 日まで」に納付します。源泉所得税の場合の「納期の特例」とは納付期日が異なりますので注意が必要です。

(3) **給与支払報告書の提出**

　事業者は、その年の給与総額などが記載された給与支払報告書と総括表を、翌年 1 月 31 日までに各市町村へ提出します。その年の中途で退職した者で、その年の給与が 30 万円以下の場合には、給与支払報告書を提出する必要はありません。それ以外の場合には、パートやアルバイトなど給与の受給額が少額の場合などでも提出しなければなりません。給与支払報告書は、国税の源泉徴収票とほぼ同じ様式、内容となっており、翌年の住民税を特別徴収にするか普通徴収にするかを記載します。各市町村は事業者から提出された給与支払報告書をもとに、翌年の受給者の住民税額を計算します。

公益法人の豆知識21：マイナンバー制度

1．マイナンバー制度とは

　平成27年10月より、個人には12桁、法人には13桁のマイナンバーが通知カードにより通知され、平成28年1月より、マイナンバーの利用が始まりました。

　個人のマイナンバーは、通知カードが届いた後、お住まいの市区町村に申請することで、身分証明書としての効力のある個人番号カード(写真付)を取得することができます。

　個人のマイナンバーの通知等及び番号カードの所管は総務省で、総務省は、各市町村へ個人のマイナンバーの通知等の業務を委託しています。個人のマイナンバーは、特定個人情報保護法においてその取扱い等について厳密に定められています。

　それに対して、法人のマイナンバーの通知等及び番号カードの所管は国税庁で、法人のマイナンバーは国税庁のHPにおいて公表され、利用はオープンです。

　公益法人を含む民間事業者においては、主に社会保障、税の分野に関する行政手続きの際に従業員や役員の個人のマイナンバーを取り扱います。

　個人のマイナンバーを取扱う場合の注意点は、次の通りです。

2．マイナンバーの取得

　(1)マイナンバーの取得は法律で定められた税と社会保険等の行政手続に使用する場合のみ可能で、それ以外の目的（顧客管理など）で取得することはできません。

　(2)マイナンバーの取得の際にはあらかじめ利用目的を特定して通知又は公表することが必要です。

　(3)本人確認はなりすまし防止のためにマイナンバーの確認と身元の確認を、個人番号カードで確認する等の方法により、厳格に行います。

3．マイナンバーの利用

　(1)マイナンバーは、法で定められた行政手続きにのみ利用が可能で、社員番号や顧客管理番号としての利用は、仮に社員や顧客の同意があってもできません。

　(2)個人番号カードの裏面にはマイナンバーが記載されますが、法律で認められた場合以外で、書き写したり、コピーを取ったりすることはできません。

4．マイナンバーの保管と廃棄

　(1)マイナンバーを含む個人情報は必要がある場合だけ保管が認められます。

　(2)必要がなくなったらマイナンバーを廃棄又は削除するというルールを徹底し、シュレッダーなど、復元できないように廃棄をすることが必要です。

5．マイナンバーに関する安全管理措置

　(1)マイナンバーを扱う事務の範囲を明確にして、事務取扱担当者を特定することが必要です。

　(2)マイナンバーを含む個人情報の取扱は、従来の個人情報よりも厳格に行う必要があります。法人の規模等に合わせて、マイナンバーの取扱方法を選定します。

　また、マイナンバー制度は流動性があり、各行政からその取扱いの変更が発表されていますので、定期的な従業員教育(研修等)が必要です。

Q92. 預金や有価証券を所有している場合の利息や配当金に関する源泉所得税の計算方法を教えてください。

A92. 預金や有価証券を所有している場合の利息や配当金には通常、源泉所得税が課税されるのが原則ですが、公益法人の場合には非課税となっています。

1．普通預金を所有している場合の源泉所得税の計算
⑴　**平成 24 年 12 月 31 日までの源泉所得税**

　普通預金を所有している場合には、年に 2 度ほど金融機関から預金残高に応じた利息が入金されます。この利息には、源泉所得税 15％と地方税の住民税 5％合わせて 20％が差し引かれて入金されます。これらの税額の計算方法を例にあげますと次のようになります。

例：入金された利息　800 円、差し引かれた税金　200 円（150 円＋50 円）

①源泉所得税：800 円÷0.8×15％＝150 円

②住民税：150 円÷3＝50 円

⑵　**平成 25 年 1 月 1 日から平成 49 年 12 月 31 日までの源泉所得税（復興特別税制）**

　平成 25 年から復興特別所得税が始まりましたので、源泉所得税は 2.1％が本来の税額に加算され、源泉所得税の税率は 15％×102.1％＝15.315％となりました。住民税はそのまま 5％なので、平成 25 年からは合わせて 20.315％が差し引かれることになります。

例：入金された利息　800 円、差し引かれた税金　203 円（153 円＋50 円）

①源泉所得税：800 円÷0.79685$^{(※)}$×15.315％＝153 円（円未満切捨）

②住民税：800 円÷0.79685$^{(※)}$×5％＝50 円（円未満切捨）

　　※ 0.79685＝100％－20.315％

平成28年1月1日以後、法人が受け取る利子等には、住民税5％は課税されませんので、上記の0.79685は100％ − 15.315％ = 0.84685になります。

２．有価証券を保有している場合の源泉所得税の計算

(1) 上場株式の配当金

有価証券を保有していれば配当金を受け取ることがあります。

有価証券の配当金に関する源泉所得税は、上場株式かそれ以外かで税率が異なります。こちらも復興特別源泉所得税2.1％が本来の税額に加算されます。

上場株式の配当金の場合は次のようになっており、いずれも法人が株主の場合には住民税は課税されません。

　①平成25年12月31日までの源泉所得税率は、7％ × 102.1％ = 7.147％

　②平成26年1月1日以降の源泉所得税は、15％ × 102.1％ = 15.315％

(2) 上場株式以外の配当金

上場株式以外の配当金の場合には、源泉所得税は20％ × 102.1％ = 20.42％、住民税は株主が個人・法人に関係なく課税されません。

(3) 復興特別税制の適用時期

復興特別源泉所得税は、配当金の効力発生日が平成25年1月1日以後の配当金から適用されます。配当金の効力発生日とは、株主総会の決議によって定められた配当金の効力発生日です。上場株式の場合には証券会社の取引口座等に入金される日、又は配当金領収証に記載されている支払開始日となります。

例：平成25年上場株式の配当金　800円、差し引かれた税金　61円

　①源泉所得税：800円 ÷ 0.92853$^{(※)}$ × 7.147％ = 61円（円未満切捨）

　　※ 0.92853 = 100％ − 7.147％

３．公益法人は非課税

移行前の特例民法法人と公益法人制度改革後の公益法人は、上記にあげられる利息や配当金などにかかる源泉所得税、住民税は税制優遇により非課税となっていますが、一般法人（移行法人を含む）は上記の計算のように課税されます。

公益法人制度改革後の公益法人になった場合には、預金や証券を管理している金融機関や証券会社などに公益法人により利息等が非課税になる旨の届けをする必要があります。

Q93. 退職金を支給する場合の源泉所得税の計算方法を教えてください。

A93. 退職金を支給する場合には、源泉所得税と住民税が課税されます。決められた書類の作成や保存もあります。

1．源泉所得税

　退職金を支給する場合に課税される源泉所得税は、書類の作成・保存をする場合とそうでない場合とで計算方法が異なります。

図Ⅴ－1－4　退職金の源泉所得税・住民税の計算と手続きの流れ

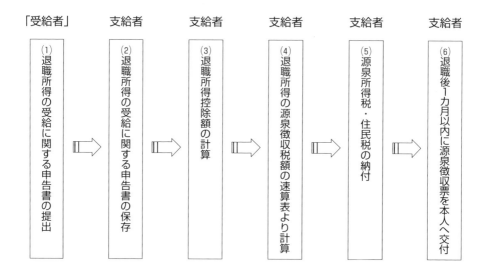

V 公益法人等の税務について

(1) 「退職所得の受給に関する申告書」を退職金の受給者から提出してもらいます。この申告書には、退職金の受給者の勤続年数などが記載されており、その情報をもとに退職金の支給者は源泉所得税の計算をします。申告書の様式は国税庁HPでダウンロードができます。

(2) 「退職所得の受給に関する申告書」の提出を受けた退職金の支給者は、その申告書を保存します。申告書の提出を受けなかった場合又は申告書の保存をしなかった場合には、支給する退職金から20.42％（復興特別源泉所得税を含む）の源泉所得税を金額の大小に関係なく差し引かなければなりません。

(3) 申告書に記載された勤続年数をもとに、退職所得控除額を次のように計算します。勤続年数は端数があれば切り上げです。例：29年6カ月→30年
　①勤続年数が20年以下の場合：40万円×勤続年数
　②勤続年数が20年超の場合：800万円＋70万円×（勤続年数－20年）

(4) 退職所得控除額を計算した後は、退職所得を次のように計算し、国税庁発表の速算表にあてはめて税額を計算します。平成25年から退職金にも本来の源泉所得税に2.1％の復興特別源泉所得税が課税されました。
　①一般の退職手当等：（退職手当等－退職所得控除額）×1/2
　②特定役員退職手当等：退職手当等－退職所得控除額
　※特定役員とは、役員等勤続年数が5年以下である人のことをいいます。

(5) 退職金に関する源泉所得税、住民税の納付は、原則支給月の翌月10日までに納付します。また、納期の特例の適用もあります。

(6) 退職金の受給者には、退職後1カ月以内に退職所得の源泉徴収票を渡します。また、退職金の受給者がその法人等の役員であった場合には、所轄税務署への提出が必要です。

2．住民税

住民税の場合も源泉所得税の手続きと同様の手続きを行いますが、税金の計算方法は異なります。

退職金を支給する場合に課税される住民税は、「退職所得申告書」の作成・保存をする場合とそうでない場合とで次のように方法が異なります。

(1) 「退職所得申告書」の提出がある場合

①「退職所得申告書」は、源泉所得税の場合の「退職所得の受給に関する申告書」と同一用紙です。

②退職金の受給者が支給者に「退職所得申告書」を提出した場合には次の算式により求めた退職所得に税率10％（都道府県民税4％＋市町村民税6％）を乗じて住民税を算出します。

　（ⅰ）一般の退職手当等：（退職手当等－退職所得控除額）×1/2

　（ⅱ）特定役員退職手当等：退職手当等－退職所得控除額

(2)　「退職所得申告書」の提出がない場合

　「退職所得申告書」がない場合には、退職金の収入金額に税率10％を乗じて住民税を算出します。

　結果、源泉所得税20.42％、住民税10％の計30.42％を差し引いて退職金を支給することになります。

3．死亡退職金

　死亡したことにより退職した人に支給する退職金は、通常その遺族の相続税の対象となるものであり、源泉所得税や住民税は課税されません。

Ⅴ 公益法人等の税務について

公益法人の豆知識22：公益法人の経理的基礎

　公益法人の認定基準の1つに「経理的基礎」の項目があります。
「経理的基礎」の中には、(1)財政基盤の明確化、(2)経理処理、財産管理の適正性、(3)情報開示の適正性の3項目があります。

(1) **財政基盤の明確化**

　財政基盤の明確化は、「貸借対照表、収支（損益）予算書等より、財務状態を確認し、法人の事業規模を踏まえ、必要に応じて今後の財務の見通しについて追加的に説明を求める」と「寄附金収入については、寄附金の大口拠出上位5者の見込み、会費収入については積算の根拠、借入れの予定があればその計画について、情報を求め、法人の規模に見合った事業実施のための収入が適切に見積もられているか確認する」とされています。

(2) **経理処理、財産管理の適正性**

　経理処理、財産管理の適正性は、「財産の管理、運用について法人の役員が適切に関与すること、開示情報や行政庁への提出資料の基礎として十分な会計帳簿を備え付けること、不適正な経理を行わないこと」です。

(3) **情報開示の適正性**

　情報開示の適正性は、「外部監査を受けているか、そうでない場合には費用及び損失の額又は収益の額が1億円以上の法人については監事（2人以上の場合は少なくとも1名、以下同じ）を公認会計士又は税理士が務めること」「当該額が1億円未満の法人については営利又は非営利法人の経理事務を例えば5年以上従事した者等が監事を務めること」「このような体制にない法人においては、公認会計士、税理士又はその他の経理事務の精通者が法人の情報開示にどのように関与するのかの説明をもとに、個別に判断する」とあります。

　上記(3)は義務ではありませんが、(1)や(2)の要件を満たすためには、公益法人会計と税務、公益法人法の内容に精通している者の関与は必要と考えます。

Q94. 役員への旅費日当、非常勤の理事、監事への報酬は役員報酬として源泉所得税が課税されますか？

A94. 役員等への旅費日当は、理事会などの決定機関で決議された旅費規程にそったもので、出張等の場合にかかる実費相当額であれば源泉所得税は課税されません。非常勤の理事、監事への報酬は原則役員報酬として源泉所得税が課税されます。

1．旅費日当

⑴ 旅費日当とは

役員等へ支払う旅費日当の定義は、「勤務する場所を離れてその職務を遂行するための旅行に際して通常必要と認められるもの」となっています。

通常の勤務地を離れて出張等を行えば、通常業務では発生しない旅費や飲食代等が業務遂行上発生します。

旅費は出張を命じた法人側の負担であるのはもちろんですが、飲食代等も必要経費として法人側が負担する場合があります。この旅費以外の必要経費の支払を日当として取り扱います。

⑵ 旅費日当と源泉所得税

旅費日当が源泉所得税の課税対象になるかどうかは、旅費規程の存在と支払の状況が業務遂行上必要と認められるもので、通常必要と認められる金額（実費相当額）であるかどうかで判断されます。

各法人の実態で支払の状況や金額は異なりますが、「近隣地域での旅費日当が1日に10万円」というのは、業務遂行上認められる実費相当額とはいえないと考えます。旅費日当は、実費相当額であれば、役員のほかにも職員へも支払が可能です。役職や旅行先などで支払金額が異なることも可能です。

まずは、旅費規程の整備をしましょう。

2．非常勤の役員に対する報酬

非常勤の理事、監事へ支給する報酬は役員報酬となり、給与所得として源泉所得税の課税対象となります。講師料などの謝金に課税される源泉所得税とは税率が異なりますので注意しましょう。

3．旅費の実費精算と規定精算

(1) 旅費の種類

役員等（職員を含む）へ車代や旅費を支払うケースもあります。業務上必要な旅費の支払には、実費精算と規定精算があります。実費精算とは、実際にかかった旅費を支払うことで、規定精算は、距離や交通手段別に支払う金額を旅費規程上で定め、その定められた金額を支払うことをいいます。

(2) 旅費と源泉所得税

実費精算や規定精算の場合は、原則、報酬ではなく旅費扱いとなり、源泉所得税の課税はありませんが、規定精算により支払った金額が実際にかかった旅費に対して過大な場合は、報酬として源泉所得税が課税される可能性もあります。

また、法人税の税務申告をしている法人は、役員報酬には毎月同額の役員報酬でなければならない「定期同額給与」や、臨時的な役員報酬は決められた期間までに税務署へ届出が必要である「事前確定届出給与」などの要件があります。また、非常勤の役員であれば一定の要件のもとに認められている特例があるなど、役員報酬に対する法人税法の取扱いは複雑です。

税理士等専門家に相談しながら役員報酬の金額や支払時期を決めておくのがよいでしょう。

Q95. 講師に対する謝金や実費旅費の支払には必ず源泉所得税が課税されますか？

A95. 講師に対する謝金や実費旅費の支払は原則源泉所得税の課税対象となります。旅費については、役員等へ支払う旅費の場合と取扱いが異なりますので注意しましょう。

1．講師謝金

　講師（居住者）に対する謝金は、原則源泉所得税の課税の対象となります。このような謝金のことを、「源泉徴収の対象となる報酬・料金等」といい、所得税法上、次の事項が限定列挙されており、これ以外のものは課税されません。

　講師への謝金は、(4)に該当します。この場合の源泉所得税の計算方法は、謝金支払金額×10.21％（復興特別源泉所得税を含む）です。また、同一人に対して1回に支払う金額が100万円を超える部分については20.42％となっています。

(1) 弁護士、税理士などの業務に関する報酬・料金

　弁護士（外国法事務弁護士を含む）、公認会計士、税理士、計理士、会計士補、社会保険労務士、弁理士、企業診断員、測量士、測量士補、建築士、建築代理士、不動産鑑定士、不動産鑑定士補、技術士、技術士補、火災損害鑑定人、自動車等損害鑑定人の業務に関する報酬・料金

(2) 司法書士、土地家屋調査士、海事代理士の業務に関する報酬・料金

(3) 外交員、集金人、電力量計の検針人の業務に関する報酬・料金

(4) 原稿料、講演料など

　原稿料、挿絵料、作曲料、レコードやテープの吹込料、デザイン料、放送謝金、著作権の使用料、著作隣接権の使用料、講演料、技芸・スポーツ・知識等の教授・指導料、投資助言業務に係る報酬・料金、脚本料、脚色料、翻訳料、通訳

料、校正料、書籍の装丁料、速記料、版下の報酬など
(5) 次に掲げる職業運動家等の業務に関する報酬・料金
　プロ野球の選手、プロサッカーの選手、プロテニスの選手、プロレスラー、プロゴルファー、プロボウラー、自動車のレーサー、競馬の騎手、モデル等
(6) 芸能人などに支払う出演料等
　(注) 一般の人に支払うラジオやテレビ放送の出演料も含まれます。
(7) 芸能人の役務の提供を内容とする事業の報酬・料金
(8) プロボクサーの業務に関する報酬・料金
(9) バー・キャバレー等のホステス、バンケットホステス、コンパニオン等の業務に関する報酬・料金
(10) 役務の提供を受けることを約することにより一時に支払う契約金
　(注) 例えば、技術者を採用する際に支払う支度金など
(11) 事業の広告宣伝
(12) 社会保険診療報酬支払基金が支払う診療報酬
(13) 馬主に支払う競馬の賞金

2．講師に支払う実費旅費の支払

　講師に対して、講演会場までの旅費や宿泊代を支払うことがあります。この支払金額も講師謝金に含めて源泉所得税の課税対象となります。講師が領収書を持ってきて精算する方法でも源泉所得税の課税対象となります。
　役員や職員に支払う旅費とは考え方が異なりますので注意しましょう。
　ただし、旅費や宿泊代を講師に支払わずに、直接旅行会社やホテルへ支払う場合には課税対象とはなりません。

3．源泉所得税の納付

　講師謝金に関する源泉所得税は、支給月の翌月10日までに納付します。給与等のように納期の特例はありません。

Q96. 講師への謝金を手取りで10万円とする場合の源泉所得税の計算を教えてください。

A96. 本来ならば講師謝金に対する源泉所得税の税率は10％ですが、平成25年からは復興特別所得税がありますので、計算方法が変わります。

1．講師謝金の源泉所得税の税率

(1)平成24年12月31日までの源泉所得税

講師謝金の源泉所得税の税率は本来10％です。手取り10万円の謝金にするためには次のように計算していました。

例：手取り10万円

　①謝金総額：100,000円÷0.9（100％－10％）＝111,111円（円未満切捨）

　②源泉所得税：111,111円×10％＝11,111円

　③支払額：111,111円－11,111円＝100,000円

(2)平成25年1月1日から平成49年12月31日までの源泉所得税（復興特別税制）

平成25年からは、復興特別所得税により税率が10.21％となりますので、手取り10万円とする計算も変わってきます。

例：手取り10万円

　①謝金総額：100,000円÷0.8979（100％－10.21％）＝111,370円（円未満切捨）

　②源泉所得税：111,370円×10.21％＝11,370円（円未満切捨）

　③支払額：111,370円－11,370円＝100,000円

２．消費税の取扱いにより計算方法が異なる

　講師謝金は消費税の課税対象となりますので、謝金支払額には消費税（現行8％）が含まれていることになります。

　源泉所得税は、消費税額を含めて計算する方法と消費税額は除いて計算する方法があります。

　原則として、消費税が含まれた報酬・料金として支払った金額の全部が源泉所得税の課税の対象となりますが、弁護士や税理士や講師などからの請求書等に報酬・料金等の金額と消費税の額とが明確に区分されている場合には、消費税の額を除いた報酬・料金等の金額のみを源泉徴収の対象としても差し支えありません。

　上記１では、消費税を含めて源泉所得税を計算しましたが、消費税を含めずに計算する場合は、次のように計算をします。

例：手取り 10 万円
　(1)謝金総額：100,000 円 ÷ 0.9779（108％ － 10.21％）＝ 102,260 円（円未満切上）
　(2)源泉所得税：102,260 円 × 10.21％ ＝ 10,440 円（円未満切捨）
　(3)消費税：102,260 円 × 8％ ＝ 8,180 円（円未満切捨）
　(4)支払額：（102,260 円 ＋ 8,180 円）－ 10,440 円 ＝ 100,000 円

2．法人税　〜収益事業の判定は難しい〜

Q97. 公益法人と一般法人の法人税の課税体系を教えてください。

A97. 法人税法では、公益法人と一般法人のうち、非営利型の法人を公益法人等として課税体系を区分しています。

1．公益法人の法人税法上の区分

　公益法人には、公益法人法と法人税法上のそれぞれの区分があります。

　法人税法上は、公益法人と一般法人のうち非営利型の法人（以下、「非営利型法人」という）が、「公益法人等」として一定の税制優遇の適用があります。

　公益法人等の中でも税制優遇の度合いが異なっていて、公益法人は非営利型法人に比較して大きな税制優遇を受けることができます（図Ⅴ－2－1参照）。

(1) 収益事業課税

　収益事業課税とは、法人税法上で定められた34の収益事業を実施している場合のみ法人税の申告・納付が必要であるという税制優遇です。

　公益法人の場合は、行政庁から認定を受けた公益目的事業は収益事業ではありませんので、公益目的事業を除く収益事業課税となっています。

　非営利型法人の場合は、特例民法法人と同様に収益事業課税が適用され、普通法人は、株式会社等と同様に全所得課税となっています。

(2) みなし寄附金制度

　みなし寄附金制度とは、収益事業が収益事業以外の事業のために支出した費用を寄附金として収益事業の費用とすることができる税制優遇です。特例民法法人と公益法人は適用できますが、一般法人は、非営利型法人も普通法人も適用されません。

V 公益法人等の税務について

(3) 特定公益増進法人への寄附

特定公益増進法人に寄附した場合には、寄附をした個人又は法人に税制優遇が適用される規定があります。特例民法法人は一定要件を満たした法人が特定公益増進法人であり、公益法人は無条件で特定公益増進法人となります。一般法人は、非営利型法人も普通法人も特定公益増進法人にはなれません。

(4) 利子・配当に係る源泉所得税の非課税

利子・配当に係る源泉所得税は、預金や株式等に係る利息や配当に対して課税される源泉所得税が非課税になるという税制優遇です。特例民法法人と公益法人は非課税の適用がありますが、一般法人は、非営利型法人も普通法人も適用されません。これらの源泉所得税は、法人の場合は法人税の前払いと考えます。

公益法人法	法人税法						
	法人形態	収益事業課税	税率※	みなし寄附金制度	特定公益増進法人	利子・配当に係る源泉所得税
公益社団法人・公益財団法人	公益法人	公益目的事業を除く収益事業課税	23.9%	有	該当	非課税
一般社団法人・一般財団法人	非営利型法人 徹底型 共益型	収益事業課税	23.9%	無	適用なし	課税
	普通法人	全所得課税	23.9%	無	適用なし	課税
移行前の特例民法法人	公益法人	収益事業課税	19%	有	主務官庁の認定を受けた法人	非課税

図V-2-1　法人税法上の区分と課税体系

※ 800万円以下の所得は15%の税率です。

2. 非営利型法人の選択

非営利型法人には、徹底型と共益型があり、設立時に作成する定款の内容によりいずれかの法人となります。定款に記載する内容の他にもそれぞれの法人の要件がありますので、どちらの法人形態が実態にあっているかを検討して選択します。

徹底型は、定款に剰余金の分配の禁止や解散時の残余財産を国、地方公共団体、類似の公益法人等に贈与する定めがあります。

　共益型では徹底型のような規定はありませんが、会員の相互事業を主たる目的とするため、収益事業を全体事業の50％を超えて行ってはいけないという定めがあります。

図Ⅴ-2-2　非営利型法人の要件

形態	要件
徹底型	1　剰余金の分配を行わないことを定款に定めていること。
	2　解散したときは、残余財産を国・地方公共団体や一定の公益的な団体に贈与することを定款に定めていること。
	3　上記1及び2の定款の定めに違反する行為（上記1、2及び下記4の要件に該当していた期間において、特定の個人又は団体に特別の利益を与えることを含む）を行うことを決定し、又は行ったことがないこと。
	4　各理事について、理事とその理事の親族等である理事の合計数が、理事の総数の3分の1以下であること。
共益型	1　会員に共通する利益を図る活動を行うことを目的としていること。
	2　定款等に会費の定めがあること。
	3　主たる事業として収益事業を行っていないこと。
	4　定款に特定の個人又は団体に剰余金の分配を行うことを定めていないこと。
	5　解散したときにその残余財産を特定の個人又は団体に帰属させることを定款に定めていないこと。
	6　上記1から5まで及び下記7の要件に該当していた期間において、特定の個人又は団体に特別の利益を与えることを決定し、又は与えたことがないこと。
	7　各理事について、理事とその理事の親族等である理事の合計数が、理事の総数の3分の1以下であること。

公益法人の豆知識23：税法の罰金の種類

　税金の罰金のことを「附帯税」といいます。附帯税の種類と税率には、次のようなものがあります。

(1) 延滞税：税金を納付期限までに納付しなかった場合の遅延利息
　①未納税額×年14.6％（平成27～28年は9.1％）×法定期限の翌日から完納までの日数/365
　※納期限までの期間及び納期限の翌日から2月までなら7.3％（平成27～28年は2.8％）

(2) 過少申告加算税：税金を適正な納付金額より過少に申告・納付をした場合に発生
　①納付税額×10％（納付税額が50万円まで）
　②納付税額×15％（納付税額が50万円を超える部分）

(3) 無申告加算税：申告期限までに申告しなかった場合に発生
　①納付税額×10％（税務調査の前に自主的に申告した場合や正当な理由があると認められる場合）で納付税額が50万円まで。50万円を超えると15％）
　②納付税額×15％（納付税額が50万円まで）
　③納付税額×20％（納付税額が50万円を超える部分）
　※②、③には一定期間内に繰り返し課税される場合には10％加算あり

(4) 不納付加算税：源泉所得税を納期限までに納付しなかった場合に発生
　①納付税額×5％（税務調査の前に自主的に申告した場合や正当な理由があると認められる場合）
　②納付税額×10％

(5) 重加算税：仮装隠蔽している事実がある場合に発生
　①納付税額×35％（過少申告加算税又は不納付加算税に代えて加算された場合）
　②納付税額×40％（無申告加算税に代えて加算される場合）
　※①、②には一定期間内に繰り返し課税される場合には、10％加算あり

　上記のほか、罰金ではありませんが、申告・納付期限を延長した場合等の利息にあたる「利子税」もあります。(1)は1,000円未満、(2)～(5)は5,000円未満であれば、発生しても徴収されません。税金の罰金は、損金にはなりません。適正な税務申告・納付を行いましょう。

Q98. 収益事業とは何ですか？

A98. 法人税法上の収益事業とは、公益法人等に適用される法人税の課税対象となる事業です。法人税法では34の事業が限定列挙されており、これ以外の事業は非収益事業とされ、法人税は課税されません。

1．収益事業の定義

⑴　収益事業とは

　法人税法上の収益事業とは、「販売業、製造業その他の政令で定める事業で、継続して事業場を設けて行われるもの」と定義されています。この定義に該当すれば赤字でも黒字でも法人税の申告・納付の義務があります。

　公益法人法上にも収益事業がありますが、こちらは「公益目的事業以外の事業で収益性のあるもの」となっています。両者は、言葉は同じ収益事業でも内容は異なります。

⑵　収益事業の3つの要件

　法人税法上の収益事業の定義は次の3つに分けて説明することができます。

　①販売業、製造業その他の政令で定める事業

　　これは、法人税法施行令第5条に規定している34事業のことをいいます。

　②継続して行う事業

　　事業の継続の判断は、期間や反復性、収入等の規模、施設の存在、契約書や料金表の存在などで判断します。1年に1回のものでも相当期間にわたって行われる場合や不定期に反復して行われるものは継続性があることになります。

　③事業場を設けて行う事業

　　事業場とは、店舗、事務所などが考えられますが、これらがなくとも移動販

V 公益法人等の税務について

売や事業の実施場所そのものが事業場と判定されます。

図V-2-3　34の収益事業

No.	事業	No.	事業	No.	事業
1	物品販売業	13	写真業	25	美容業
2	不動産販売業	14	席貸業	26	興行業
3	金銭貸付業	15	旅館業	27	遊技所業
4	物品貸付業	16	料理店業その他の飲食店業	28	遊覧所業
5	不動産貸付業	17	周旋業	29	医療保健業
6	製造業	18	代理業	30	技芸教授業
7	通信業	19	仲立業	31	駐車場業
8	運送業	20	問屋業	32	信用保証業
9	倉庫業	21	鉱業	33	無体財産権の提供等を行う事業
10	請負業	22	土石採取業	34	労働者派遣業
11	印刷業	23	浴場業		
12	出版業	24	理容業		

2．収益事業課税と全所得課税

(1) 収益事業

　収益事業課税とは、法人が行っているすべての事業を収益事業と非収益事業に区分して、収益事業のみを法人税の申告・納付の対象とする方法です。

　公益法人等やNPO法人、宗教法人などの特定の法人のみが収益事業課税となりますので、法人税の申告・納付をするために収益事業と非収益事業の区分を行います。

(2) 全所得課税

　全所得課税とは、1事業年度中のすべての収益及び費用を法人税の申告・納付の対象とする方法です。ここでいう所得とは、法人税法上の益金－損金＝儲けのことをいいます。

　株式会社、有限会社、一般社団法人又は一般財団法人のうちの普通法人は全所得課税となります。

Q99. 収益事業となる場合の付随行為とは？

A99. 収益事業に付随して行われる行為を付随行為といい、収益事業の範囲に含まれることになります。

1．付随行為の範囲

(1) 税法の法律体系

税法の法律体系は、本法→施行令→施行規則となっています。これらすべてが法律ですが、「本法」には基本的な骨格にあたる規定があり、「施行令（内閣が制定）」や「施行規則（財務省が発する）」には本法を実際に適用するための具体的な規定があります。

さらに税法では、国税庁が国税局や税務署の税務職員に対して、統一した業務ができるように発する文書命令として、「通達」というものがあります。通達は法律ではありませんので法的効力はもちませんが、実務上の約束事として活用されています。

(2) 収益事業に含まれる付随行為

収益事業に含まれる付随行為の範囲は法人税基本通達「15-1-6」や「15-1-7」にあります。通達なので法的効力はありませんが、実務上、付随行為は収益事業として法人税の課税対象となります。付随行為には次のものがあります。

①出版業を行う公益法人等が行うその出版に係る業務に関係する講演会の開催又はその業務に係る出版物に掲載する広告の引受け
→出版業は収益事業です。例えば新刊の出版物のお披露目会などを催したときや、その出版物に広告を掲載したときなどの損益は出版業の付随行為として課税されます。

②技芸教授業を行う公益法人等が行うその技芸の教授に係る教科書その他これに類する教材の販売及びバザーの開催
→技芸教授業は収益事業です。技芸に関するテキストの販売等での損益は技芸教授業の付随行為として課税されます。
③旅館業又は料理店業を行う公益法人等がその旅館等において行う会議等のための席貸し
→旅館業や料理店業は収益事業です。旅館や料理店の場所を会議等のために貸した場合の損益は旅館業又は料理店業の付随行為として課税されます。
④興行業を行う公益法人等が放送会社に対しその興行に係る催し物の放送をすることを許諾する行為
→興行業は収益事業です。ピアノのコンサートなどの催し物を放送することを許諾したことによる損益は興行業の付随行為として課税されます。
⑤公益法人等が収益事業から生じた所得を預金、有価証券等に運用する行為
→収益事業から生じた剰余金を預金や有価証券等の運用にあてた場合の運用に関する損益は収益事業の付随行為として課税されます。
　ただし、これらの預金、有価証券を収益事業の運営のために通常必要と認められる金額に見合う以外のものを、収益事業以外の事業に属する資産として区分経理したときは、収益事業の付随行為としないことができます。
⑥公益法人等が収益事業に属する固定資産等を処分する行為
→収益事業に属する固定資産を譲渡、除却したことにより生じる収益・費用は収益事業の付随行為として課税されるのが原則です。
　ただし、このような固定資産で相当期間（10年以上が判断基準）保有していた土地や建物に関する損益や収益事業そのものを廃止したことにより生じたその事業に係る固定資産の譲渡又は除却に関する損益は収益事業の付随行為に含めないことができます。

Q100. その他収益事業に関連することで留意することがあれば教えてください。

A100. 収益事業課税は、収益事業と非収益事業を区分することで適用できますので、事業内容、資産・負債・収益・費用について様々な要件があります。

ここでは、代表的なものを説明します。

1．事業内容
(1) 委託契約等による事業
　公益法人等が次の状況にある場合には、その公益法人等が収益事業を行っているものとして取り扱われます。

　①公益法人等が収益事業に該当する事業に係る業務の全部又は一部を委託契約に基づいて他の者に行わせる場合

　②公益法人等が収益事業に該当する事業を行うことを目的とする組合契約その他これに類する契約に基づいて当該事業に関する費用又は損失を負担し、又はその収益の分配を受けることとしているため、実質的に自ら当該事業を行っていると認められる場合

　③公益法人等が受益者等課税信託の受益者である場合において、その信託に係る受益者における信託財産に係る事業が34の収益事業のいずれかに該当する場合

(2) 共済事業
　共済事業自体は収益事業ではありませんが、公益法人等が共済事業を行っている場合には、個々の共済事業において収益事業の判定を行います。例えば、行っている共済事業が保険会社の行う事業と同じものであれば保険業は収益事業では

ありませんので、収益事業に該当しないことになります。しかし、行っている共済事業が団体保険の加入手続きや保険徴収の代行であれば請負業となり収益事業となります。

2．資産・負債・収益・費用について
(1) 資産及び負債の区分
収益事業と非収益事業の区分はそれぞれの事業に係る収益と費用だけでなく、資産と負債も区分することになっています。

ただし、収益事業と非収益事業に共通している資産と負債については、それらの区分が明らかでない場合には、収益事業用の資産・負債とせずに、それに係る収益と費用のみを収益事業として区分します。

(2) 費用の区分
費用を収益事業と非収益事業に区分する方法は次によります。

①収益事業について直接要した費用は収益事業の費用です。

②収益事業と非収益事業に共通する費用は、資産の使用割合、従業員の従事割合、収入金額の比など合理的な基準を継続して適用して配賦します。

(3) 補助金等の収入
公益法人等が国や地方公共団体から交付される補助金等については次の取扱いがあります。

①固定資産の取得又は改良にあてるための補助金等は、その固定資産が収益事業用の固定資産であっても、収益事業の収益とはなりません。

②収益事業の収益や費用を補填するための補助金等は収益事業の収益となります。

(4) 低廉又は無償の譲渡等
法人が資産の譲渡等を行う場合の価額は時価相当額であるというルールがありますので低廉又は無償で譲渡等を行えば通常の価額で取引を行ったものとしなければなりません。ですが、公益法人等の場合には、本来の目的たる事業の範囲内で行われるものであれば通常の価額より低廉な価額であってもそのような規定がなく、無償で行ったものは収益事業となりません。

Q101. 収益事業の判定方法を教えてください。

A101. 収益事業の判定は、全34事業に共通する全部除外と各事業で判定する個別除外の規定があります。これらの除外規定に該当しない事業が収益事業となります。

1．収益事業の判定手順

収益事業の判定には一定の手順があります。収益事業の定義による判定の他に、収益事業に該当しない場合の要件が定められていますので、その要件に該当するものは収益事業から除外していきます。

収益事業から除外できる要件には次の2つがあります。

(1) 全34事業に共通して該当する「全部除外」
(2) 34事業ごとに規定されている「個別除外」

個別除外には、次のようなものが該当し、法人税法施行令や法人税法基本通達に規定されています。

①そもそもその収益事業ではないもの
②国等に対する一定の事業であるもの
③特定の法人が行う特定の事業であるもの
④社会通念上収益事業として課税することがなじまないもの
⑤低廉価額で行われる一定の事業

V 公益法人等の税務について

図V-2-4 収益事業の判定手順

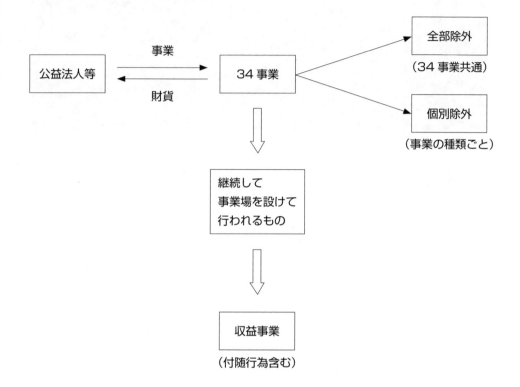

Q102. 収益事業でも課税されない、全部除外の内容を教えてください。

A102. 全部除外の内容には、今回の公益法人制度改革により新たに追加されたものを含め、次の4つがあります。

1．公益法人が行う公益目的事業

公益法人制度改革後の公益法人が行政庁から認められて実施する公益目的事業は、たとえ事業の内容が法人税法上の収益事業であっても、収益事業にはなりません。

公益法人は、行政庁の認定を受けて公益目的事業を行います。公益目的事業の要件は、認定法において定められており、その要件をクリアしなければ行政庁の認定を受けることはできません。

認定法で定められている公益目的事業の要件は財務三基準など厳しい要件が備えられていることから、法人税法でも収益事業としないことになっています。

2．身体障害者等が半数以上を占める事業

公益法人等が行う事業に従事している者のうち、65歳以上の者、寡婦、生活扶助を受ける者、身体障害者、知的障害者、精神障害者が半数以上を占めている場合で、その事業がこれらの者の生活の保護に寄与する者と認められるものは、収益事業から除外します。

これらの判定は事業ごとで行い、勤務時間の長短にかかわらず、事業年度中に事業に従事した延べ人数で判定します。

留意すべき点は、その事業はこれらの者の生活の保護に寄与する者と認められるものかどうかという点にあります。この事業を行うことでこれら以外の者の給

与等が多額であったり、これらの者が他に生活の基本となる収入がある場合には生活の保護に寄与することにはなりません。

3．母子福祉団体が行う一定の事業

母子福祉団体(※)が行う貸付事業や公共施設内の事業は収益事業から除外されます。

※「母子福祉団体」とは、母子家庭の母や寡婦の方々の生活向上を図ることを目的とした福祉団体で、社会福祉法人、一般社団法人、一般財団法人の形態で各地域に設立された法人です。

4．保険契約者保護機構の事業

保険契約者保護機構(※)が行う事業は収益事業から除外されます。

※「保険契約者保護機構」とは、万一保険会社が破綻した場合でも保険契約者を保護するために資金援助等を行う法人です。

公益法人の豆知識24：租税滞納状況

日本の国税の滞納額（税金未払額）は、国税庁発表（平成27年8月）によると、平成26年度までで、1兆646億円あります。過去3年間では滞納金額は減少傾向になるものの、それにしてもすごい金額です。

このうち、消費税の滞納額は、3,477億円あり、全体の約32％にあたります。

ちなみに、平成26年度に発生した国税の滞納額は、5,914億円、そのうち消費税は2,294億円と55％以上を占めています。

消費税の滞納が多い理由は、税金の計算方法の違いにあるといえます。法人税や所得税などは、儲けに対して税金が課税されるので、赤字の場合には納付税額は、通常発生しません。一方、消費税は、儲けに対して課税されるわけではなく、消費者から預かった消費税を事業者が一定の計算のもと納付する税金なので、赤字であっても納付税額が発生する場合があるためと考えられます。

Q103.
事務受託などの請負業には法人税が課税されますか？

A103. 事務受託などの請負業は、原則収益事業として法人税の課税対象となります。

1．請負業の収益事業の判定

　請負業の内容は広範囲にわたり、そのほとんどが収益事業となります。

　請負業の判定手順は、次のようになっています。ここでは、全部除外は省略します。

(1) 有料又は有償で行われる請負又は事務処理の受託であること
(2) 個別除外（そもそも請負業に該当しないもの）
　①農産物の原産地証明書の交付等の事業は請負業には該当しません。
　②請負事業以外の収益事業に係る請負業務で、その事業が請負事業以外の収益事業として規定されている事業である場合等には、請負業には該当しません。
(3) 個別除外（法令等に定められている事業のため収益事業に該当しないもの）
　①法令に基づき国等から委託を受けた事務処理等の請負で、その委託の対価がその委託のための費用の額を超えないもの、又は超える場合にはその金額を委託者等に支出することとされているもの
　②土地改良事業団体連合会が会員等に対して行う土地改良法の規定に基づくもの
　③特定法人が農業者団体等に対して行う請負業
　④私立大学等が、一定の要件が定められている研究を他の者から委託を受けて行う場合
(4) 個別除外（一定の要件のもと収益事業ではないもの）
　公益法人等が行う事務処理の受託業務で、法令等によりその事業が実費弁償に

より行われていることにつき、一定の期間(概ね5年以内)に限り所轄税務署の確認を受けている事業

図V−2−5　請負事業の判定手順

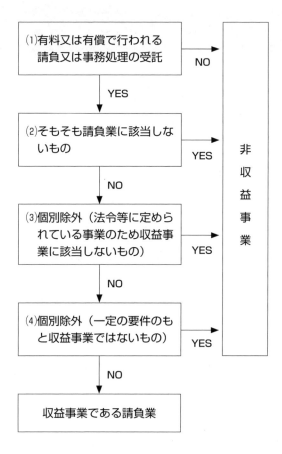

Q104. 収益事業でも所轄税務署長の確認により法人税が課税されない場合とは？

A104. 請負業で、法令の規定、行政庁の指導等に基づき実費弁償（委託者から受ける金額が当該業務のために必要な費用の額を超えないこと）により行われるものが、その旨を概ね5年以内の期間で所轄税務署長の確認を受けることで収益事業から除外されます。

1．実費弁償の範囲

事務受託等の請負業でそれに係る収益が費用の額を超えない場合を実費弁償といいますが、実務上は少額の剰余金（収益事業に係る総費用の1カ月分相当額がめど）が生じても実費弁償の範囲に含まれます。

しかしこの規定は、所轄税務署長の確認を受けることが要件の1つにあり、実費弁償の範囲も各所轄税務署長の判断に委ねられていますので、断定的な判断基準ではありません。

確認を受けるための書類の作成なども各税務署で異なりますので、確認を受ける場合には、事前に税務署へ相談することが賢明です。

2．確認後の5年間の実績

所轄税務署長の確認を受けた後の5年間で実費弁償の要件に該当しない事業年度があれば、確認自体が無効になる可能性もありますので、注意しなければなりません。

実務上は、少額の剰余金の判定を単事業年度と5年間の累積事業年度で計算する場合もあります。

図Ⅴ－2－6には、所轄税務署長の確認をとった後の、1年目から4年目まで

の実績と実費弁償の判定が記載されています。(4)の単事業年度の剰余金と(5)の4年間の累積剰余金を、(6)の費用の1カ月分とを比較しています。これによりますと、4年目で累積剰余金が費用の1カ月分を上回っていますので、4年目で実費弁償ではなくなります。

図Ⅴ-2-6　実費弁償の実績判定

	1年目	2年目	3年目	4年目
(1) 収益	350	330	480	480
(2) 事業費	300	300	400	400
(3) 管理費	40	40	60	60
(4) 剰余金　(1)−(2)−(3)	10	▲10	20	20
(5) 正味財産累積	10	0	20	40
(6) 費用の1カ月分	28	28	38	38
(7) 第1判定　(4)と(6)	○	○	○	○
(8) 第2判定　(5)と(6)	○	○	○	×
(9) 最終判定結果	○	○	○	×

公益法人の豆知識25：評議員会の書面決議

　評議員会は、従来は書面決議や代理行使が可能でしたが、公益法人制度改革後では、認められていません。

　これは、一般社団法人又は公益社団法人の場合の社員総会は、法人の構成員たる社員の集まりであるのに対し、一般財団法人又は公益財団法人の評議員会は、理事と同様に委任を受けた者の集まりであり、理事会（理事）と同様の規律とするためと考えられています。

　しかし、評議員会は、決議及び報告の省略が法令により認められており、テレビ会議のように同一の場所に集合しない方法でも開催が認められています。

Q105. 会報を配布する場合や、会報に広告を掲載した場合は法人税が課税されますか？

A105. 会報などの発刊は、出版業に該当すると思われます。出版する会報が収益事業に該当すれば、会報に掲載する広告に係る損益も付随行為として収益事業に該当します。

1．出版業の収益事業の判定

　出版業は、出版物を製作、販売、配布する事業です。出版業の収益事業の判定手順は次のとおりです。ここでも全部除外は省略します。

(1) 有料又は有償で行われる出版物の製作・販売・配布の事業
(2) 個別除外（そもそも出版業に該当しないもの）

　出版業は製作＋販売の事業ですので、出版物にかかわる事業でも製作＋販売の形態ではない事業は、出版業ではありません。例えば、印刷のみであれば印刷業、販売のみであれば物品販売業、編集のみであれば請負業となります。

(3) 個別除外（一定の要件のもと収益事業ではないもの）
　①特定の資格を有する者を会員とする公益法人等がその会報等を主として会員に配布する事業
　②学術、慈善その他公益を目的とする法人がその目的を達成するために専ら会員に会報を配布する事業

図Ⅴ－２－７　出版業の判定手順

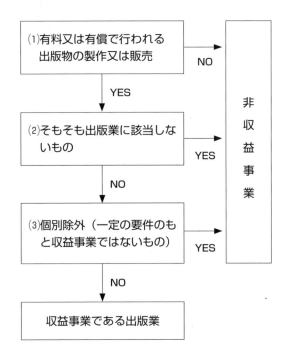

２．特定の資格を有する会員に対する会報等の発行

上記１.(3)①の会員に対する会報の要件には次の３つの要件があります。

(1) **特定の資格を有する者が会員である法人**

この特定の資格とは、医師や弁護士等の法律上の資格、出身地、出身校、職業団体など特定の過去又は現在の経歴などが該当します。思想や信条等を同じくする会員や趣味・嗜好を同じくする会員は該当しません。

(2) **会報等**

会報等の範囲は、主として会員だけが必要とする出版物となっており、会員名簿等の書類はこれに該当しますが、書籍店などで一般に販売される月刊誌、単行本は該当しません。

(3) 主として会員へ配布

「主として」の範囲は、発行部数の約8割を会員へ配布する場合をいいます。また、ここでいう会員の範囲には、会員以外の者でその法人と特別の関係を有する者に無償で配布した場合や入会希望者に無償で配布した場合も含まれます。

3．学術、慈善等の会報

上記1.(3)②の会員に対する会報の発行は、専ら会員への発行と規定されていますので、会員のみへの発行でなければなりません。

ですが、ここでいう会員の範囲にも、会員以外の者でその法人と特別の関係を有する者に無償で配布した場合が含まれます。

4．無償で配布

無償で配布する会報は収益事業ではありませんが、会員から徴収する会費に会報代が含まれている場合には、無償で配布していることにはなりません。

会費規程等に、会費の内訳として「会報○×冊分」などのような記載があれば、会報を会員へ有料で販売したことになります。

このような場合、会員に対して会報を上記2.3.の要件で有料により販売した場合には、法人税は課税されませんが、消費税は課税される可能性があります。

5．会報に掲載する広告

収益事業となる出版業により製作、販売された出版物に掲載された広告であれば、付随行為として収益事業となります。

無償で配布する会報や上記1.(3)の個別除外に該当する会報に係る広告であれば付随行為に該当しませんので、収益事業とはなりません。

Ⅴ 公益法人等の税務について

公益法人の豆知識26：公益法人法上の罰金

　公益法人法には、罰則規定があり、法人法には11カ条、認定法には5カ条、整備法には5カ条の規定があります。罰則の種類には、刑罰ではない「過料」と、刑罰となる「懲役、罰金」があります。

(1) **法人法の罰則規定**

　法人法の罰則規定は、一般法人又は公益法人いずれにも適用されます。役員等が法人に損害を加えた場合や、登記や公告を怠ったとき、定款や財務諸表等の内容に虚偽の記載があるとき等の項目にそって、過料や懲役、罰金の定めがあります。一番重い罰則規定は、役員等が法人に損害を加えた場合は「理事等の特別背任罪」として、「7年以下の懲役若しくは500万円以下の罰金又は併科」となっています。

(2) **認定法の罰則規定**

　認定法の罰則規定は、公益法人に対する規定です。公益認定に関する違反や虚偽の記載等について規定があります。一番重い罰則規定は、公益認定を偽りの内容で申請をした場合は「認定に係る罪」として、「6年以下の懲役若しくは50万円以下の罰金」となっています。

(3) **整備法の罰則規定**

　整備法の罰則規定は、移行法人に対するものです。公益目的支出計画に関する違反や虚偽の記載等について規定があります。一番重い罰則規定は、公益目的支出計画を偽りの内容で申請をした場合は「公益目的支出計画に係る罪」として、「6年以下の懲役若しくは50万円以下の罰金」となっています。

Q106. 研修や講習会、セミナーを開催した場合には法人税が課税されますか?

A106. 研修や講習会、セミナーは技芸教授業に該当すると思われます。技芸教授業も個別除外要件があります。

1. 技芸教授業の収益事業の判定

技芸教授業は、セミナー、講習・講演、教室などを行う事業です。技芸教授業の収益事業の判定手順は次の通りです。ここでも全部除外は省略します。

(1) 有料又は有償で行われるセミナー、講習・講演、教室の事業
(2) 次の技芸の教授であること(これらに係る免許の付与等を含む)
　①洋裁　②和裁　③着物着付け　④編物　⑤手芸　⑥料理　⑦理容　⑧美容　⑨茶道　⑩生花　⑪演劇　⑫演芸　⑬舞踊　⑭舞踏　⑮音楽　⑯絵画　⑰書道　⑱写真　⑲工芸　⑳デザイン　㉑自動車操縦　㉒小型船舶操縦
(3) 入学試験に備えるためや学校教育の補習のための学力の教授(通信教育を含む)
(4) 公開模擬学力試験であること
(5) 個別除外(そもそも技芸の教授に該当しないもの)
　上記(2)以外の項目は収益事業としての技芸の教授にあたりません。例えば、語学教室やパソコン教室、スポーツ教室、囲碁・将棋教室、簿記教室、一般教養教室などがあげられます。
(6) 個別除外(そもそも学力の教授に該当しないもの)
　学校法人が行う本来の学校教育は収益事業の対象とはなりません。
(7) 個別除外(一定の要件のもと収益事業ではないもの)
　①学校、専修学校等で一定の要件で行われる技芸の教授又は学力の教授

②文部科学大臣の認定を受けた通信教育
③厚生労働大臣の指定を受けた一定の要件のもとで行われる理容師、美容師の養成を行う技芸の教授
④技芸に関する国家資格に関する国家資格付与事務として一定のもの

図Ⅴ-2-8　技芸教授業の判定手順

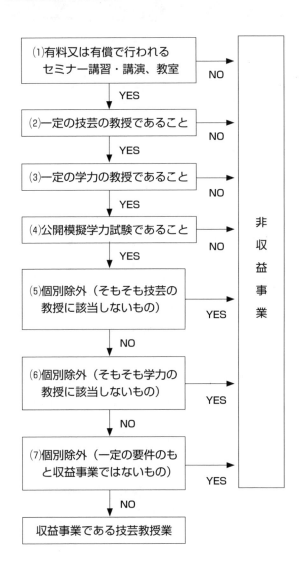

Q107. 公益法人会計基準での費用配賦と法人税法上の費用配賦は同じ考えでしょうか？

A107. 公益法人会計基準と法人税法の費用配賦方法は、いずれも合理的な配賦基準で配賦するとなっていますので考え方としては同じといえますが、具体的な配賦方法は異なります。

1．公益法人会計と法人税法の事業区分

⑴ 公益法人会計での事業と会計区分

公益法人会計基準では、公益法人と移行法人が行政庁へ認定又は認可を得た事業を、種類ごとに3つの会計に区分します。公益法人会計基準での経常費用は事業費と管理費の2つに分けられ、共通費については、各法人の実態にあった合理的な配賦基準をもとに事業費と管理費に配賦することになっています。

⑵ 法人税法での事業区分

法人税法では収益事業課税を行う公益法人等の事業区分は収益事業と非収益事業の2つの区分に分けられ、収益事業と非収益事業に共通する費用は各法人の合理的な配賦基準によって配賦することになっています。

このように、合理的な配賦基準という観点からは公益法人会計基準も法人税法も同じですが、これらの事業区分が異なることから費用配賦の方法は異なります。

⑶ 作成する財務諸表は2種類ある

要するに、法人税の申告・納付をする公益法人等は、行政庁へ提出する財務諸表等を作成するための費用配賦方法と法人税の申告・納付をするために税務署へ提出する財務諸表等を作成するための費用配賦方法の2種類あることになります。

V 公益法人等の税務について

　具体的な配賦基準でいえば、法人税法で実務上よく使われている収入割合基準は公益法人会計基準の配賦基準の中にはありません。

図Ⅴ-2-9　公益法人会計基準の費用配賦のイメージ（公益法人）

①公益法人会計基準

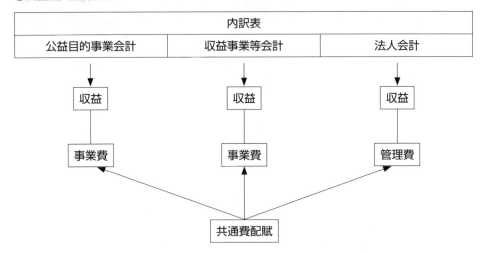

②法人税法

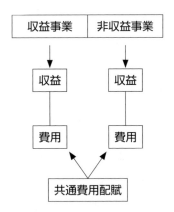

Q108. 公益法人等が普通法人に移行した場合の課税関係は？ 特例民法法人が一般法人の普通法人に移行した場合の課税関係は？

A108. 公益法人等が普通法人に移行した場合や、特例民法法人が普通法人に移行した場合には、その時点での財産額に法人税が課税されます。

このときの法人税の課税方法は会計・税務の専門知識を要しますので、ここでは、基本的な考え方を説明します。

1．公益法人等が普通法人に移行する場合
⑴　公益法人から普通法人への移行

公益法人は、認定法の要件に該当しないこととなった場合や、公益法人の欠格事由に該当するとして行政庁から命令を受けた場合には公益法人が取消しとなり、解散するか一般法人へ移行することになります。

解散する場合は、残余財産を国等（国、地方公共団体、類似業種の公益法人、学校法人等）へ贈与することになり、一般法人へ移行する場合には、移行時の公益目的取得財産残額（公益目的事業用の財産）を1カ月以内に国等へ贈与することになります。一般法人へ移行する際には、非営利型か普通法人かの選択をすることになります。

⑵　非営利型法人から普通法人への移行

また、非営利型法人の場合は、非営利型法人として定款の定めに違反した場合（特別な利益を含む）には、普通法人となります。そして、これにより普通法人へ移行した非営利型法人は、これ以後非営利型には戻れません。

公益法人、非営利型法人いずれの場合にも、普通法人へ移行する場合があります。その際には法人税の課税の特例が適用されます。

2．移行時の法人税の課税の特例

普通法人へ移行する場合の法人税の課税の特例とは、公益法人も非営利型法人も法人税法上の収益事業課税の税制優遇を受けていますので、「移行時までに非収益事業で法人税が課税されていない留保部分があるならば、その部分に法人税を一時課税する」という考えのもと適用されます。

次ページの図Ⅴ－2－10で説明すると、収益事業は毎年法人税が課税されますので、課税後の剰余金が法人内部に留保されていきます（課税済所得）。しかし、非収益事業では、収益事業課税をとっている間は一度も法人税が課税されず、剰余金があれば全額留保されていきます（非課税所得）。

普通法人は収益事業と非収益事業の区分がない全所得課税なので、普通法人へ移行する際には課税の公平の観点から、それまでの非課税所得に1回法人税を課税し、非課税所得を課税済所得とします。

3．移行時の法人税の課税からは公益財産は除外

公益法人が一般法人になる場合には、公益目的取得財産残額は1カ月以内に国等へ贈与しなければなりません。

非営利型法人から普通法人へ移行する際に、移行法人として公益目的支出計画実施中であれば公益目的財産額は実施事業等で支出されます。

したがって、普通法人への移行時にこれらの公益目的取得財産残額や公益目的財産額の公益財産にまで法人税が課税されないように、法人税の計算からはこれらの公益財産は除外されます。

実際の計算方法は、移行時の純財産額からこれらの公益財産と、収益事業ですでに課税された課税済所得を除いた残額に法人税が課税されることになります。

4．特例民法法人が普通法人へ移行する場合

特例民法法人が普通法人へ移行する場合にも、前述の法人税の課税の特例の適用があります。

その際、特例民法法人が公益目的支出計画を実施する移行法人となる場合には、公益目的支出計画中は、法人税の計算上、実施事業等会計の赤字が損失として認められないことになります。これは、移行法人が非営利型法人から普通法人

へ移行する場合も同様です。

図V-2-10 収益事業の課税済所得と非収益事業の非課税所得のイメージ

①収益事業（カッコ書は法人税法上の用語）

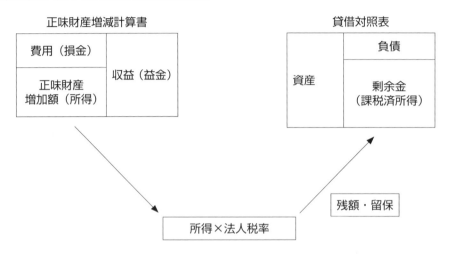

②非収益事業

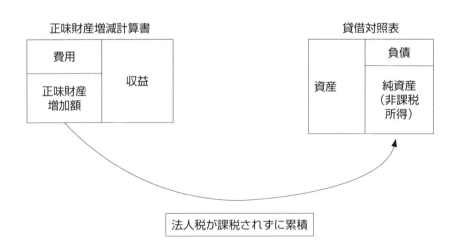

図Ⅴ－2－11　普通法人へ移行時の法人税の課税の特例のイメージ

貸借対照表（法人全体）

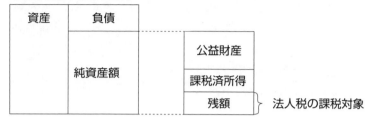

図Ⅴ－2－12　公益目的支出計画中の普通法人

① 公益法人会計基準

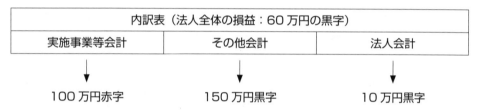

②公益目的支出計画中の法人税の計算
　(i)法人全体の損益：60万円
　(ii)実施事業等会計の赤字：100万円
　(iii)法人税の課税対象：(i)+(ii)＝160万円

Q109. 法人税に関する税務署への手続きを教えてください。

A109. 法人税に関する税務署への届出や申請書は期限や方法が厳密に決められており、不適切な手続きの場合には認められませんので注意が必要です。

ここでは、基本的な届出、申請書を説明します。届出は提出のみ、申請書は課税当局の承認が必要となる書類のことをいいます。

1．収益事業開始届出書、廃止届出書

収益事業課税の公益法人等が収益事業を開始するときには開始届出を所轄税務署長へ提出し、廃止するときには廃止届出を所轄税務署長へ提出します。

(1) 提出期限

①開始届出→収益事業を開始した日から2カ月以内

②廃止届出→収益事業を廃止したのち速やかに

※速やかに：すぐに行わなくても違反ではないが、できるだけ早く

2．青色申告の承認申請書

法人税の申告・納付の方法には、白色申告と青色申告の2種類があります。このうち青色申告をする場合には、所轄税務署への申請書を提出します。青色申告には税額計算における特典があります。

(1) 提出期限

青色申告で申告しようとする事業年度開始の日の前日まで

ただし、公益法人等の場合には収益事業を初めて開始した日以後3カ月を経過した日とその事業年度終了日のいずれか早い日

(2) 要件

　帳簿（仕訳帳、総勘定元帳、その他書類）を備え付け、その帳簿に取引を記録し、かつ、その帳簿を保存することが必要です。また、その帳簿に取引の全部又は一部を隠蔽し、又は仮装している場合等不実の記載がある場合にはその承認は認められません。ですので、青色申告の承認後にこのような事実が判明すれば、青色申告の承認は取消しになります。

　保存期間や帳簿への記載方法なども具体的に決まっています。

(3) 特典

　青色申告をすれば次のような特典があります。特に、①の欠損金の繰越控除及び欠損金の繰戻しによる還付は、過去事業年度の赤字を反映して法人税の計算ができますので、申告する法人にとって大きな特典といえます。

　①欠損金の繰越控除及び欠損金の繰戻しによる還付
　②帳簿書類の調査に基づく更正
　③更正通知書への更正理由附記
　④推計による更正又は決定の禁止
　⑤特別償却又は割増償却・法人税額の特別控除
　⑥中小企業者等の少額減価償却資産の取得価額の損金算入の特例

3．異動届出書

　法人の事業活動において異動がある場合には、所轄税務署長へ異動届出が必要です。

(1) 提出期限→異動等後速やかに

(2) 異動届出の内容

　①事業年度等の変更
　②納税地の異動
　③資本金額等の異動
　④商号又は名称の変更
　⑤代表者の変更
　⑥事業目的の変更
　⑦会社の合併、会社の分割による事業の譲渡もしくは譲り受け

⑧法人区分の変更（公益法人等が普通法人へ移行した場合や一般法人が公益法人へ移行した場合等を含む）
⑨支店・工場等の異動等をした場合

4．申告期限の延長の特例の申請書

(1) 確定決算主義と法人税の申告・納付期限

　法人税の申告・納付の期限は事業年度終了後2カ月以内となっています。
　また、法人税の申告・納付は決算が確定した日以後にしますので、公益法人等の場合には、社員総会又は評議員会で確定した決算書をもとに法人税の申告・納付をすることになっています。このことを確定決算主義といいます。

(2) 申告期限の延長

　災害等のやむを得ない状況の場合や会計監査人の監査を受けること、社員総会又は評議員会の開催時期の関係上、2カ月以内に申告・納付ができない場合の特例として、申告期限の延長が定められています。
　ここでは、公益法人等で適用が考えられる会計監査人の監査を受ける場合や、社員総会又は評議員会の開催時期の関係上、2カ月以内に申告・納付ができない場合の申請書を説明します。
　①提出期限→適用を受けようとする事業年度終了日まで
　②延長期限→1カ月

5．減価償却資産の償却方法の届出書

　法人税法では、固定資産の減価償却方法の範囲が勘定科目ごとに決められています。決められた範囲からどの方法を選択するかは法人の任意となっていますので、選択した減価償却方法を所轄税務署へ提出しなければなりません。建物や無形固定資産、平成28年4月1日以降に取得する建物附属設備や構築物は定額法のみで、他の方法を選択することはできません。
　この届出の提出がない場合には、鉱業権等は生産高比例法で、それ以外の有形固定資産は定率法で減価償却することになっています。
　現在適用している減価償却の方法を変更する場合には、この届出ではなく申請書の提出が必要となります。

(1) 提出期限

　設立第1期の事業年度の確定申告の提出期限まで。公益法人等の場合には収益事業を開始した事業年度の確定申告の提出期限まで。新たな減価償却資産を取得した場合には、その取得日の属する事業年度の確定申告書の提出期限まで。

6．棚卸資産の評価方法の届出書

　棚卸資産の期末日の評価方法は、法人税法上決められた範囲から法人側が選択することになっています。選択した方法は所轄税務署長へ提出します。

　この届出の提出がなかったときには、最終仕入原価法に基づく原価法により評価することになっています。

(1) 提出期限

　設立第1期の事業年度の確定申告の提出期限まで。公益法人等の場合には収益事業を開始した事業年度の確定申告の提出期限まで。事業の変更等により新たな棚卸資産を取得した場合には、その取得の日の属する事業年度の確定申告書の提出期限まで。

公益法人の豆知識27：議事録への署名

(1) 議事録の作成

　一般法人、公益法人のいずれも、理事会、社員総会、評議員会を開催した後は、議事録を作成し、保存する必要があります。議事録は、法人の重要事項を定められた方法により決議・承認されたことを証するもので、重要な資料です。議事録は、法人法の定めに則った方法で作成しなければ効力がありません。

　①理事会の議事録の記載事項は、法人法施行規則第15条3項にあります。

　②社員総会の議事録の記載事項は、法人法施行規則第11条3項にあります。

　③評議員会の議事録の記載事項は、法人法施行規則第60条3項にあります。

(2) 議事録への署名

　理事会の議事録への署名又は記名押印は、「出席した理事と監事」が行います。定款に定めることにより「出席した代表理事と監事」とすることも可能です。社員総会や評議員会の議事録の署名又は記名押印は、法的には求められていませんが、議事録の真実性を保証するためにも、議長や署名人の署名又は記名押印をするほうがよいのではないでしょうか。記名押印の場合の押印は、認印でもかまいませんが、理事等の役員変更の登記の際には、議事録に実印が必要ですので、法務局へ事前に確認しましょう。

3．消費税　～公益法人は課税漏れが多い？～

Q110. 消費税とはどのような税金ですか？

A110. 消費税は、消費税を負担する人（消費者）と、実際に税務署へ納付する人（事業者）が異なる間接税です。消費税は、物やサービスの提供を受けたときに支払う対価に課税される税金です。

1．消費税は「間接税」

　消費税は、物やサービスの提供を受ける消費者が負担する税金ですが、実際に納付するのは、消費者から消費税を預かった事業者です。

　例えば、スーパーで食料品を 10,000 円購入した消費者は、現行 8 ％の消費税率を課税された 10,800 円をスーパーに支払います。消費者に食料品を売ったスーパーは、10,800 円を消費者から受け取り、10,000 円はスーパーの売上となり、800 円は消費者から預かった消費税となります。スーパーが仕入先に支払った消費税が 640 円あるとすれば、預かった消費税 800 円から支払った消費税 640 円を差し引いた 160 円を、スーパーが消費者に代わって税務署へ納付します。

　このように、税金を負担する者と納める者が異なる税金を間接税といいます。

　反対に、税金を負担する者と納める者が同一の税金のことを「直接税」といい、法人税や所得税などが該当します。

図V-3-1　消費税は間接税

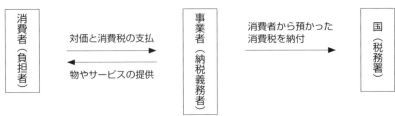

2．消費税の内容

　消費税法は国と事業者の関係を規定した法律であり、消費税を実際に負担している消費者についての規定はありません。消費税は事業者が消費者に物品の販売やサービスの提供をすることで収受する対価収入に課税される税金ですので、事業者が消費者から消費税を預かるか預からないかは問題ではありません。

　したがって、事業者が消費者から消費税を預からない場合でも、消費税の課税の対象となる物品の販売やサービスの提供をした場合には、要件を満たせば事業者は国へ消費税を納付することになります。

3．物やサービスの提供

　消費税は、消費者が物やサービスの提供を受けたときに支払う対価に課税される税金であり、原則、物やサービスの提供を受けていない場合の支払は消費税法上の対価ではないので、消費税は課税されません。

　公益法人等であれば、会員が支払う会費や賛同者が支払う寄附金は、通常は何かの物やサービスの提供を受けて支払うものではありませんので、消費税の課税対象ではありません。

4．法人税との違い

　公益法人等の法人税は、収益事業であれば課税されますが、消費税では、対価性があるかどうかで判断されますので、両者の課税体系は異なります。

　事業対価収益などは、法人税は収益事業に該当しなければ課税されませんが、消費税は原則として課税されますので注意が必要です。法人税の収益事業課税の範囲より、消費税の課税範囲が広いと考えてください。また、行政庁が認定した公益法人の公益目的事業は、法人税は非課税ですが、消費税は非課税ではありません。これらのことが、消費税の納付漏れが多い原因と思われます。

5．消費税は国税と地方税がある

　消費税の税率は8％ですが、内訳は6.3％が国、1.7％は地方公共団体へ納付されます。Q111.以後の消費税の説明は、国と地方公共団体への分を合わせた8％の税率を前提として説明します。

Q111.
消費税が課税される取引を教えてください。

A111. 　消費税の課税対象となる取引を課税取引といいます。その他にも消費税が課税されない不課税取引と非課税取引があります。正確にそれぞれの取引に区分することが消費税の正しい計算につながります。

　ここでは、それぞれの取引の概要について説明します。

1. 課税取引

　消費税法上では、消費税が課税される取引を「課税取引」といい、「課税取引」の収益を「課税売上」、費用を「課税仕入」といいます。

(1) **日本国内での消費**

　①一般的な国内での消費

　　消費税が課税される取引とは、日本国内で消費される物やサービスの提供に対する対価です。日本国内で、物品を購入したり、会議室を借りたり、電気を使ったり、何かを得たことで金銭等を支払えば消費税が課税されます。

　②輸入による日本国内での消費

　　今では経済の発展により諸外国との輸出や輸入の取引が盛んですが、輸入は、海外から輸入した物品等を、日本国内で消費しますので、消費税が課税されます。具体的には、海外から消費税が課税される輸入品が日本国内の保税地域に到着し、その輸入品を保税地域から引き取ったときに消費税が課税されます。

(2) **海外での消費**

　①一般的な海外での消費

　　消費税は、消費税法が適用される日本国内での消費に対して課税されます

ので、海外で消費されるものには消費税は課税されません。
②日本国内からの輸出による海外での消費

海外での物品等の消費の中でも、輸出と一般的な海外での消費とでは、消費税の取扱いが異なります。輸出の場合は、消費税は課税されないのではなく、0％税率として免除する取扱いになっています。

消費税は、「預かった消費税」と「支払った消費税」の差引きで納付税額を計算するため、輸出を非課税取引とすると輸出のために国内で支払った消費税が差し引けないことになり輸出業者の負担になってしまいます。そこで、輸出に関しては課税取引としながら税率を0％とする免税取引とすることで、輸出に関して国内で支払った消費税を差し引けること（差引後がマイナスの場合は還付）にしたのです。

図Ⅴ－3－2　消費税の課税取引の体系

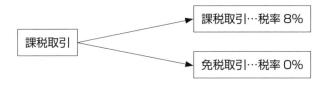

2．非課税取引

対価性のある取引でも、「消費するという性質になじまないもの」や、「社会通念上消費税を課税しないもの」があります。この取引を「非課税取引」といいます。消費税法上では、非課税取引の収益を「非課税売上」、費用を「非課税仕入」といいます。消費税法上の非課税取引（国内での取引）は次のとおりです。

(1) **消費するという性質になじまないもの**

①土地の譲渡及び貸付け（借地権などの土地の上に存する権利を含む）

ただし、1カ月未満の土地の貸付け及び駐車場などの施設の利用に伴って土地が使用される場合は、課税取引です。

②有価証券等の譲渡

国債や株券などの有価証券、登録国債、合名会社などの社員の持ち分、抵当証券、金銭債権などの譲渡は非課税取引です。ただし、株式・出資・預託の形態によるゴルフ会員権などの譲渡は課税取引です。

③支払手段の譲渡（銀行券、政府紙幣、硬貨、小切手、約束手形などの譲渡）

ただし、支払手段を収集品として譲渡する場合は課税取引です。
④預貯金の利子及び保険料を対価とする役務の提供等

　預貯金や貸付金の利子、信用保証料、合同運用信託や公社債投資信託の信託報酬、保険料、保険料に類する共済掛金は非課税取引です。
⑤郵便事業株式会社、郵便局株式会社などが行う郵便切手類の譲渡、印紙の売渡し場所における印紙の譲渡及び地方公共団体などが行う証紙の譲渡
⑥商品券、プリペイドカードなどの物品切手等の譲渡
※⑤と⑥は、切手や商品券自体の売買は非課税取引ですが、それらを使用した場合には消費税が課税されます。
⑦国等が行う一定の事務に係る役務の提供

　国、地方公共団体、公共法人、公益法人等が法令に基づいて行う一定の事務に係る役務の提供で、法令に基づいて徴収される手数料は非課税取引です。

　なお、この一定の事務とは、例えば、登記、登録、特許、免許、許可、検査、検定、試験、証明、公文書の交付などです。
⑧外国為替業務に係る役務の提供

(2) **社会通念上消費税を課税しないもの**
①社会保険医療の給付等

　健康保険法、国民健康保険法などによる医療、労災保険、自賠責保険の対象となる医療などは非課税取引です。ただし、美容整形や差額ベッドの料金及び市販されている医薬品を購入した場合は課税取引です。
②介護保険サービスの提供

　介護保険法に基づく保険給付の対象となる居宅サービス、施設サービスなどは非課税取引です。ただし、サービス利用者の選択による特別な居室の提供や送迎などの対価は課税取引です。
③社会福祉事業等によるサービスの提供

　社会福祉法に規定する第一種社会福祉事業、第二種社会福祉事業、更生保護事業法に規定する更生保護事業などの社会福祉事業等によるサービスの提供は非課税取引です。
④助産、医師、助産師などによる助産に関するサービスの提供
⑤火葬料や埋葬料を対価とする役務の提供

⑥一定の身体障害者用物品の譲渡や貸付け

　義肢、盲人用安全つえ、義眼、点字器、人工喉頭、車いす、改造自動車などの身体障害者用物品の譲渡、貸付け、製作の請負及びこれら身体障害者用物品の修理のうち一定のものは非課税取引です。

⑦学校教育

　学校教育法に規定する学校、専修学校、修業年限が１年以上などの一定の要件を満たす各種学校等の授業料、入学検定料、入学金、施設設備費、在学証明手数料などは非課税取引です。

⑧教科用図書の譲渡

⑨住宅の貸付け

　契約において人の居住の用に供することが明らかなものに限られます。ただし、１カ月未満の貸付けなどは課税取引です。

３．不課税取引

　不課税取引とは、消費税の課税の対象ではない、対価性のない取引のことをいいます。対価性のない取引とは、会費や寄附金などの支払や、金銭を支払うことなく贈与により物品やサービスの提供を受けた場合も該当します。

　消費税の計算では一般的に、不課税取引の収益を「不課税売上」、費用を「不課税仕入」といいます。消費税率が０％の免税取引及び対価性のある取引ではあっても特例により消費税が課税されない非課税取引と不課税取引とでは、消費税が課税されていないという観点からは同じですが、その性質は異なります。また、消費税の納付税額の計算において、免税取引や非課税取引は影響を及ぼしますが、不課税取引は原則税額計算に影響しません。

４．不課税取引でも課税取引となる場合

　対価性のない取引、即ち不課税取引でも、次の場合には例外的に課税取引となります。

①その法人の役員に対する贈与

②その法人の役員に対する低額譲渡

③個人事業者の自家消費

Q112. 消費税の申告・納付が必要な場合を教えてください。

A112. 消費税の申告・納付が必要な事業者を課税事業者といい、申告・納付の必要がない事業者を免税事業者といいます。課税事業者かどうかの判定は毎事業年度行う必要があります。

1．課税事業者の判定

課税事業者の判定は、国内取引と輸入取引とに分かれます。また、国内取引は、個人と法人の場合で判定が異なります。ここでは国内取引における課税事業者の判定を事業年度が1年間の法人を前提として説明します。

(1) 基準期間の課税売上高

その事業年度の前々事業年度の課税売上高が1,000万円超であれば、課税事業者となります。要するに、2年前の課税売上高で判定するのです。

消費税法では、判定の対象となる前々事業年度のことを「基準期間」といいます。また、消費税の課税事業者となる事業年度のことを「課税期間」といいます。

判定の注意点として、基準期間中が課税事業者であった場合には、税抜きで1,000万円超の判定をします。基準期間中が免税事業者であった場合には、税込みで1,000万円超の判定をします。基準期間が1年未満の場合には、基準期間を1年間に年換算して1,000万円の判定をします。

(2) 課税事業者選択届出の提出

その事業年度開始日の前日までに消費税課税事業者選択届出書を提出している場合には、課税事業者となります。

設立事業年度の場合にはその事業年度中までに届出を提出すれば、その事業年度から課税事業者になることができます。

V 公益法人等の税務について

(3) **特定期間の課税売上高**

次に、(1)で基準期間における課税売上高が1,000万円以下の事業者であっても、その事業年度の前事業年度開始日以後6カ月の期間の課税売上高が1,000万円を超えた場合には課税事業者となります。ここでの判定は課税売上高に代えて、同期間の給与支払額で判定することもできます。

2年前の課税売上高が小さくても、1年前の課税売上高が大きければ課税事業者になります。この判定で使う前事業年度開始日以後6カ月の期間のことを「特定期間」といいます。

(4) **新設法人**

新設法人の場合は初めの2事業年度までは基準期間がありませんので、上記(1)の判定はありません。ですが、その事業年度開始の日における資本金等の額が1,000万円以上である場合には、基準期間がなくとも課税事業者になります。公益法人等の場合には資本金の概念がありませんので、この規定の適用が原則ありません。この他、合併、分割した場合等の課税事業者の判定もあります。

図V-3-3　消費税の課税事業者の判定

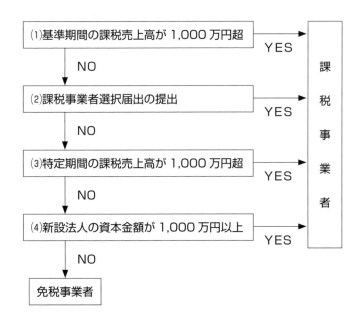

Q113.
消費税の原則的な計算方法を教えてください。

A113. 課税事業者は、「預かった消費税」から「支払った消費税」を差し引いて納付税額を求めます。「支払った消費税」の計算方法は複数あります。

1．預かった消費税

　消費税の計算方法は、預かった消費税から支払った消費税を差し引きます。ここでいう預かった消費税とは、消費者へ物やサービスを提供した場合に収受した課税売上高に課税された消費税のことです。

　Q110のスーパーの例でいいますと、消費者から預かった800円の消費税のことです。ここでいう消費者とは、一般消費者のほか、法人や団体等の事業者も該当します。

2．支払った消費税

　預かった消費税から差し引く支払った消費税とは、どのような消費税をいうのでしょう。

　ここでもQ110のスーパーの例でいいますと、スーパーは消費者が購入した10,000円の食料品を市場などの卸売業者から8,000円で仕入れているとします。このときにも、消費税が課税されますので、スーパーは卸売業者に8,000円×8％の消費税640円を加算した8,640円を支払います。この640円が支払った消費税になるのです。

　スーパーの取引がこの取引のみとすれば、スーパーは消費者から預かった消費税800円から支払った消費税640円を差し引いた800円－640円の160円の消費

税を納付することになります。

消費税法では、「預かった消費税から支払った消費税を差し引くこと」を「仕入税額控除」といいます。

3．支払った消費税の計算方法

支払った消費税の計算方法には「個別対応方式」と「一括比例配分方式」があります。

さらに、特例として「簡易課税方式」という計算方法もあります。

計算方法によって消費税の納付税額は異なりますし、計算方法によっては、選択の要件や、選択した際の制限（2年継続適用）などもあります。

どの計算方法が法人の実態にあっているかを事前検討する必要があります。

図Ⅴ－3－4　消費税の計算方法

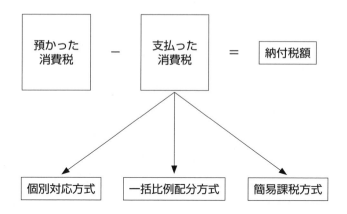

Q114. 個別対応方式と一括比例配分方式の計算方法を教えてください。

A114. 個別対応方式は、支払った消費税を3種類に区分する方法で、一括比例配分方式は区分しない方法です。

1. 個別対応方式の支払った消費税の種類

預かった消費税から差し引くことができる支払った消費税のことを、控除対象仕入税額といいます。支払った消費税には次の3種類があります。

その3種類を厳密に区分して計算する方法が個別対応方式です。厳密にとは、会計帳簿にこれら3種類の支払った消費税を区分して記載していることをいいます。3種類の支払った消費税をQ110のスーパーの例で説明します。

(1) **課税売上のみに対応する支払った消費税（課税売上のみ対応）**

スーパーで食料品を販売すれば課税売上になります。8,640円で食料品を仕入れて、10,800円で消費者に販売する。ここでの預かった消費税800円と支払った消費税640円は紐付きになっています。このように課税売上に直接関係する課税仕入に係る消費税のことを「課税売上のみに対応する支払った消費税」といいます。この支払った消費税は、全額、控除対象仕入税額として預かった消費税から差し引くことができます。

(2) **非課税売上のみに対応する支払った消費税（非課税売上のみ対応）**

スーパーが副業として土地の賃貸をしている場合は、土地を貸し付けている場合の賃貸料は非課税なので、消費税は課税されず、預かった消費税はありません。この土地の管理を委託している不動産業者へ支払う手数料があれば、その手数料はサービスの提供として消費税が課税される課税仕入となります。このように、非課税売上（賃貸料）に直接関係する課税仕入に係る消費税のことを「非課

税売上のみに対応する支払った消費税」といいます。

　この支払った消費税は、紐付きになっている賃貸料には預かっている消費税がありませんので、控除対象仕入税額として差し引くことはできません。

(3) **課税売上と非課税売上に共通する支払った消費税（共通対応）**

　スーパーには課税売上と非課税売上に共通する課税仕入もあります。例えば、スーパーと土地の賃貸のいずれにも従事している社員の通勤定期代などが考えられます。このような課税仕入を、「課税売上と非課税売上に共通する支払った消費税」といいます。

　このような課税仕入に係る支払った消費税は、その課税期間の「課税売上と非課税売上合計に占める課税売上の割合分」だけ、控除対象仕入税額として差し引きます。そして、この按分する割合のことを「課税売上割合」といいます。

課税売上割合＝課税売上高／（課税売上高＋非課税売上高）

※分母と分子の課税売上高には輸出免税売上高も含む。

２．個別対応方式の計算方法

　上記１.のように支払った消費税を３種類に区分して、「(1)の課税売上のみに対応する支払った消費税」と「(3)共通対応の支払った消費税に課税売上割合を乗じたもの」の合計額を控除対象仕入税額として、預かった消費税から差し引きます。

図Ⅴ－３－５　個別対応方式の計算方法

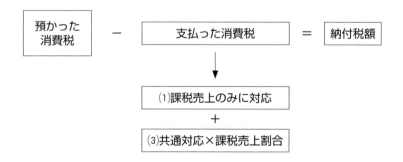

3．一括比例配分方式の計算方法

　一括比例配分方式は、上記1.の支払った消費税を区分することなく支払った消費税額合計に課税売上割合を乗じたものを控除対象仕入税額として、預かった消費税から差し引きます。

　一括比例配分方式は、いったん選択すれば2年継続して適用する要件があります。このことを2年継続適用といいます。

図V－3－6　一括比例配分方式の計算方法

4．全額控除方式の特例

　課税売上割合が95％以上の課税事業者は、個別対応方式又は一括比例配分方式を適用することなく、支払った消費税全額を控除対象仕入税額とする特例があります。このような方式を全額控除方式といいます。

　ただし、平成24年4月1日以降開始事業年度からは、その課税期間の課税売上高が5億円超の課税事業者は課税売上割合が95％以上であっても、全額控除方式は適用できず、個別対応方式か一括比例配分方式のいずれかによります。

5．課税売上割合の計算

　課税売上割合は、課税売上割合＝課税売上高／（課税売上高＋非課税売上高）で求めます。分母と分子の課税売上高は消費税抜きの金額で、輸出免税売上高も含めます。

　その他に、課税売上割合の計算において特に注意する点として、次のような事項があります。

(1) 分母と分子のそれぞれの売上には、貸倒れになった売上高を含みます。
(2) 分母と分子のそれぞれの売上からは、売上について返品を受け、又は値引、割戻し等を行った売上がある場合には、それらに係る金額を控除します。
(3) 分母の非課税売上高に含まれる特定の有価証券等の対価の額は、その譲渡対価の額の5％に相当する金額です。
(4) 非課税売上高のうち、輸出取引とみなされるものは、分母、分子に含めます。具体的には、外国預金や外国債の利息をいいます。

6．帳簿等の作成と保存

(1) 帳簿及び請求書等の作成と保存

　課税事業者（簡易課税を選択した事業者を除く）が仕入税額控除を受けようとする場合には、その課税期間の仕入税額控除に係る帳簿及び請求書等を保存しなければなりません。保存期間は、その課税期間の末日の翌日から2カ月を経過した日から7年間となっています。6年目と7年目は、帳簿又は請求書等のいずれかの保存でかまいません。

　作成する帳簿には、相手先の名前等、金額、年月日、取引の内容など、消費税法上定められた事項を記載する必要があります。

　個別対応方式による仕入税額控除を適用する場合には、支払った消費税を作成する帳簿等で、上記1.(1)から(3)までの3種類に区分する必要があります。

(2) 帳簿のみの保存

　また、税込みの支払額が30,000円未満の場合には、請求書等の保存を要せず、帳簿の保存のみでよいこととされています。税込みの支払額が30,000円以上であっても「請求書等の交付を受けなかったことにつきやむを得ない理由がある場合」には帳簿にそのやむを得ない理由及び相手方の住所又は所在地を記載しなければならないこととされています。「請求書等の交付を受けなかったことにつきやむを得ない理由がある場合」とは、例えばバスや電車などの旅券の発行、自動販売機による物品の購入などが考えられます。

Q115.
簡易課税方式の計算方法を教えてください。

A115. 簡易課税方式とは、控除対象仕入税額を課税売上に係る預かった消費税をもとに計算する方式です。簡易課税方式を適用するには要件があります。

1．簡易課税方式による課税売上の区分と控除対象仕入税額の計算

　簡易課税方式による控除対象仕入税額の計算は、課税売上を次の5種類に分けてその課税売上に係る預かった消費税に5種類ごとに設定されているみなし仕入率を乗じて計算する方法です。

　個別対応方式や一括比例配分方式のように、課税仕入や課税売上割合をまったく加味せず、課税売上に係る預かった消費税だけで計算しますので、簡便な方法といえます。

(1)　卸売業……みなし仕入率90％

　卸売業とは、他の者から購入した商品をその性質、形状を変更しないで他の事業者に対して販売する事業のことをいいます。

(2)　小売業……みなし仕入率80％

　小売業とは、他の者から購入した商品をその性質、形状を変更しないで販売する事業で卸売業以外のものをいいます。

(3)　製造業……みなし仕入率70％

　製造業とは、農業、林業、漁業、鉱業、建設業、製造業（製造小売業を含む）、電気業、ガス業、熱供給業及び水道業をいい、卸売事業、小売事業に該当するもの及び加工賃その他これに類する料金を対価とする役務の提供を除きます。

(4)　その他の事業……みなし仕入率60％

その他の事業とは、卸売業、小売業、製造業及びサービス業以外の事業をいい、具体的には、飲食店業や事業用の固定資産を譲渡した場合などです。

なお、製造業から除かれる加工賃その他これに類する料金を対価とする役務の提供を行う事業もその他の事業となります。

(5) サービス業……みなし仕入率50％

サービス業とは、金融・保険業、運輸通信業、サービス業（飲食店業に該当する事業を除く）をいい、卸売業から製造業までの事業に該当する事業を除きます。

(6) 不動産業……みなし仕入率40％

図V－3－7　簡易課税方式の計算方法

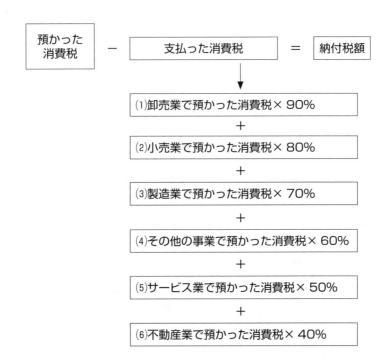

2. 簡易課税方式の適用要件

(1) 簡易課税方式の適用

簡易課税方式の適用要件は、基準期間における課税売上高が5,000万円以下の課税事業者で、適用を受ける課税期間の初日の前日までに消費税簡易課税制度選択届出を所轄税務署へ提出しているものです。

簡易課税方式の適用は、上記の要件を満たせば必ず適用しなければなりません。

(2) 簡易課税方式を適用する場合の留意点

簡易課税方式の適用は一度届出をすれば効力が継続しますので、適用をやめるときには、やめようとする課税期間の初日の前日までに消費税簡易課税制度選択不適用届出を所轄税務署長へ提出しなければなりません。

また、簡易課税方式は一括比例配分方式と同様に2年継続適用があります。

実務上、簡易課税方式の手続き不備による問題が発生しているケースが見受けられますので、留意しましょう。

図V－3－8　消費税の課税体系

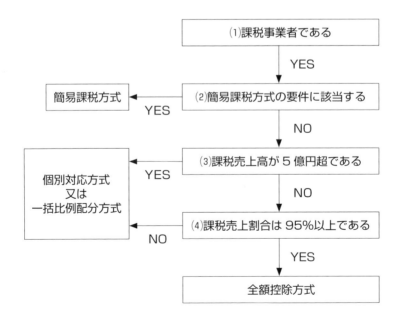

V 公益法人等の税務について

> ## 公益法人の豆知識28：公益法人の業務に携わる税理士
>
> 　公益法人の業務は、事業活動、機関設計、会計、税務、パソコンを使用したシステム管理、と複雑で多岐にわたっています。
> 　それゆえ、公益法人の適切な運営を行うために、公益法人の専門知識を持った精通者が監事や顧問契約などの形で、公益法人の業務に携わっています。
> 　我々、税理士も、公益法人の会計、税務、会計ソフトの使用、公益法人法の解釈に精通している者が、公益法人の運営に携わるべきだと考えます。
> 　税理士資格を有する者には、税理士試験合格者や税理士試験の全部又は一部免除者、実務経験の有無や専門分野など、同じ税理士でもその経歴は様々です。
> 　税理士として公益法人の会計・税務に携わるならば、次の条件を兼ね備えた者が適していると考えます。
> 　①公益法人会計の基礎となる税理士試験の簿記論や財務諸表論の「会計科目」を学んだ者
> 　②公益法人の複雑な税務を理解するために、法人税、所得税、相続税、消費税の「国税科目」を学んだ者
> 　③会計システムの運用や使用による指導が可能な者
> 　④公益法人法を解釈し、公益法人の実務経験がある者

Q116. 特定収入とは何ですか？特定収入を計算する必要がある法人を教えてください。

A116. 特定収入とは、消費税の課税の対象とならない収入（不課税売上）で、一定のものをいいます。消費税法で定められた公益法人等の一定の法人は、特定収入を仕入税額控除の計算上考慮して消費税の納付税額を計算する必要があります。

1．特定収入とは

特定収入には次のようなものがあります。この中には公益法人の主財源となる可能性のある補助金や交付金、寄附金、会費等などが含まれています。

①租税
②補助金
③交付金
④寄附金
⑤出資に係る配当金
⑥保険金
⑦損害賠償金
⑧資産の譲渡等の対価にあたらない負担金、他会計からの繰入金、会費等、喜捨金（お布施、戒名料、玉串料など）

2．特定収入の計算をする法人

特定収入は、消費税の課税の対象外の収入ですので、本来ならば消費税の納付税額には影響しません。

国もしくは地方公共団体の特別会計、公共法人、公益法人等、又は人格のない

社団等は、簡易課税方式を選択していない課税事業者の場合で、全体の収入に対する特定収入の占める割合が5％超のときには、特定収入の計算が必要です。法人全体の収入に対する特定収入の占める割合のことを、「特定収入割合」といいます。

$$特定収入割合 = \frac{課税期間中の特定収入の合計額}{課税期間中の課税売上高＋免税売上高＋非課税売上高＋特定収入の合計額}$$

3．特定収入ではないもの

特定収入には、課税売上と非課税売上は含まれません。それ以外の収入で次のようなものも特定収入には含まれません。

①借入金及び債券の発行に係る収入で、法令によりその返済又は償還のため補助金、負担金等の交付を受けることが規定されているもの以外のもの
②出資金
③預金、貯金及び預り金
④貸付回収金
⑤返還金及び還付金
⑥法令又は交付要綱等において、特定支出(※)のためにのみ使用することとされている収入等

※特定支出とは、消費税が課税されている支出や通常の借入金等の返済金に係る支出に該当しない支出をいいます。例えば、給与、利子、土地購入費、借入の返済のための補助金等を受けている場合などの特殊な借入金等の返済金に係る支出のことを特定支出といいます。

Q117.
特定収入の計算方法の概略を教えてください。

A117. 特定収入の計算は、控除対象仕入税額の調整計算と考えてください。

1．特定収入の計算の概要

　公益法人等は、寄附金や会費など消費税法の特定収入にあたる収入が主財源となっている可能性があります。

　そのような法人で、通常どおりの消費税の計算をするとなるとどのようになるでしょう。図Ⅴ－3－9の株式会社の例と公益法人等の例をみてみますと、特定収入が通常ほとんどない株式会社では消費税は納付になっていますが、特定収入である寄附金が主財源となっている公益法人等では、消費税が納付ではなく還付になっています。

　これは、課税売上割合には不課税売上である特定収入が影響しないため、このような結果になっているのです。これでは、特定収入は対価性がないので預かった消費税はないのに仕入税額控除が適用され、課税の公平が保たれているとはいえません。

　そこで、特定収入の割合が高い公益法人等の場合には、特定収入の分だけ控除対象仕入税額を減額調整します。

　図Ⅴ－3－9では概略を示していますが、実際の特定収入の減額調整計算や申告・納付する際の計算書類の作成は複雑ですので、税理士等専門家に相談しながら計算することをお勧めします。

図Ⅴ−3−9 特定収入の調整計算の概略

①株式会社：課税売上割合80％＝800（課税）／800（課税）＋200（非課税）

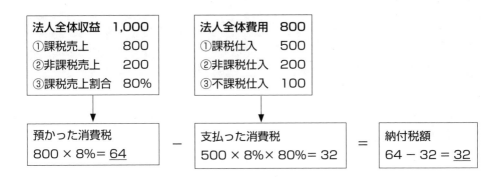

②公益法人等：課税売上割合60％＝150（課税）／150（課税）＋100（非課税）

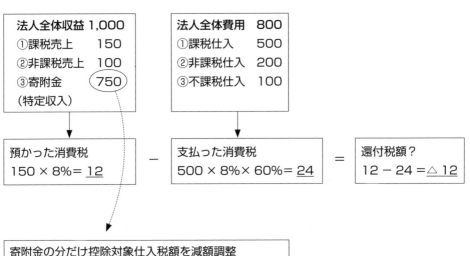

Q118.
消費税に関する税務署への手続きを教えてください。

A118. 消費税に関する税務署への届出は、法人税同様、提出期限や内容が決められていて適切な手続きをしなければ認められません。それにより納付税額が変わることもありますので、留意しなければなりません。

ここでは、消費税の届出、申請書のうち基本的なものを説明します。

1．消費税課税事業者届出書

消費税の課税事業者になることが判明したときの届出です。消費税の課税事業者の判定は、基準期間や特定期間ですので、翌年度以降の課税事業者の判定が可能です。基準期間で判定した場合と特定期間で判定した場合とでは、届出の様式が異なりますので、注意しましょう。

(1) 提出期限→事由が生じた場合、速やかに

　※速やかに：すぐに行わなくても違反ではないが、できるだけ早く

2．消費税の納税義務者でなくなった旨の届出書

消費税の課税事業者の判定は、翌年度以降も可能ですので、上記1.とは反対に、将来課税事業者でなくなる（免税事業者になる）こともわかります。この場合に提出する届出書です。

(1) 提出期限→事由が生じた場合、速やかに

3．消費税課税事業者選択届出書

消費税は免税事業者であっても、この届出を提出すれば課税事業者になります。この届出は、多額の設備投資などをしたことで、消費税の還付額が発生する際に

免税事業者が届け出る場合に使われます。

　提出をすれば必ず消費税の申告の必要がありますので、提出の際には事前検討が必要です。

(1)　提出期限→適用を受けようとする課税期間の初日の前日まで（適用を受けようとする課税期間が事業を開始した日の属する課税期間である場合には、その課税期間中）
(2)　要件

　この届出を提出して課税事業者になれば原則2年継続適用があります。よって、2年継続適用後でなければ、次の4.の届出を提出することはできません。

4．消費税課税事業者選択不適用届出

　この届出は、上記3.の届出を提出していた事業者が、課税事業者をやめて免税事業者に戻るときに提出します。
(1)　提出期限→免税事業者に戻ろうとする課税期間の初日の前日まで
(2)　要件

　消費税課税事業者選択届出書を提出して課税事業者となった課税期間の初日から2年を経過する日の属する課税期間の初日以後でなければ、この届出書を提出することはできません。

　また、調整対象固定資産を購入した場合にも、この届出書を提出できない場合があります。調整対象固定資産とは、取得価額が100万円以上のもので一定のものをいいます。

5．消費税簡易課税制度選択届出書

　簡易課税方式により控除対象仕入税額を計算したい場合に提出する届出です。
(1)　提出期限→適用を受けようとする課税期間の初日の前日まで（事業を開始した日の属する課税期間である場合には、その課税期間中）
(2)　要件

　基準期間における課税売上高が5,000万円以下であること。また、調整対象固定資産を購入している場合にも制限があります。

　簡易課税方式にも2年継続適用があります。

6．消費税簡易課税制度選択不適用届出書

簡易課税方式をやめようとする事業者が提出します。
(1) 提出期限→適用をやめようとする課税期間の初日の前日まで
(2) 要件

消費税簡易課税制度の適用を受けた日の属する課税期間の初日から2年を経過する日の属する課税期間の初日以後でなければ、この届出書を提出することはできません。

7．消費税課税期間特例選択・変更届出書

消費税の課税期間は事業年度に合わせて原則1年ですが、この届出をすることにより、1カ月又は3カ月ごとの課税期間に短縮又は変更することができます。

これは、例えば、輸出業者は全体の売上に占める輸出免税売上高が大きいため、消費税が還付となる場合、課税期間を1年にしておくと消費税の還付金が入金されるのがその課税期間開始の日から1年以上も先になります。そこで、この届出を使って課税期間を短縮することで、消費税の還付金を早期に回収する場合などに利用されます。

(1) 提出期限→課税期間の特例の適用を受け又は変更しようとする期間の初日の前日まで（事業を開始した日の属する期間である場合には、その期間中）
(2) 要件

課税期間の特例・変更には2年継続適用の要件があります。よって、2年継続適用後でなければ次の8の届出を提出することはできません。

8．消費税課税期間特例選択不適用届出書

上記7.の課税期間の短縮をやめようとするときに提出します。
(1) 提出期限→課税期間の特例の適用をやめようとする期間の初日の前日まで
(2) 要件

消費税課税期間特例の適用を受けた日の属する課税期間の初日から2年を経過する日の属する課税期間の初日以後でなければ、この届出書を提出することはできません。

9．消費税法別表第三に掲げる法人に係る申告書の提出期限の特例の承認申請書

　消費税の申告・納付期限は課税期間（原則事業年度）終了日の翌日から2カ月以内とされていますが、消費税法別表第三に掲げる法人（公益法人等を含む）で、法令により上記の申告・納付期限までに決算が確定しないことが定められている場合には、この申請書を提出することにより、申告・納付期限を延長することができます。

　しかし、この申請書は法令を根拠としなければいけませんので、法人税の延長申請のように定款等の規定を根拠にはできません。

(1)　提出期限→適用を受けようとする課税期間中
(2)　要件

　決算が、課税期間の末日の翌日から2カ月以内に決算が確定しないことが法令により定められている場合

公益法人の豆知識29：消費税の改正

　消費税の税率は、将来的には10％に上がる予定です。法人全体の収入のうち消費税の課税売上の割合が低い公益法人は、消費税が増税されても収入は増えませんが、支出は増える可能性がありますので、資金繰りのバランスが増税前とは異なる可能性があります。

　消費税が増税された場合には、現行の税率8％を一律に課税する方法ではなく、通常の税率で課税するものとは別途に、広く消費される食料品等に対する税率のみを低くする「複数税率」の採用が考えられています。

　また、現在は、事業者が取引の際に受け取る請求書等に記載された金額をもとに、消費税を計算する「アカウント方式」ですが、複数税率が導入されれば、請求書等での消費税の計算は困難になり、物やサービス提供の流通過程での消費税を明示したインボイスの発行を事業者に義務付ける「インボイス方式」が導入されることも考えられます。

4．地方税　〜公益法人の中でも課税体系が異なる〜

Q119.
都道府県民税、市町村民税について教えてください。

A119. 　公益法人等が納付する都道府県民税で主な項目には、法人住民税と法人事業税及び地方特別税があります。市町村民税で主な項目には、法人住民税があります。

1．都道府県民税

(1)　収益事業課税と全所得課税

　都道府県民税には、「法人住民税」と「法人事業税」及び「地方特別税」があり、法人住民税の中には「法人税割」と「均等割」の2種類があります。

　法人税割と法人事業税及び地方特別税は、法人税と同様、公益法人等は収益事業課税となり、普通法人は全所得課税となります。

(2)　均等割

　均等割は、法人の儲け（所得）に関係なく課税される税金で、資本金等の額や従業者数により納付税額が異なりますが、公益法人等の場合は普通法人も含めて最低税率（東京都の場合2万円）が統一して課税されます。

　均等割は、博物館の設置・学術研究を目的とする公益法人（非営利型法人は含まず）が、収益事業を行っていない場合には非課税です。さらに、都道府県によっては条例により、収益事業を行っていない公益法人（非営利型法人は含まず）は、均等割が免除になる場合があります。均等割の免除申請は、毎事業年度4月30日までに各都道府県へ提出することになっています。

2．市町村民税

　市町村民税には、法人住民税があり、法人割と均等割があるのは都道府県民税

の法人住民税の規定と同様です。ただし、市町村民税の均等割の金額は都道府県民税よりも高いのが通常です(東京都の市町村の場合5万円)。

また、地方税法で定められた都市(町村はなし)だけで課税される事業所税という税金があります。事業所税は、都市環境の整備及び改善に関する事業の財源にあてるための目的税で、事業所の床面積が1,000㎡を超える場合や従業者数が100人を超える場合に課税される税金です。事業所税は、法人割と同様収益事業課税ですので、収益事業を行っている事業所に収益事業の範囲内で適用されます。

図V-4-1 都道府県民税と市町村民税

公益法人法	地方税法			
	法人形態	法人事業税及び法人特別税	都道府県民税及び市町村民税	
			法人税割	均等割
公益社団法人・公益財団法人	公益法人	公益目的事業を除く収益事業課税	同左	最低税率[※1,2]
一般社団法人・一般財団法人	非営利型法人 徹底型 共益型	収益事業課税	同左	最低税率
	普通法人	全所得課税	同左	最低税率
移行前の特例民法法人	公益法人	収益事業課税	同左	最低税率[※1,2]

※1 博物館の設置・学術研究を目的とする公益法人で、収益事業を行っていない場合は非課税
※2 都道府県・市町村によっては、条例により収益事業を行っていない公益法人は免除あり

3. 申告・納付

上記1.2.の税金は、原則として事業年度終了日以後2カ月以内に申告・納付することになっています。

公益法人等の場合、国税の法人税と同様で、申告期限の延長申請も可能です。

Q120. 固定資産税が課税されない場合を教えてください。

A120. 固定資産税は、各市町村に納付する税金です。固定資産税が課税されない場合は、公益の用に直接供している場合です。

１．固定資産税

　固定資産税は、その年１月１日に土地や建物、償却資産を所有している者に課税される地方税であり、登記簿もしくは土地又は家屋課税台帳に登記又は登録している者に課税されます。納付先は土地や建物、償却資産を所有している市町村です。固定資産税は、固定資産税課税評価額×1.4％で課税されます。

　また、固定資産税と同時に都市計画税が、固定資産税課税評価額×0.3％（市町村によって異なる場合もあります。）で課税されます。都市計画税は、市街化区域内で土地と建物を所有している者に課税される税金です。償却資産は対象外です。

　固定資産税と都市計画税どちらも賦課課税方式といって、各市町村から確定した税額が４～５月頃に納付書と一緒に交付されますので、納税者が自ら納税額を計算して申告・納付することはありません。

　また、固定資産税、都市計画税いずれも、土地、建物、償却資産ごとに免税点があって、評価額が一定金額以下の場合には課税されません（東京都内の場合は土地30万円、建物20万円）。

２．固定資産税の減免

　公益法人等が、その法人の目的である次のような公益の用に直接供している土地、建物の場合には、固定資産税、都市計画税が減免される場合があります。

　減免申請は、各市町村で決められた様式で納期限の７日前までに申請します。

申請方法や要件については、事前に各市町村へ相談するのが賢明です。
　①町会事務所
　②遊び場
　③公共用歩廊等
　④土地区画整理事業による仮換地のうち減歩された部分
　⑤開放型病院等
　⑥幼稚園
　⑦専修学校及び高等課程専修学校
　⑧各種学校
　⑨学生寄宿舎
　⑩社会福祉施設付属宿舎
　⑪看護師養成施設及びその学生寄宿舎
　⑫非課税となる病院付属の看護師寄宿舎
　⑬特定保存樹林地
　⑭認証保育所
　⑮地域のケア付き住まい
　⑯民設公園用地

3．減免措置の経過措置

　減免措置は、公益法人と特例民法法人にのみ規定されるもので、一般法人へ移行した法人の場合には、一部、非営利型法人が所有する看護師等医療関係者の養成所等直接教育に要する不動産は非課税が適用されますが、それ以外には適用がありません。

4．不動産取得税

　不動産取得税は、土地や建物など不動産を取得した際に取得者に課税される税金で、都道府県に納付します。不動産取得税は、課税標準額×4%で課税されます。

　公益法人等は、不動産取得税について固定資産税と同様の減免措置があります。

Q121. 償却資産税について教えてください。

A121. 償却資産税は、その年1月1日に償却資産を所有している者に課税される市町村民税で、土地や建物と一緒に固定資産税として納付するものです。

1．償却資産
償却資産とは、事業の用に供している固定資産で次のようなものをいいます。
(1) **構築物**
　舗装路面、庭園、門・塀・緑化施設等の外構工事、看板（広告塔等）、ゴルフ練習場設備、受変電設備、予備電源設備、その他建築設備、内装・内部造作等
(2) **機械及び装置**
　各種製造設備等の機械及び装置、クレーン等建設機械、機械式駐車設備（ターンテーブルを含む）等
(3) **船舶**
　ボート、釣船、漁船、遊覧船等
(4) **航空機**
　飛行機、ヘリコプター、グライダー等
(5) **車両及び運搬具**
　大型特殊自動車、構内運搬車、貨車、客車等
(6) **工具、器具及び備品**
　パソコン、陳列ケース、看板（ネオンサイン）、医療機器、測定工具、金型、理容及び美容機器、衝立等

2．償却資産とするもの

　償却資産の判定で、次のようなものも償却資産として含まれます。特に、(6)は、会計上資産に計上せずに全額費用として処理をしている場合には、記載漏れの原因にもなりますので注意が必要です。

(1) 福利厚生の用に供するもの
(2) 建設仮勘定で経理されている資産、簿外資産及び償却済資産であっても、賦課期日（1月1日）現在において事業の用に供することができるもの
(3) 遊休又は未稼働の償却資産であっても、賦課期日（1月1日）現在において事業の用に供することができる状態にあるもの
(4) 改良費（資本的支出：新たな資産の取得とみなし、本体とは区分して取り扱います。）
(5) 使用可能な期間が1年未満又は取得価額が10万円未満の償却資産であっても個別に減価償却をしているもの
(6) 租税特別措置法の規定を適用し、税務会計上即時償却等をしているもの（中小企業者等の少額資産の損金算入の特例を適用した30万円未満の資産）

3．償却資産に該当しないもの

　次のようなものは償却資産に該当しませんので、課税対象とはなりません。

(1) 自動車税、軽自動車税の課税対象となるもの（例：小型フォークリフト等）
(2) 無形固定資産（例：実用新案権等）
(3) 繰延資産
(4) 耐用年数が1年未満又は取得価額が10万円未満の償却資産について、税務会計上固定資産として計上しないもの（一時に損金算入しているもの又は必要経費としているもの）
(5) 取得価額が20万円未満の償却資産を、税務会計上3年間で一括償却しているもの
(6) 平成20年4月1日以降に締結されたリース契約のうち、法人税法第64条の2第1項、所得税法第67条の2第1項に規定するリース（売買扱いとするファイナンスリース）資産で取得価額が20万円未満のもの

4．償却資産税の申告・納付方法

⑴　**申告**

　償却資産税は、その年の1月1日現在で所有している償却資産を記載した償却資産の申告書を、その年の1月31日までに各市町村へ提出しなければなりません。

⑵　**納付**

　申告に基づき各市町村が償却資産課税台帳に登録し、固定資産税として土地や建物と一緒に、償却資産税の納付税額の確定と納付書を納税者へ交付します。

　償却資産税は、課税標準額×1.4％で課税されます。納期は、土地、建物の固定資産税、都市計画税とともに通常年4回に分納することも可能です。

　また、償却資産税の免税点は、課税標準額が150万円未満です。

5．審査の申出

　土地、建物、償却資産の課税は、各市町村がこれらの土地等を評価して、評価額を各台帳へ登録し、その登録額に基づき計算します。

　固定資産課税台帳に価格等が登録された旨の公示の日から、納税通知書の交付を受けた日後60日までに審査の申出をすることが可能です。

　土地や建物は、3年に一度全件評価替えを行い、価格を決定しますので、審査の申出の機会も3年に一度となります。

公益法人の豆知識30：会計ソフトの種類

　会計ソフトを導入している公益法人は増えてきました。
　会計ソフトの種類には、次の３つがあります。
(1)　会計ソフトの種類
　① パッケージソフト
　　パッケージソフトとは、既製の市販ソフトのことです。パッケージソフトでは、汎用的な使用が可能なように、システム内容が設定されています。値段も②や③に比較して安価ですが、すでに設定されたシステムに使用者が合わせて使用する必要があります。
　② カスタマイズソフト
　　カスタマイズソフトとは、既存のソフトを使用者の好みに合わせて作り変えたソフトのことです。値段は①に比較して割高ですが、使用者の業務体系にシステムの内容を変更できます。
　③ 独自開発ソフト
　　独自開発ソフトとは、使用者で独自に開発したソフトのことです。②のカスタマイズソフトよりもさらに使用者の業務体系にそったシステムを構築できますが、構築費用が①や②に比較して高くなります。
(2)　会計システムの導入
　一般的には、①のパッケージソフトの使用が主流です。パッケージソフトの設定に現場を合わせるほうが、一般的には合理的です。
　現在は、会計ソフトを購入するのではなく、インターネット上で使用するクラウドシステムの利用もあります。クラウドシステムを利用すると、様々な面で業務の効率化が可能となります。
　会計ソフトは、値段が高いものを購入すれば適切な会計処理ができるというものでもありません。会計ソフトを導入後、使用者に合った初期設定をして、設定後の適切な運用ができなければ、いくら会計ソフトを導入しても正しい財務諸表の作成はできません。

Ⅵ　その他

Q122. 公益法人に金銭の寄附をした場合や、現物を譲渡した又は遺贈・相続財産を贈与した場合の税務について教えてください。

A122. 公益法人へ金銭等の寄附をした個人又は法人はそれぞれの確定申告において税制優遇を受けることができます。また、建物や土地等の現物を個人が公益法人へ贈与した場合、財産を寄附した場合には、一定要件のもと課税されないこととなっています。

1．個人が公益法人へ金銭を寄附した場合

個人が公益法人に金銭を寄附した場合には、寄附をした個人の確定申告の際に所得控除と税額控除のいずれかを選択できます。

(1) **所得控除**

①適用対象となる寄附を受ける法人

公益法人のみで一般法人への寄附は適用がありません。

②寄附をした個人

(ⅰ)所得控除の計算方法（国税）

寄附金額－2,000円を所得から差し引きます。ただし、寄附金額は、その寄附をした個人の総所得金額の40％相当額が限度額です。地方税の場合には、所得控除はありません。

(ⅱ)申告に要する書類

寄附金の受領書（寄附金を受領した旨、その寄附金がその法人の主たる目的である業務に関連する寄附金である旨、寄附金額、受領日）

(2) 税額控除
　①適用対象となる寄附を受ける法人
　　公益法人で、公益法人の認定を受けた行政庁から証明を受けた法人のみが適用され、一般法人への寄附は適用がありません。地方税の場合には、各都道府県や市町村の条例により指定した法人への寄附金が該当します。
　②寄附をした個人
　　(ⅰ)税額控除の計算方法（国税）
　　　（寄附金額－2,000円）×40％を税額から差し引きます。ただし、この計算で使用できる寄附金額は、その寄附をした個人の総所得金額の40％相当額が限度額であり、税額控除の金額は、所得税額の25％相当額が限度額です。
　　(ⅱ)税額控除の計算方法（地方税）
　　　（寄附金額－2,000円）×10％（都道府県4％、市町村6％）を税額から差し引きます。ただし、この計算で使用できる寄附金額は、その寄附をした個人の総所得金額の30％相当額が限度額です。
　　(ⅲ)申告に要する書類
　　　寄附金の受領書、「税額控除に係る証明書」の写し、「寄附金特別控除額の計算明細書」

(3) 所得控除と税額控除の選択
　国税の所得税は、超過累進税といって、所得が高いほど所得税も高額になります。このような性質の税金ですので、所得が高い場合は所得控除、所得が低い場合は税額控除が有利になる可能性があります。

2．個人が土地や建物などを寄附した場合

　個人が法人へ土地や建物などを寄附した場合には、通常、寄附をした個人へ譲渡所得税が課税されます。課税は、（譲渡時の現物の時価－現物の取得価額－譲渡経費）×譲渡所得税率で計算されます。
　ですが、公益法人と非営利型法人の徹底型で定款等により役員の制限等、一定の要件を満たした場合には、その寄附を受けた現物を公益の用に直接供することを条件に、寄附をした個人へ譲渡所得税が課税されない優遇措置があります。

この適用には、遡及課税の要件があり、寄附を受けた現物が寄附を受けた後に公益の用に供していなかった場合などが判明すれば、寄附を受けた法人が個人に代わって譲渡所得税を納付することになっています。

(1) **適用対象となる寄附を受ける法人**

　公益法人と非営利型法人の徹底型で定款等により役員の制限や、寄附を受けた財産を公益の用に直接供するなど一定の要件を備えたもので、国税庁長官の承認を受けたもの

(2) **国税庁長官の承認申請**

　寄附をした個人が寄附日から4カ月以内に所轄税務署へ定型の承認申請書を提出します（寄附日が11月16日から12月31日までの間に行われた場合は、寄附した年分の所得税の確定申告書の提出期限）。

(3) **遡及課税される場合**

　寄附を受けた法人が寄附財産を公益を目的とする事業の用に直接供する前に承認が取り消されたときは、寄附をした個人へ課税されます。

　その他、要件に該当しないことが判明した場合には、寄附を受けた法人に課税されます。

3．個人が相続財産を贈与した場合

　個人が相続又は遺贈によって取得した財産を公益法人へ寄附をした場合には、その財産は相続税の課税の対象とはなりません。

　これにも上記2.のような遡及課税がありますので注意が必要です。

(1) **適用対象となる寄附を受ける法人**

　公益法人のみの適用で、一般法人には適用がありません。

(2) **適用を受ける要件**

　①寄附した財産は、相続や遺贈によって取得した財産であること
　②相続財産を相続税の申告書の提出期限までに寄附すること
　③寄附した先が国や地方公共団体又は教育や科学の振興などに貢献することが
　　著しいと認められる特定の公益を目的とする事業を行う特定の法人であること

(3) **遡及課税される場合**

　寄附を受けた法人が寄附財産を寄附を受けた日から2年以内に公益を目的とす

る事業の用に供していないと判明した場合等には、寄附をした個人の相続税に対して遡及課税されます。

(4) 申告に要する書類

寄附をした財産の明細や証明書となる資料を相続税の申告の際に添付します。

4．法人が寄附をした場合

通常、法人が寄附をした場合には法人税法上は、その寄附金額のほとんどがその法人の費用（損金）として認められません。法人税法上、費用として計算することを損金算入といいます。

しかし、法人が公益法人へ寄附をした場合には、通常の場合とは別枠で損金算入額が増額されます。

法人が寄附をした場合にはこの規定のみで、個人のような取扱いはありません。

(1) 適用対象となる寄附を受ける法人

公益法人（特定公益増進法人）のみの適用で、一般法人には適用がありません。

(2) 寄附をした法人

①一般的な法人へ寄附をした場合の損金算入限度額

$$\left(資本金等の額 \times \frac{当期の月数}{12} \times \frac{2.5}{1{,}000} + 所得の金額 \times \frac{2.5}{100}\right) \times \frac{1}{4}$$

②公益法人へ寄附をした場合の損金算入限度額の増額

(ⅰ)と(ⅱ)のいずれか少ない金額

(ⅰ) 公益法人（特定公益増進法人）への寄附額

(ⅱ) $\left(資本金等の額 \times \frac{当期の月数}{12} \times \frac{3.75}{1{,}000} + 所得の金額 \times \frac{6.25}{100}\right) \times \frac{1}{2}$

(注) ～～部分は、資本金等がない法人（公益法人等を含む）が寄附をした場合の計算式です。

Q123. 印紙税や登録免許税について教えてください。

A123. 印紙税は公益法人、一般法人ともに非課税です。法人登記に係る登録免許税は、公益法人と一般法人で取扱いが異なります。

1．印紙税

(1) 印紙税とは

印紙税とは、契約書の成立等を証すべき契約書、手形、株券等の有価証券、預貯金証書など、印紙税法別表1に掲げる文書に課税される税金です。

印紙税の納税義務者は、課税文書を作成する者です。納税義務者は、作成した課税文書に文書の種類別に印紙税法で定められた収入印紙を文書に貼付して、貼り付けた収入印紙に消印することで納付となります。

(2) 公益法人と一般法人の印紙税

①定款

公益法人、一般法人が作成する定款に係る印紙は非課税になっています。これは、印紙税法上は会社（相互会社を含む）の設立時に作成される定款の原本にのみ課税されているからです。

②金銭又は有価証券の受取書

公益法人、一般法人が作成する金銭又は有価証券の受取書に係るものは非課税になっています。

これは、印紙税法では、金銭又は有価証券の受取書は、記載金額が5万円未満のもの、又は、営業に関しない受取書は非課税となっており、公益法人、一般法人はともに、定款において剰余金を分配する旨の記載ができない法人であり、このような法人は印紙税法において課税対象となる営業者ではない

と定められているからです。したがって、公益法人、一般法人の場合には、収益事業に関するものでも営業に関しないとして非課税となっています。
③一般社団法人又は公益社団法人の基金
　一般社団法人又は公益社団法人で基金制度を設けているものが、拠出者から拠出を引き受ける際に、「基金拠出契約書」を締結した場合には、印紙税が課税されます。このとき、拠出される財産の種類によって、課税金額が異なります。

2．法人登記に係る登録免許税

　登録免許税は、特例民法法人から公益法人又は一般法人へ移行する際には非課税となっています。

　今回の公益法人制度改革では、一般法人の新規設立も可能となっていることから、一般法人の新規設立の場合は、設立登記6万円（従たる事務所の所在地で行う登記は9千円）課税されます。

　また、役員の変更登記の場合にも、公益法人は非課税ですが、一般法人の場合には1万円課税されます。

公益法人の豆知識31：監事の業務内容

　公益法人の役員には監事があります。監事は、理事会を設置すれば必要です。したがって、「公益社団法人」「一般財団法人」又は「公益財団法人」は、理事会が必ず設置されますので、監事も必ず選任されます。

　監事の職務は、理事の職務執行の監査です。監査をする立場なので、理事や使用人との兼務はできません。監事は、理事が作成した計算書類や事業報告書等を監査し、理事の不正行為等は、理事会や社員総会、評議員会へ報告する義務があり、その不正行為の差止め請求もできます。

　監事は理事の職務執行を監査する職務のため、監事全員に理事会への出席義務が法令で定められています。社員総会又は評議員会でも求められれば一定の事項は説明する必要がありますが、社員総会又は評議員会への出席義務はありません。

Q124. 公益法人会計システムを利用すれば、会計・税務の業務は効率化できますか？

A124. 公益法人会計システムを利用すれば、公益法人会計基準での日々の仕訳、帳簿作成、財務諸表等の作成、税務申告用の書類も作成できますので、業務の効率化につながります。

1．各法人にあったシステムを利用する

　公益法人会計基準での処理は、会計区分、事業区分、勘定科目の多様性から複雑なものになっています。特に、平成20年基準では費用配賦処理がありますので、修正等の作業を手書きで行うことは処理が複雑で非常に困難です。

　また、法人税、消費税の申告をしている法人の場合には、公益法人会計基準での財務諸表等と税務用の財務諸表等を作成する必要があります。

　これらの作業を公益法人会計システムを利用することで、業務の効率化、合理化を実現できます。公益法人会計システムは、各社メーカーから様々な形態で販売されていますが、企業会計システムに比べてどれも割高です。

　また、サービスやサポートの範囲も各社で異なります。それぞれの公益法人に合ったシステムを導入しましょう。

2．適切な設定・適切な運用

　公益法人会計システムを購入すれば、正しい処理ができるわけではありません。

　購入したシステムを公益法人会計基準や税法に適した初期設定を行う必要があります。この初期設定が適切でなければ、それ以後の財務諸表等がすべて間違ったものになりますので、初期設定は重要な作業です。

　システムを購入した後は、システムの専門家や会計・税務の専門家と事前に打

合せをして、初期設定を行うことをお勧めします。

　また、初期設定が適切でも、それ以後のシステムへの入力も適切でなければなりません。財務諸表作成時（決算時）にまとめて処理をするのではなく、定期的にシステムをチェックする体制をとりましょう。

3．クラウドシステム

(1)　クラウドシステムとは

　クラウドシステムは、今やオフィスに限らず家庭にも導入されているインターネットを利用したサービスです。

　クラウドシステムとは、様々なデータをインターネット上で保存して、同時に同一のデータを共有できる便利なシステムです。

(2)　クラウドシステムの利便性

　クラウドシステムを利用すると、インターネット上にデータが管理され、遠隔地からの同時入力や閲覧が可能となるため、事業所や支部がある場合や、経理担当者が複数の場合の利用に有効です。クラウドシステムの利用は常に最新の会計ソフトを利用でき、顧問税理士等との情報の共有なども可能となるため、「仕訳→転記→試算表の作成→財務諸表の作成」までの時間をより短くすることができます。

　保存データが紛失・滅失すれば、会計業務は滞り、決算業務や税務申告ができなくなります。クラウドシステムを利用すれば、地震などの災害時にもデータの保存が可能となりますので、防災対策にもなります。

　セキュリティにも力を入れた安全なクラウドシステムも販売されています。これからの情報化社会に適応した効率的・合理的な業務の推進のためにも、クラウドシステムの導入を検討してみてはいかがでしょうか？

本書掲載図一覧

I　知っておくべき公益法人制度改革

No.	内容	ページ
図I-1	社団法人と財団法人の一般的な構成	3
図I-2	公益法人制度改革の概要	5
図I-3	新しい法律と適用対象法人	7
図I-4	公益法人制度改革の法人移行の流れ	8
図I-5	特例民法法人の移行申請の流れ	10
図I-6	一般法人と公益法人のメリット・デメリット	13
図I-7	特例民法法人が移行認可した場合の行政庁の関与	13

II　公益法人会計の概要

No.	内容	ページ
図II-1	正味財産増減計算書（正味財産の増減）と貸借対照表（正味財産の残高）のイメージ	15
図II-2	公益法人会計での基本的用語のイメージ図	17
図II-3	公益法人会計基準の改正の流れ	18
図II-4	ストック式とフロー式の正味財産の増減	19
図II-5	平成16年基準での会計区分	24
図II-6	平成20年基準での会計区分	25
図II-7	財務諸表の役割	27
図II-8	行政庁へ提出する財務諸表等	28
図II-9	資産の体系	32
図II-10	負債の体系	33
図II-11	正味財産の体系	33
図II-12	指定正味財産と一般正味財産の区分	35
図II-13	収益の体系	39
図II-14	費用の体系	41
図II-15	収益・費用の共通勘定科目の体系	42
図II-16	会計区分と収益、費用の関係	43

Ⅲ 公益法人と移行法人が満たすべき数値的要件

1．公益法人の数値的要件

No.	内容	ページ
図Ⅲ-1-1	公益法人の会計区分と運営	45
図Ⅲ-1-2	収支相償　1段階目の判定	46
図Ⅲ-1-3	収支相償　法人会計の管理費按分	47
図Ⅲ-1-4	収支相償　50％繰入れ	48
図Ⅲ-1-5	収支相償　50％超繰入れ	49
図Ⅲ-1-6	遊休財産と控除対象財産	61

2．移行法人の数値的要件

No.	内容	ページ
図Ⅲ-2-1	公益目的財産額のイメージ	67
図Ⅲ-2-2	公益目的支出計画のイメージ	69
図Ⅲ-2-3	バランスのとれた計画	73

Ⅳ 実践あるのみ！ 公益法人会計の実務

1．会計のルール　～公益法人会計を始める前に～

No.	内容	ページ
図Ⅳ-1-1	会計の手順	81
図Ⅳ-1-2	取引の認識	83
図Ⅳ-1-3	仕訳帳	85
図Ⅳ-1-4	仕訳帳への記載	85
図Ⅳ-1-5	仕訳帳からの転記	86
図Ⅳ-1-6	残高と発生金額の求め方	89
図Ⅳ-1-7	試算表の作成	89

2. レッツトライ！ 公益法人会計①　～収益、費用の仕訳～

No.	内容	ページ
図Ⅳ-2-1	公益法人の会計区分と事業区分	91
図Ⅳ-2-2	収益・費用の仕訳の手順	92
図Ⅳ-2-3	収益・費用の仕訳の手順（消耗品費の仕訳の手順）	93
図Ⅳ-2-4	公益社団法人の会費の仕訳	96
図Ⅳ-2-5	公益財団法人の会費の仕訳	98
図Ⅳ-2-6	一般財団法人の場合の会費の仕訳	99
図Ⅳ-2-7	公益法人の寄附金の仕訳	101
図Ⅳ-2-8	公益法人の寄附金の仕訳	102
図Ⅳ-2-9	指定正味財産を費消する場合の1取引2仕訳	104
図Ⅳ-2-10	指定正味財産の資産を減価償却する場合の1取引2仕訳	105
図Ⅳ-2-11	指定正味財産の資産が災害等により滅失した場合の1取引2仕訳	106
図Ⅳ-2-12	指定正味財産の満期保有目的の債券で償却原価法により評価するものが、利息を受取った場合の1取引2仕訳	106
図Ⅳ-2-13	土地の贈与を受けた場合の仕訳	108
図Ⅳ-2-14	土地の贈与を受けた場合の仕訳（指定）	109
図Ⅳ-2-15	利息を受けた場合の仕訳	111
図Ⅳ-2-16	手数料を収受した場合の仕訳	112
図Ⅳ-2-17	給与を支給する場合の仕訳	115
図Ⅳ-2-18	預り金に小科目又は補助科目をつける場合の仕訳	116
図Ⅳ-2-19	社会保険を福利厚生費で処理する場合の仕訳	117
図Ⅳ-2-20	役員報酬を支給する場合の仕訳	119
図Ⅳ-2-21	消耗品費と消耗什器備品費の仕訳	121
図Ⅳ-2-22	印刷製本費と通信運搬費の仕訳	123
図Ⅳ-2-23	交際費の仕訳	125

図Ⅳ-2-24	賃借料と委託費の仕訳	127
図Ⅳ-2-25	会議費の仕訳	129
図Ⅳ-2-26	租税公課の仕訳	131
図Ⅳ-2-27	上部団体の会費の仕訳	133
図Ⅳ-2-28	雑費の仕訳	135

3. レッツトライ！ 公益法人会計② ～資産の仕訳と管理方法～

図Ⅳ-3-1	資産の仕訳（負債から構成される資産の仕訳）	137
図Ⅳ-3-2	資産の仕訳（正味財産から構成される資産の仕訳）	138
図Ⅳ-3-3	貸借対照表の会計区分が不要の場合	139
図Ⅳ-3-4	口座の管理方法	141
図Ⅳ-3-5	有価証券の保有目的別の会計処理方法	143
図Ⅳ-3-6	有価証券を購入した際の会計処理方法	144
図Ⅳ-3-7	有価証券を保有する場合の管理表	145
図Ⅳ-3-8	有価証券を売却したときの仕訳	146
図Ⅳ-3-9	有価証券を期首洗替法又は期首切放法により処理をした場合	149
図Ⅳ-3-10	満期保有目的の債券を償却原価法（定額法）により評価した場合	151
図Ⅳ-3-11	満期保有目的の債券を定額法により償却原価した場合	152
図Ⅳ-3-12	満期保有目的の債券の償却原価法のイメージ	152
図Ⅳ-3-13	固定資産台帳	157
図Ⅳ-3-14	法人税法上の資本的支出と修繕費の判定の手順	159

4. レッツトライ！公益法人会計③　〜負債の仕訳と管理方法〜

図Ⅳ-4-1	負債の仕訳	161
図Ⅳ-4-2	退職一時金制度の場合の退職給付引当金の仕訳	167
図Ⅳ-4-3	企業年金制度確定拠出型の退職給付引当金の仕訳	168
図Ⅳ-4-4	賞与引当金の仕訳	171
図Ⅳ-4-5	役員退職慰労引当金の仕訳	172

5. レッツトライ！公益法人会計④　〜収益・費用の配賦と会計間取引〜

図Ⅳ-5-1	公益法人の収益の配賦	174
図Ⅳ-5-2	費用の配賦	175
図Ⅳ-5-3	受取会費の収益配賦の仕訳	177
図Ⅳ-5-4	給与の費用配賦の仕訳	179
図Ⅳ-5-5	他会計振替額の仕訳	181
図Ⅳ-5-6	貸借対照表内訳表の内部取引消去	182
図Ⅳ-5-7	正味財産増減計算書内訳表の内部取引消去	183

6. レッツトライ！公益法人会計⑤　〜財務諸表を作成するための決算整理仕訳〜

図Ⅳ-6-1	現金過不足の決算整理仕訳	187
図Ⅳ-6-2	未収会費の決算整理仕訳	189
図Ⅳ-6-3	貸倒引当金の決算整理仕訳	191
図Ⅳ-6-4	有価証券の時価評価の決算整理仕訳	194
図Ⅳ-6-5	為替相場の種類	196
図Ⅳ-6-6	外貨建て有価証券の決算整理仕訳	197
図Ⅳ-6-7	定額法と定率法	199
図Ⅳ-6-8	減価償却費の決算整理仕訳	201
図Ⅳ-6-9	固定資産購入の決算整理仕訳	203
図Ⅳ-6-10	給与の未払い	204
図Ⅳ-6-11	雇用保険の立替処理	206

図Ⅳ-6-12	社会保険料の未払い	207
図Ⅳ-6-13	前払金と前払費用の仕訳	208
図Ⅳ-6-14	前受金と前受収益の仕訳	210
図Ⅳ-6-15	未収金と未収収益の仕訳	212
図Ⅳ-6-16	立替金の仕訳	214
図Ⅳ-6-17	仮払金の仕訳	215
図Ⅳ-6-18	仮受金の仕訳	216
図Ⅳ-6-19	貸借勘定の仕訳	218
図Ⅳ-6-20	他会計振替額の仕訳	219

7. レッツトライ！ 公益法人会計⑥ ～財務諸表等を作成する～

図Ⅳ-7-1	決算整理仕訳後の流れ	221
図Ⅳ-7-2	貸借対照表の様式：比較式	222
図Ⅳ-7-3	貸借対照表の基本財産と充当額	225
図Ⅳ-7-4	特定資産の財源と貸借対照表	226
図Ⅳ-7-5	正味財産増減計算書の様式：比較式	229
図Ⅳ-7-6	貸借対照表及び正味財産増減計算書の附属明細書の様式	233
図Ⅳ-7-7	財産目録の様式	235
図Ⅳ-7-8	財務諸表に対する注記の一部記載例	237
図Ⅳ-7-9	継続事業の前提に関する注記の文例	241

Ⅴ 公益法人等の税務について

1. 源泉所得税 ～給与や謝金に関する税金～

図Ⅴ-1-1	給与の源泉所得税の区分	246
図Ⅴ-1-2	給与の源泉所得税の確定	248
図Ⅴ-1-3	給与の住民税徴収の流れ	251
図Ⅴ-1-4	退職金の源泉所得税・住民税の計算と手続きの流れ	256

2. 法人税　～収益事業の判定は難しい～

図Ⅴ-2-1	法人税法上の区分と課税体系	267
図Ⅴ-2-2	非営利型法人の要件	268
図Ⅴ-2-3	34の収益事業	271
図Ⅴ-2-4	収益事業の判定手順	277
図Ⅴ-2-5	請負事業の判定手順	281
図Ⅴ-2-6	実費弁償の実績判定	283
図Ⅴ-2-7	出版業の判定手順	285
図Ⅴ-2-8	技芸教授業の判定手順	289
図Ⅴ-2-9	公益法人会計基準の費用配賦のイメージ（公益法人）	291
図Ⅴ-2-10	収益事業の課税済所得と非収益事業の非課税所得のイメージ	294
図Ⅴ-2-11	普通法人へ移行時の法人税の課税の特例のイメージ	295
図Ⅴ-2-12	公益目的支出計画中の普通法人	295

3. 消費税　～公益法人は課税漏れが多い？～

図Ⅴ-3-1	消費税は間接税	300
図Ⅴ-3-2	消費税の課税取引の体系	303
図Ⅴ-3-3	消費税の課税事業者の判定	307
図Ⅴ-3-4	消費税の計算方法	309
図Ⅴ-3-5	個別対応方式の計算方法	311
図Ⅴ-3-6	一括比例配分方式の計算方法	312
図Ⅴ-3-7	簡易課税方式の計算方法	315
図Ⅴ-3-8	消費税の課税体系	316
図Ⅴ-3-9	特定収入の調整計算の概略	321

4. 地方税　～公益法人の中でも課税体系が異なる～

図Ⅴ-4-1	都道府県民税と市町村民税	327

〈参考〉

平成20年基準の標準的な勘定科目と内容(貸借対照表及び正味財産増減計算書)

1. 貸借対照表　　　　　　　　　　　　　　　　　　　「運用指針」より

(資産の部)

科目		取扱要領
大科目	中科目	
流動資産		
	現金預金	現金、当座預金、普通預金、定期預金等
	受取手形	
	未収会費	当期の会費で未徴収のもの
	未収金	当期の収益で未収のもの
	前払金	翌期以降の費用で前払いしたもの
	有価証券	売買目的で保有する有価証券及び貸借対照表日後1年以内に満期の到来する債券等(ただし、基本財産又は特定資産に含まれるものを除く)
	貯蔵品	未使用の切手等
固定資産		
基本財産		定款において基本財産と定められた資産
	土地	
	投資有価証券	満期保有目的の債券等、流動資産の区分に記載されない有価証券(貸付信託受益証券等を含む)で基本財産と定めたもの
特定資産		特定の目的のために使途等に制約を課した資産
	退職給付引当資産	退職給付を支払うための特定預金等
	○○積立資産	特定の目的のために積み立てられた資産(特定費用準備資金、資産取得資金等を含む)

（資産の部）続き

科目		取扱要領
大科目	中科目	
その他固定資産		
	建物	
	構築物	建物と建物附属設備以外の土地の上に定着した建造物、土木設備、工作物等
	車両運搬具	
	什器備品	パソコン、FAX等
	土地	
	建設仮勘定	建設中又は制作中の有形固定資産（工事前払金、手付金等を含む）
	借地権	
	電話加入権	
	敷金	
	保証金	
	投資有価証券	
	子会社株式	
	関連会社株式	

（負債の部）

科目		取扱要領
大科目	中科目	
流動負債		
	支払手形	
	未払金	事業費等の未払額
	前受金	受取会費等の前受額
	預り金	源泉所得税、社会保険料等の預り金

(負債の部)続き

科目		取扱要領
大科目	中科目	
流動負債		
	短期借入金	返済期限が貸借対照表日後1年以内の借入金
	1年以内返済予定長期借入金	返済期限が貸借対照表日後1年以内となった長期借入金
	賞与引当金	
固定負債		
	長期借入金	返済期限が貸借対照表日後1年超の借入金
	退職給付引当金	退職給付に係る見積債務額から年金資産額等を控除したもの
	役員退職慰労引当金	
	受入保証金	

(正味財産の部)

科目		取扱要領
大科目	中科目	
基金		一般社団・財産法人法第131条に規定する基金
	基金	
	(うち基本財産への充当額)	基金のうち基本財産への充当額
	(うち特定資産への充当額)	基金のうち特定資産への充当額
指定正味財産		寄附者等(会員等を含む)によりその使途に制約が課されている資産の受入額
	国庫補助金	

（正味財産の部）続き

科目		取扱要領
大科目	中科目	
指定正味財産		
	地方公共団体補助金	
	民間補助金	
	寄附金	
	（うち基本財産への充当額）	指定正味財産合計のうち基本財産への充当額
	（うち特定資産への充当額）	指定正味財産合計のうち特定資産への充当額
一般正味財産		
	代替基金	一般社団・財団法人法第144条により計上された額
	一般正味財産	正味財産から指定正味財産及び代替基金を控除した額
	（うち基本財産への充当額）	一般正味財産合計のうち基本財産への充当額
	（うち特定資産への充当額）	一般正味財産合計のうち特定資産への充当額

参考

2. 正味財産増減計算書
（一般正味財産増減の部　収益及び費用）

科　　目		取　扱　要　領
大　科　目	中　科　目	
経常収益		
基本財産運用益		基本財産の運用益
	基本財産受取利息	国債や定期預金の利息
	基本財産受取配当金	株式等の配当金
	基本財産受取賃貸料	土地や建物の賃貸料
特定資産運用益		特定資産の運用益
	特定資産受取利息	国債や定期預金の利息
	特定資産受取配当金	株式等の配当金
	特定資産受取賃貸料	土地や建物の賃貸料
受取入会金		
	受取入会金	会員からの入会金
受取会費		会費
	正会員受取会費	正会員からの会費
	特別会員受取会費	特別会員からの会費
	賛助会員受取会費	賛助会員からの会費
事業収益		
	○○事業収益	事業費等に充当する目的で毎年度経常的に受取るもの
受取補助金等		
	受取国庫補助金	国等からの補助金
	受取地方公共団体補助金	地方公共団体等からの補助金
	受取民間補助金	民間企業等からの補助金
	受取国庫助成金	国等からの助成金
	受取地方公共団体助成金	地方公共団体等からの助成金

(一般正味財産増減の部　収益及び費用)続き

科目		取扱要領
大科目	中科目	
経常収益		
受取補助金等		事業費等に充当する目的で毎年度経常的に受取るもの
	受取民間助成金	民間企業等からの助成金
	受取補助金等振替額	指定正味財産から一般正味財産への振替額
受取負担金		
	受取負担金	業務や事業に係る負担金
	受取負担金振替額	指定正味財産から一般正味財産への振替額
受取寄附金		
	受取寄附金	寄附
	募金収益	募金
	受取寄附金振替額	指定正味財産から一般正味財産への振替額
雑収益		
	受取利息	普通預金の利息
	有価証券運用益	売買目的で保有する有価証券に係る評価益及び売却益
	雑収益	コピー等の手数料など
経常費用		
事業費		事業の目的のために要する費用
		必要に応じて事業の種類毎に区分して記載
	給料手当	職員への給与、手当等、賞与
	臨時雇賃金	アルバイト
	退職給付費用	退職給付規定がある場合の積立て
	福利厚生費	職員の健康診断等
	旅費交通費	旅費、通勤手当(実費相当額)、ガソリン

（一般正味財産増減の部　収益及び費用）続き

科目		取扱要領
大科目	中科目	
	通信運搬費	電話、インターネット
	減価償却費	
	消耗什器備品費	棚、カメラ等　費用処理が可能なもの
	消耗品費	コピー用紙など
	修繕費	修理
	印刷製本費	外部への印刷委託
	燃料費	灯油代など
	光熱水料費	水道、電気、ガス
	賃借料	賃貸契約に基づく支払
	保険料	保険契約に基づく支払
	諸謝金	講師への謝金等
	租税公課	印紙、固定資産税、自動車税など
	支払負担金	会費等
	支払助成金	返還義務のない助成金
	支払寄附金	寄附
	委託費	委託契約に基づく支払

（一般正味財産増減の部　収益及び費用）続き

科　　　目		取　扱　要　領
大　科　目	中　科　目	
経常費用		
事業費		事業の目的のために要する費用
		必要に応じて事業の種類ごとに区分して記載
	有価証券運用損	売買目的で保有する有価証券に係る評価損及び売却損
	雑費	ごみ処理代など　諸雑費
管理費		各種の事業を管理するため、毎年度経常的に要する費用
	役員報酬	理事、監事、評議員等への報酬
	給料手当	
	退職給付費用	
	福利厚生費	
	会議費	会議に使う諸経費
	旅費交通費	
	通信運搬費	
	減価償却費	
	消耗什器備品費	
	消耗品費	
	修繕費	
	印刷製本費	
	燃料費	
	光熱水料費	
	賃借料	
	保険料	
	諸謝金	

参考

(一般正味財産増減の部　収益及び費用) 続き

科目		取　扱　要　領
大　科　目	中　科　目	
経常費用		
管理費		各種の事業を管理するため、毎年度経常的に要する費用
	租税公課	
	支払負担金	
	支払寄附金	
	支払利息	借入金に係る利息
	雑費	
		収益・費用共通
基本財産評価損益等		
	基本財産評価損益等	一般正味財産を充当した基本財産に含められている投資有価証券に時価法を適用した場合における評価損益及び売却損益
特定資産評価損益等		
	特定資産評価損益等	一般正味財産を充当した特定資産に含められている投資有価証券に時価法を適用した場合における評価損益及び売却損益
投資有価証券評価損益等		
	投資有価証券評価損益等	投資有価証券に時価法を適用した場合における評価損益及び売却損益

(一般正味財産増減の部　収益及び費用）続き

科目		取扱要領
大科目	中科目	
経常外収益		
固定資産売却益		固定資産の売却による売却差益
	建物売却益	建物を売却した際の収益
	車両運搬具売却益	車を売却した際の収益
	什器備品売却益	什器備品を売却した際の収益
	土地売却益	土地を売却した際の収益
	借地権売却益	借地権を売却した際の収益
	電話加入権売却益	電話加入権を売却した際の収益
固定資産受贈益		指定正味財産から一般正味財産への振替額を含む
	土地受贈益	土地の寄附を受けたときの時価相当額
	投資有価証券受贈益	株式等の寄附を受けたときの時価相当額
経常外費用		
固定資産売却損		固定資産の売却による売却差損
	建物売却損	建物を売却した際の損失
	車両運搬具売却損	車を売却した際の損失
	什器備品売却損	什器備品を売却した際の損失
	土地売却損	土地を売却した際の損失
	借地権売却損	借地権を売却した際の損失
	電話加入権売却損	電話加入権を売却した際の損失
固定資産減損損失		
	土地減損損失	時価の下落による評価損（回復の見込なし）
	投資有価証券減損損失	時価の下落による評価損（回復の見込なし）
災害損失		
	災害損失	災害による滅失

参考

(一般正味財産増減の部　収益及び費用) 続き

科目		取扱要領
大科目	中科目	
他会計振替額		収益・費用共通 内訳表に表示した収益事業等からの振替額

(指定正味財産増減の部　収益及び費用)

科目		取扱要領
大科目	中科目	
受取補助金等		使途が制約されている補助金等への受入額
	受取国庫補助金	
	受取地方公共団体補助金	
	受取民間補助金	
	受取国庫助成金	
	受取地方公共団体助成金	
	受取民間助成金	
受取負担金		
	受取負担金	
受取寄附金		
	受取寄附金	
固定資産受贈益		
	土地受贈益	
	投資有価証券受贈益	
基本財産評価益		指定正味財産を充当した基本財産の評価益
	基本財産評価益	
特定資産評価益		指定正味財産を充当した特定資産の評価益
	特定資産評価益	

（指定正味財産増減の部　収益及び費用）続き

科目		取扱要領
大科目	中科目	
基本財産評価損		指定正味財産を充当した基本財産の評価損
	基本財産評価損	
特定資産評価損		指定正味財産を充当した特定資産の評価損
	特定資産評価損	
一般正味財産への振替額		指定正味財産から一般正味財産への振替額
	一般正味財産への振替額	

（基金増減の部）

科目		取扱要領
大科目	中科目	
基金受入額		基金制度がある社団法人のみ
	基金受入額	
基金返還額		
	基金返還額	

参考文献

「公益法人制度改革関係法令集　第3版」	平成24年10月29日発行
「公益法人・一般法人の運営実務」	平成23年12月5日発行
「公益法人・一般法人の会計実務」	平成24年3月30日発行

　　　　　　　　　　　　　　　以上、公益財団法人公益法人協会　発行

「公益法人等における収益事業の判定実務」　　　　平成22年5月12日発行
　　　　　　　編著：田中善幸　著：井田良子、北山現、橋本知恵子

「非営利法人委員会報告第28号　公益法人会計基準に関する実務指針」
　　　　　　　　　　　　　　　　　　　　　　　　平成17年6月13日発表
「非営利法人委員会報告第29号　公益法人会計基準に関する実務指針（その2）」
　　　　　　　　　　　　　　　　　　　　　　　　平成18年4月13日発表
「非営利法人委員会報告第31号　公益法人会計基準に関する実務指針（その3）」
　　　　　　　　　　　　　　　　　　　　　　　　平成19年3月29日発表
「非営利法人委員会報告第32号　公益法人会計基準に関する実務指針（その4）」
　　　　　　　　　　　　　　　　　　　　　　　　平成20年3月25日発表
「非営利法人委員会研究報告第21号　公益法人の継続事業の前提について」
　　　　　　　　　　　　　　　　　　　　　　　　平成22年3月30日発表
「非営利法人委員会研究資料第4号　貸借対照表内訳表及び正味財産増減計算書
　内訳表の作成と会計処理について」　　　　　　　平成23年5月13日発表
「非営利法人委員会研究報告第23号　公益法人の財務諸表等の様式等に関する
　チェックリスト（平成20年基準）」　　　　　　　平成24年1月12日発表

　　　　　　　　　　　　　　　　　　以上日本公認会計士協会　発行

「新たな公益法人関係税制の手引」	平成24年9月発表
「国、地方公共団体や公共・公益法人等と消費税」	平成27年6月発表
「復興特別所得税（源泉徴収関係）Q&A」	平成24年4月発表

　　　　　　　　　　　　　　　　　　　　　　　以上　国税庁

あとがき

　最後までこの本を読んでいただき、心から感謝しております。

　今回の公益法人制度改革は、民（みん）による公益を増進することを目的としています。
　我々、公益法人の業務に携わる者が、公益法人の適切な運営を実践するために、今回の制度の内容を理解し、一般の方々に公益活動を広く周知していくことこそが、公益法人制度改革の目的達成につながっていくものと考えます。

　この本では、公益法人の会計や税務に関する基本的な事項を中心に書きましたが、会計や税務は、原則的な方法よりも特例や例外的な方法のほうが多く、この本を書き進めていくうちに、正しい方法や有利な方法を知っているかいないかで決まってしまう実務の難しさを改めて感じました。

　公益法人の実務に携わる方々にとっての業務の効率化や適正化、不明点の解決策につながるヒントが、この本の中に1つでもあれば幸いです。

　公益法人の皆様の、適正な運営と事業活動のご発展を心から願っています。

索引

あ

青色申告……………………296, 297
アカウント方式………………325
預り金………………115, 116, 117, 119, 168, 171, 173, 203, 204, 319
遊び場…………………………329
編物……………………………288
洗替法……………………148, 149
按分………46, 47, 48, 49, 57, 59, 200, 311

い

異議……………………………145
囲碁・将棋教室………………288
医師……………………2, 285, 304
維持………………37, 142, 158
医師会……………………………2
遺贈……………………334, 336
委託費………126, 127, 134, 214, 215
1取引2仕訳………20, 21, 22, 23, 102, 103, 104, 105, 106, 193
一括比例配分方式……309, 310, 312, 314, 316
一般会計………………………24
一般教養教室…………………288
異動届出……………169, 251, 297
移動販売………………………270
移動平均法………146, 147, 237
委任………3, 71, 118, 172, 231, 283

違反………6, 62, 63, 268, 287, 292, 296, 322
医療………3, 271, 304, 329, 330
医療費…………………………248
医療法人………………………223
医療保健業…………………3, 271
印刷業……………………271, 284
印刷製本費………………122, 123
印紙………………130, 304, 338
印紙税……………130, 338, 339
飲食接待費……………………124
飲食店業…………………271, 315
インターネット代……………122
インボイス方式………………325

う

請負業………271, 275, 280, 282, 284
受取会費………89, 97, 98, 99, 176, 177, 188, 189, 217
受取寄附金………22, 101, 102, 104, 137
受取書…………………………338
受取手形…………………190, 191
受取利息……23, 103, 107, 110, 111, 143, 150, 151, 152
打歩発行………………………150
内訳表………25, 43, 45, 46, 48, 70, 73, 91, 130, 182, 183, 218, 291, 295
売上高………306, 307, 308, 311, 312, 313, 316, 319, 323, 324
売掛金…………………………190
運送業…………………………271

運送費……………………………157	会計期間……………………………16
運用指針………32, 38, 92, 94, 136, 160, 230, 232, 234, 236, 242	会計士補……………………………262
	会計ソフト…………31, 117, 317, 333, 341
え	会計帳簿……………80, 81, 220, 259, 310
営業………………………124, 338, 339	会計名………………………………24
営利…………………2, 124, 223, 259	解決…………………………………5
益金………………181, 227, 241, 294	外交員………………………………262
益金不算入…………………227, 241	介護施設……………………………80
役務の提供……51, 163, 263, 304, 315	介護保険……………………………114, 304
閲覧……………57, 59, 217, 231, 341	介護保険法…………………………304
NPO 法人……………………223, 271	解散………51, 69, 77, 78, 95, 268, 292
エレベーター………………………126	海事代理士…………………………262
円換算額……………………………196	解職…………………………………71
演芸…………………………………288	会社法………………………………87
演劇…………………………………288	会場代………………………………128
延滞税…………………173, 247, 269	改正…………4, 11, 18, 153, 155, 325
	改善………………62, 187, 239, 327
お	改装…………………………………158
大型特殊自動車……………………330	改造……………………………158, 305
乙欄………………246, 247, 248, 249	ガイドライン………………………40
お布施………………………………318	解任…………………………………71
卸売業…………………………314, 315	会費規程………………………96, 99, 286
卸売業者……………………………308	会費収入………………………………2, 259
終値…………………………………192	外部……………14, 31, 122, 126, 132, 167, 168, 214, 228, 259
音楽…………………………………288	回復の見込み…………23, 106, 193, 195
恩恵………………………12, 35, 124	開放型病院等………………………329
か	戒名料………………………………318
会員名簿……………………………285	改良……………56, 275, 280, 331
絵画…………………………………288	家屋課税台帳………………………328
会議費…………………………128, 129	
会計監査人………3, 26, 77, 79, 298	

科学の振興……………………336
学術………………2, 284, 286, 326, 327
学生寄宿舎……………………329
確定給付型……………………167
確定拠出型………………167, 168
確定決算主義…………………298
確定債務………………162, 163, 184
額面金額…………150, 151, 152, 154
加工賃…………………………315
火災損害鑑定人………………262
貸倒れ……………165, 188, 189, 190, 313
貸倒懸念債権…………………190
貸倒引当金………165, 188, 189, 190, 191, 212, 214, 237
貨車……………………………330
過少申告加算税………………269
ガス業…………………………314
カスタマイズソフト…………333
課税売上…………302, 303, 305, 306, 307, 308, 310, 311, 312, 314, 316, 318, 319, 320, 321, 323, 325
課税売上割合……………311, 312, 314, 316, 320, 321
課税期間……………306, 311, 312, 313, 316, 323, 324, 325
課税仕入……………302, 303, 305, 310, 311, 314, 321
課税事業者………306, 307, 308, 312, 313, 316, 318, 322, 323

課税所得………………………227
課税取引……………302, 303, 304, 305
課税の対象………………262, 265, 301, 305, 318, 336
仮装隠蔽………………………269
火葬料…………………………304
学校教育……………………288, 305
学校教育法……………………305
学校法人…………2, 80, 223, 288, 292
活動記録………………………87
合併……………77, 78, 155, 297, 307
金型……………………………330
可能性…………32, 33, 143, 189, 190
過半数…………………………242
寡婦………………………278, 279
株券………………………142, 303, 338
株式会社……………20, 124, 144, 146, 190, 223, 238, 266, 271, 304, 320, 321
借入金………………16, 89, 177, 179, 182, 189, 201, 219, 239, 319
仮受金………………163, 214, 216, 217
仮払金………………190, 214, 215, 216, 221
為替銀行………………………196
為替差益………………………196
為替差損………………………196
為替差損益………………196, 197
為替相場…………………196, 197
関係者………………14, 27, 31, 124, 223, 227, 238, 241, 242, 329
慣行……………………………30, 31

365

勧告·················62, 240
看護師寄宿舎·················329
看護師養成施設·················329
監査·················3, 26, 40, 77, 114, 245, 259, 298, 339
監事·················3, 16, 40, 63, 73, 77, 79, 118, 124, 145, 163, 245, 259, 260, 261, 299, 317, 339
間接控除法·················190, 200
間接税·················300
鑑定評価·················50, 65
監督·················3, 12, 13, 26, 27, 68, 69, 71, 155
看板·················330
還付金·················319, 324
官報·················95
元本·················61, 155
管理職職員·················153
関連会社株式·················143, 192, 196
関連団体·················124, 125, 132
関連当事者·················237, 242, 243, 244

き

議案·················145
機械及び装置·················330
機械式駐車設備·················330
機関·················3, 4, 6, 29, 36, 50, 56, 58, 63, 134, 169, 186, 254, 255, 260, 317
義眼·················305
疑義·················62, 74, 237, 238, 239, 240, 241

企業会計·················20, 190, 223, 340
企業診断員·················262
企業年金制度·················167, 168
基金拠出額·················66
基金拠出者·················66
基金制度·················33, 66, 339
技芸·················2, 262, 273, 288, 289
技芸教授業·················271, 273, 288, 289
議決権·················217, 231, 242, 243
期限·················62, 173, 247, 296, 297, 298, 299, 322, 324, 325, 327, 328, 336
義肢·················305
喜捨金·················318
期首·················16, 26, 88, 149, 185, 198, 199, 229, 230, 231, 233
技術士·················262
技術士補·················262
基準期間·················306, 307, 316, 322, 323
議事録·················145, 163, 299
寄贈·················3
寄附規程·················100, 107
寄附金·················3, 19, 75, 98, 100, 101, 102, 104, 107, 181, 241, 248, 259, 266, 301, 305, 318, 320, 321, 334, 335, 337
寄附行為·················8
寄附者·················27, 34, 35, 36, 37, 38, 40, 100, 101, 102, 107, 151
義務·················27, 30, 33, 52, 66,

98, 130, 163, 250, 259, 270, 322, 325, 338, 339
記名押印……………………299
着物着付け…………………288
休眠法人……………………95
客車…………………………330
脚色料………………………262
脚本料………………………262
キャッシュ・フロー………26, 236, 237, 239
給与支払報告書……………251
共益事業……………………72, 91
供応…………………………128
教科用図書…………………305
共済掛金……………………304
共済事業……………………274, 275
行政処分……………………173
業務執行権…………………155
業務執行理事………………155, 163, 191
許可……………………2, 4, 60, 304
許可主義……………………2
虚偽…………………………287
漁業…………………………314
漁船…………………………330
居宅サービス………………304
距離…………………………261
切放法………………………148, 149
銀行券………………………303
近親者………………………242, 244
金銭貸付業…………………271

勤続年数……………………257
均等割………………………326, 327
勤務地………………………260
金融・保険業………………315
金利…………………………50, 154
金利の調整…………………23, 150, 184

く

区域……………………9, 77, 328
グライダー…………………330
クラウドシステム…………333, 341
車いす………………………305
クレーン……………………330

け

経営状態……………………223, 227
経過勘定……………………162, 211
経過措置……………………5, 6, 329
掲載……………………9, 153, 272, 284, 286
計算書類……………………14, 21, 22, 26, 27, 81, 320, 339
形式的………………………126
経常外収益…………………39, 92, 108, 109, 228, 243, 244
経常外費用…………40, 92, 102, 130, 228, 243, 244
経常収益……………………39, 43, 46, 48, 92, 97, 98, 99, 101, 109, 111, 112, 142, 143, 193, 196, 228, 239, 241, 243
経常費用……………………40, 43, 46, 47, 48, 92, 93, 102, 115, 119, 121, 125, 127, 129, 130, 131, 133, 134, 135, 142, 193,

196, 228, 243, 290
継続事業……………68, 78, 236, 237, 238, 239, 241
携帯電話………………………122
形態別………………42, 94, 95, 134
慶弔費……………………………134
芸能人……………………………263
刑罰………………………………287
競馬の騎手………………………263
軽微な変更………………76, 77, 78
刑法………………………………63
計理士……………………………262
経理責任者………………………187
経理担当者……………185, 187, 341
経理的基礎………………………259
月額…………………………246, 247
欠格事由…………63, 173, 240, 292
決議………………………29, 71, 79, 145, 155, 163, 169, 180, 217, 245, 255, 260, 283, 299
決算整理仕訳………81, 184, 185, 186, 187, 188, 202, 218, 220
決算調整…………………………227
欠損金の繰越控除………………297
欠損金の繰戻しによる還付……297
気配値……………………………193
下落……………………23, 106, 193, 195
減価償却費…………22, 23, 48, 105, 175, 198, 199, 200, 201, 202, 203
減価償却方法………………157, 298

減価償却累計額………157, 200, 237
現金過不足………………………187
現金主義……………………16, 17
現金預金……………………16, 17, 19, 20, 21, 82, 88, 136, 180, 220
健康保険………………114, 205, 304
原稿料……………………………262
検査………………………62, 127, 304
現在価値計算……………………166
原状回復費………………………158
建設仮勘定…………………156, 331
建設業……………………………314
源泉徴収票……………249, 252, 257
建造物……………………………53
建築士……………………………262
建築代理士………………………262
検定…………………………304, 305
減免措置…………………………329

こ

鉱業…………………………271, 314
公益活動………………2, 3, 5, 64, 68
公益性の判断…………………4, 126
公益認定等委員会………………4, 5, 9
公益認定取消し……………62, 95
公益目的財産……11, 51, 64, 66, 67, 293
公益目的事業比率………44, 45, 50, 55, 59, 143
公益目的支出計画……13, 25, 31, 51, 64, 68, 69, 71, 72, 74, 75, 78, 240, 287, 293, 295

公益目的支出計画実施完了確認請求書
……………………………………78
講演…………………………126, 288
講演会……………………123, 263, 272
講演料……………………………262
硬貨…………………………186, 303
公開市場……………………113, 142
公開模擬学力試験………………288
交換………………………………157
興行業……………………271, 273
鉱業権……………………………298
公共施設内………………………279
公共用歩廊等……………………329
航空機……………………………330
工芸………………………………288
貢献………………………………3, 336
公告……………………………95, 287
広告塔……………………………330
広告の引受け……………………272
交際費……………………124, 125, 128
講習………………………………288
工場………………………………298
控除対象財産………45, 52, 53, 54, 55, 60, 61, 70
控除対象仕入税額………310, 311, 312, 314, 320, 323
更新………………………………153
更正………………………………297
構成員………………2, 98, 223, 283
校正料……………………………263

功績倍率法………………………172
交通手段…………………………261
構内運搬車………………………330
購入株式数………………………147
購入総額…………………………147
購入代金……………157, 202, 209
公認会計士…………………259, 262
公売………………………………173
後発事象…………………………237
公表………………………………153
交付金……………………………318
公文書……………………………304
合名会社…………………………303
甲欄………………………247, 248, 249
小売業……………………314, 315
合理的………47, 50, 57, 59, 64, 65, 66, 164, 175, 192, 275, 290, 333, 341
効力………………78, 255, 272, 299, 316
子会社株式…………142, 143, 192, 196
語学教室…………………………288
小型船舶操縦……………………288
小型フォークリフト……………331
小切手………………………186, 303
国債………………………32, 142, 303
国税…………63, 173, 247, 249, 252, 257, 272, 279, 301, 327, 334, 335, 336
国家公務員………………………153
固定資産税課税評価額…………328
固定資産台帳……………………157
固定性……………………………32, 33

コピー代……………………113, 134
コピー用紙……………………120
個別除外……………276, 277, 280, 281, 284, 285, 286, 288, 289
個別対応方式………309, 310, 311, 312, 313, 314, 316
ごみ処理代……………………134
雇用契約………………………172
雇用保険……………114, 205, 206
ゴルフ練習場設備………………330
根拠…………36, 57, 59, 236, 259, 325
コンサート……………………273
コンパニオン…………………263

さ

サービス……190, 208, 210, 300, 301, 302, 304, 305, 308, 310, 315, 325, 340, 341
財貨……………………190, 277
災害…………………23, 103, 106, 298, 341
債券……………23, 65, 103, 106, 150, 151, 152, 154, 155, 184, 192, 237, 319
債権……………45, 165, 188, 189, 190, 191, 196, 211, 214, 237, 243, 303
財源……………2, 3, 136, 188, 193, 194, 195, 224, 225, 226, 237, 241, 318, 320, 327
債券金額………………………23
最高意思決定機関…………………3
財産目録………………27, 234, 235

最終仕入原価法………………299
財政基盤………………………259
財政状態………………………238
催促……………………………173
再任……………………………95
裁判……………………………155
財務活動………………………239
財務三基準…………44, 45, 56, 57, 59, 62, 143, 178, 180, 278
財務指標………………………239
財務諸表に対する注記………191, 200, 236, 237
財務状況………………………223
財務内容…………………………26
債務免除………………………240
先入先出法……………146, 147
挿絵料…………………………262
作曲料…………………………262
雑収益………39, 110, 111, 112, 113, 143, 196, 197
茶道……………………………288
賛助会費…………………98, 99, 174
残存価額……………198, 199, 200
残高証明書……………140, 186
算定方法……………50, 57, 59, 64, 66
賛同……………26, 27, 98, 100, 223, 301
残余財産帰属先承認申請書…………51

し

仕入税額控除………309, 313, 318, 320
試運転費………………………157

索引

自家建設……………………………157
時価評価…………64, 65, 113, 142, 143, 148, 149, 154, 192, 193, 194, 196, 197
支給者………………250, 256, 257, 258
事業区分…………29, 91, 138, 139, 290
事業計画書……………28, 29, 63, 169
事業資金……………………………223
事業場………………………………270
事業所税……………………………327
事業報告書……………………232, 233
資金調達及び設備投資の見込み…28, 29, 169
資金的………………………………20
試験…………………………………304
施行………………………………4, 5, 6, 24
嗜好…………………………………285
施行規則……………………………272
施行令…………………………232, 272, 276
自己資本比率………………………155
資産取得資金………49, 54, 56, 57, 58, 61, 70
試算表………………80, 81, 88, 89, 184, 220, 341
支障……………………………45, 74
市場価額……………………………65
施設サービス………………………304
施設設備費…………………………305
慈善………………………………2, 284, 286
事前準備………………………7, 185

思想…………………………………285
支度金………………………………263
市町村………250, 251, 327, 328, 332, 335
市町村民税……………258, 326, 327, 330
執行…………………3, 16, 29, 63, 118
実施事業…………9, 25, 65, 68, 70, 71, 72, 75, 78, 90, 126, 139, 174, 293, 295
実質価額法…………………………65
実施場所……………………………271
実践………………………………16
実費精算……………………………261
実費弁償……………………280, 282, 283
実務経験……………………………317
実務指針…………………………22, 103
実用新案権………………………157, 331
支店…………………………………298
指導………12, 13, 26, 27, 52, 62, 68, 69, 153, 155, 282, 317
自動解散……………………………8
自動車税…………………130, 131, 331
自動車操縦…………………………288
自動車等損害鑑定人………………262
自動車のレーサー…………………263
児童手当拠出金……………………205
自動販売機…………………………313
支配…………………63, 142, 242, 243
自賠責保険…………………………304
支払債務………160, 162, 164, 165, 170
支払手段……………………………303

371

支払負担金……………………132, 133	写真………………………………288
支払報酬………………………………134	写真業…………………………………271
支払った消費税………300, 303, 308, 309, 310, 311, 312, 313	車両運搬具……………20, 21, 156, 201
地盤沈下………………………………158	収益事業課税…………7, 75, 266, 267, 271, 274, 290, 293, 296, 301, 326, 327
支部……………………………132, 341	収益事業等…………44, 45, 46, 47, 53, 54, 56, 58, 60, 74, 77, 91, 183, 234
紙幣……………………………186, 303	重加算税………………………………269
司法書士………………………………262	什器備品……………70, 120, 121, 156, 157, 203, 237
資本金額等……………………………297	
資本的支出……………………158, 159, 331	宗教法人…………………2, 223, 271
事務機器………………………………126	集金人…………………………………262
事務受託…………………………280, 282	収支計算書………………20, 21, 29, 236
事務所………………9, 30, 41, 57, 59, 77, 78, 126, 127, 270, 329, 339	収支相償…………44, 46, 47, 48, 49, 54, 55, 56, 57, 59, 74, 138, 143, 180
事務用品………………………………120	終日……………………………………16
社員………………2, 7, 134, 303, 311	収受………………98, 100, 101, 102, 107, 112, 301, 308
社員総会…………3, 11, 29, 71, 79, 95, 180, 217, 231, 245, 283, 298, 299, 339	収集品…………………………………304
社会的信用………………………12, 13, 142	就職……………………………………153
社会福祉事業…………………………304	住所……………………………78, 250, 313
社会福祉施設付属宿舎………………329	従事割合…………………175, 179, 275
社会福祉法人………………2, 80, 223, 279	周旋業…………………………………271
社会保険事務所………………………169	修繕費……………………………158, 159
社会保険料……………114, 116, 171, 173, 202, 203, 204, 205, 207, 249	修繕引当金……………………………165
	住宅……………………………248, 305
謝金……………118, 261, 262, 263, 264, 265	充当額……………………224, 225, 226
借財……………………………………71	重要性……………………139, 157, 160, 243
借地権……………………………65, 157, 303	受給者……………………247, 249, 250, 251, 257, 258
社債……………………………142, 304	

授業料 …………………………305
手芸 ……………………………288
授権 ……………………………155
受贈 ………………55, 105, 106, 108, 109, 157, 195
受贈益振替額 ……………………23
主体性 …………………………126
出資 ………………7, 303, 318, 319
出身校 …………………………285
出身地 …………………………285
出席義務 …………………245, 339
出版業 …………271, 272, 284, 285, 286
出版物 …………272, 284, 285, 286
取得価額 …………23, 143, 145, 150, 151, 152, 154, 157, 184, 198, 199, 237, 297, 323, 331, 335
受任者 …………………………231
受変電設備 ……………………330
趣味 ……………………………285
主務官庁 …………2, 4, 5, 9, 21, 29, 52, 60, 68, 69, 169, 267
旬 ………………………………247
純資産 ………………65, 95, 294
準則主義 …………………………4
渉外費 ……………………124, 134
少額 …………………124, 157, 250, 252, 282, 297, 331
小科目 ……………………116, 122, 126
償還 ………150, 151, 152, 154, 155, 319

使用期間 …………………48, 157
償却原価法 ………23, 103, 106, 143, 150, 151, 152, 184
償却資産 ………156, 157, 198, 200, 202, 328, 330, 331, 332
償却方法 ………157, 198, 201, 298
証券会社 ……………145, 169, 255
条件付債務 ……………………162
証券投資 ……………………113, 142
商号 ……………………………297
証紙 ……………………………304
招集通知 …………………217, 231
上場株式 ………………………255
使用人 ………………71, 73, 339
承認 …………11, 36, 51, 163, 245, 296, 297, 299, 325, 336
消費者 ………279, 300, 301, 308, 310
商標権 …………………………157
証憑書類 …………………………36
商品券 …………………………304
上部団体 …………………132, 133
情報開示 ……………153, 238, 242, 259
情報公開 ………………………153
証明 ………140, 186, 231, 280, 304, 305, 335, 337
消耗什器備品費 ……………120, 121
消耗品 …………82, 83, 85, 86, 87, 88, 89, 93, 120, 121, 122, 134, 175
賞与 ………………170, 171, 175, 243, 246, 247, 249

剰余金	268, 273, 282, 293, 294, 338
賞与引当金	165, 170, 171, 233
使用料	262
昭和52年基準	18
昭和60年基準	18
所轄税務署	257, 281, 282, 296, 298, 316, 336
除却	273
職業運動家	263
職業団体	285
諸口	114
職務執行	191, 339
職務分担	155
食料品	300, 308, 310, 325
所在場所	77, 78
助産	304
助産師	304
助成金	24, 75, 83
助成事業	50
書籍の装丁料	263
書道	288
所得税額	248, 250, 335
初日	16, 316, 323, 324
処分	8, 36, 37, 53, 62, 63, 69, 71, 198, 200, 240, 273
署名	299
書面決議	217, 231, 283
所有割合	243
私立大学	281
白色申告	296
審議	4, 9
人件費	41, 175
進行	16
人工喉頭	305
申告調整	227
人事	41
信条	285
親族等	73, 268
身体障害者	278
身体障害者用物品	305
信託	274, 304
伸長	79
信用保証業	271
信用保証料	304
診療報酬	263
す	
吹込料	262
水道業	314
水道光熱費	41, 175
数値的要件	44, 64, 69
据付費	157
ストック式	18, 19, 20, 21
スポーツ	262, 288
せ	
生花	288
税額控除	334, 335
税額表	247
生活扶助	278
請求書等	265, 313, 325

索引

清算	33, 218
精算	77
生産高比例法	298
精神障害者	278
税制優遇	7, 8, 9, 12, 13, 74, 75, 100, 107, 124, 180, 181, 255, 266, 267, 293, 334
清掃	126
製造業	270, 271, 314, 315
正当な理由	62, 240, 269
税抜き	306, 312
整備法	6, 7, 30, 64, 287
制約	33, 34, 35, 36, 37, 38, 40, 102, 240
税理士	134, 259, 261, 262, 265, 317, 320, 341
席貸し	273
席貸業	271
責任	27
世情	5
積極的	5, 154
接待	124, 128
絶対値	48
設備投資	29, 169, 322
説明責任	245
セミナー	212, 288
専修学校	288, 305, 329
選定	71
選任	71, 79, 95, 339
船舶	288, 330

全部除外	276, 277, 278, 280, 284, 288

そ

総会	3, 6, 11, 29, 40, 71, 79, 95, 118, 122, 128, 173, 180, 217, 231, 245, 255, 283, 298, 299, 339
総勘定元帳	87, 114, 297
相互会社	338
倉庫業	271
送受信	217
総称	25
総所得金額	334, 335
相続	258, 317, 334, 336, 337
総平均法	146, 147
総務	41
総務省	153
贈与	51, 62, 69, 268, 292, 293, 305, 334, 336
遡及	336, 337
測定工具	330
測量士	262
測量士補	262
組織	71, 87, 132
租税	279, 318, 331
租税回避行為	74
租税公課	130, 131
速記料	263
外構工事	330
備え置き	30, 169, 245
その他会計	25, 43, 72,

73, 75, 90, 295
その他固定資産………32, 137, 138, 220
ソフトウェア………………………157
損害賠償金………………………240, 318
損金……………181, 227, 241, 269, 337
損金算入…………227, 297, 331, 337
損金算入限度額……………………241
損金不算入………………128, 227, 241
損失………………………23, 106, 107, 143,
　164, 193, 195, 259, 274, 293
存続……………………………………8, 78

た

ターンテーブル………………………330
対外的…………………………………155
対価性……………301, 303, 305, 320
第三者……………………………………50
貸借勘定……………176, 177, 182, 218,
　219
退職一時金制度………………167, 170
退職慰労金…………………172, 173, 243
退職給付債務………………………166
退職給付引当金………65, 66, 162, 164,
　165, 166, 167, 168, 170, 172, 225, 226,
　235
退職金……………65, 66, 162, 164, 166,
　167, 168, 172, 173, 175, 235, 256, 257,
　258
退職者…………………………………249
退職所得控除額…………256, 257, 258
退職所得申告書……………………258
退職所得の受給に関する申告書……256,
　257, 258
退職手当等……………………257, 258
滞納額…………………………………279
滞納処分…………………………63, 173
代表者…………………77, 78, 155, 297
代表理事……………71, 155, 163, 191, 299
貸与…………………………………50, 112
耐用年数………157, 198, 200, 203, 331
代理業…………………………………271
代理権…………………………………231
代理行使…………………………231, 283
ダウンロード……………………249, 257
他会計振替額…………………180, 181,
　183, 218, 219
多額………65, 71, 78, 107, 124, 279, 322
立入検査………………………………62
立場………………………19, 26, 62, 118, 339
立替金…………………190, 206, 214, 215
棚……………………………………120, 121
玉串料…………………………………318
単一仕訳………………………………114

ち

地域……………………2, 3, 260, 279, 302, 329
遅延利息………………………………269
知識等の教授…………………………262
遅滞……………………………………163
知的障害者……………………………278
地方公共団体……36, 51, 62, 68, 169, 173,
　268, 275, 292, 301, 304, 318, 336

索引

地方債……………………………142
地方税………………63, 173, 250, 254, 301, 327, 328, 334, 335
地方特別税………………………326
地盛り……………………………158
茶菓………………………128, 129
駐車場業…………………………271
中小企業者………………297, 331
懲役………………………………287
長期的………33, 143, 144, 156, 157
調査………………62, 114, 126, 297
調達………………29, 139, 239, 242
帳簿価額………65, 67, 148, 149, 150, 157, 192, 193, 194, 195, 197, 199, 200, 210, 233, 237
帳簿記録…………………………87
直接控除法…………………191, 200
直接税……………………………300
著作権……………………………262
著作隣接権………………………262
賃借料………41, 126, 127, 175, 183, 209, 211
陳列ケース………………………330

つ

衝立………………………………330
通勤定期代………………………311
通信運搬費…………94, 122, 123
通信機器…………………………122
通信業……………………271, 315
通信教育……………………288, 289

通達………………………272, 276
通知………………………10, 163, 251
通訳料……………………………262
月数端数…………………………200
釣船………………………………330

て

庭園………………………………330
定額法………151, 152, 157, 198, 199, 200, 203, 237, 298
T勘定元帳………………………87
定義………………36, 40, 156, 158, 260, 270, 276
定期提出書類……………………51
定期報告…………………………163
定期預金…………………………186
低金利……………………………50
定時総会…………………………79
提出期限………296, 298, 299, 322, 324, 325, 336
ティッシュペーパー……………134
TTS………………………………196
TTM………………………………196
TTB………………………………196
抵当証券…………………………303
定率法………198, 199, 201, 237, 298
データファイル…………………217
テープ……………………………262
適正な期間損益計算………162, 163, 185, 203, 208

377

デザイン	288
デザイン料	262
手数料	110, 112, 134, 143, 157, 304, 305, 310
手付金	208, 209, 210
手続き	9, 56, 58, 76, 81, 169, 193, 248, 249, 251, 256, 259, 275, 296, 316, 322
デメリット	12, 13
テレビ会議	283
転記	80, 81, 86, 88, 89, 184, 341
電気業	314
電気通信回線	217
点字器	305
電子計算機	217
電子申請	9
電磁的方法	217, 231
店舗	270
電話	122, 173
電話加入権	157

と

同意	145, 163
統一	23, 94, 103, 272, 326
登記	4, 5, 7, 10, 40, 95, 169, 287, 299, 304, 328, 338, 339
登記事項証明書	169
謄写	217, 231
同業者団体	2
当座預金	186
投資家	223
投資助言業務	262
投資有価証券	42, 106, 142, 143, 144, 145, 146, 148, 149, 151, 154, 194, 195, 197, 225, 226
登録国債	303
登録免許	338, 339
独自開発ソフト	333
独自性	5
督促	173
特徴	20, 32, 42
特定期間	307, 322
特定公益増進法人	267, 337
特定資産	22, 23, 32, 34, 36, 37, 40, 56, 58, 106, 110, 137, 138, 165, 220, 224, 225
特定収入	318, 319, 320, 321
特定収入割合	319
特定費用準備資金	49, 55, 58, 59, 61, 70
特典	296, 297
特別会計	24, 318
特別控除	297
特別償却	297
特別徴収	250, 251
特別背任罪	287
特例民法法人	5, 6, 8, 9, 10, 11, 13, 25, 64, 65, 66, 68, 69, 110, 169, 255, 266, 267, 292, 293, 327, 329, 339
都市計画税	328, 332

土石採取業……………………………271
土地の上に存する権利………64, 65, 303
特許権…………………………………157
都道府県知事………………………9, 10
都道府県民税………………258, 326, 327
取消し………62, 63, 95, 240, 292, 297
問屋業…………………………………271

な

内閣総理大臣…………………9, 10, 153
内閣府……………9, 11, 51, 76, 78, 175
内装・内部造作………………………330
内部管理…………………………………29
内部体制…………………………………71
内部的…………………………………155
内部取引……………………132, 182, 183
内部取引消去………………182, 183, 218
内部留保……………………45, 52, 53, 60
仲立業…………………………………271

に

日額………………………………246, 247
日本公認会計士協会………22, 103, 130, 230, 238
入会金……………89, 96, 97, 98, 99, 174
入学金…………………………………305
入学試験………………………………288
任意……………31, 68, 96, 138, 165, 245, 298
任期………………………………79, 95
認識………………17, 80, 81, 82, 83, 84, 85, 88, 90, 160, 185

認証保育所……………………………329
認定基準………………………………259
認定法…………6, 7, 27, 30, 51, 53, 62, 73, 113, 124, 139, 140, 142, 234, 240, 278, 287, 292

ね

熱供給業………………………………314
値引…………………………………249, 313
年換算…………………………………306
年末調整…………………………248, 249

の

納期の特例…………248, 252, 257, 263
農業……………………………………314
農業者団体……………………………280
納税義務者………………300, 322, 338
納税者………………………………328, 332
納税地…………………………………297
納付期限………173, 247, 269, 298, 325
納付方法……………………205, 250, 332
飲み物…………………………………128

は

バー・キャバレー……………………263
売却……………………………71, 113, 145, 146, 147, 154, 155, 200, 210, 240, 244
売却益………………110, 113, 146, 210
廃止……………71, 77, 95, 155, 273, 296
配達……………………………………122
配当金………………243, 254, 255, 318
売買実例価額……………………………65

売買目的	110, 113, 142, 184
配賦基準	175, 178, 290, 291
配賦方法	174, 175, 290
倍率方式	50
博物館	326, 327
破産更生債権等	190
パソコン	120, 122, 288, 317, 330
パターン	20, 91
破綻	279
罰金	63, 173, 247, 269, 287
パッケージソフト	333
発生主義	17, 185
罰則	163, 287
馬主	263
ハローワーク	169
反映	14, 21, 48, 239, 241, 297
バンケットホステス	263
版下	263
販売業	270, 271, 284
繁忙期	245

ひ

非営利型法人	73, 75, 266, 267, 268, 292, 293, 326, 327, 329, 335, 336
比較	12, 19, 50, 120, 221, 222, 228, 229, 266, 283, 333
非課税	110, 151, 254, 267, 293, 294, 301, 302, 303, 304, 305, 310, 311, 312, 313, 319, 321, 326, 327, 329, 338, 339
飛行機	330
非資金的	20
非収益事業	270, 271, 274, 275, 290, 291, 293, 294
美術年鑑	65
美術品	37, 53, 64, 65, 156
費消	22, 23, 33, 35, 37, 102, 103, 104
非償却資産	156, 157
必須	30, 70
必要経費	260, 331
避難階段	158
日雇	246, 247
美容	288, 289, 304, 330
病院会計	80
評価勘定	165
評価性の引当金	165, 190
評価方法	23, 65, 143, 236, 237, 299
評議員	3, 40, 63, 77, 95, 118, 124, 242, 243, 244, 298
評議員会	3, 11, 29, 36, 40, 71, 79, 95, 180, 245, 283, 298, 299, 339
美容業	271
費用配賦	40, 41, 178, 200, 207, 290, 291
頻繁	32, 140, 186

ふ

ファイナンスリース	331
不可欠特定財産	53
不課税取引	302, 305

複合仕訳	114, 117
複式簿記	83, 84
複数税率	325
福利厚生費	116, 117, 134, 175, 205, 207
付随行為	272, 273, 284, 286
付随費用	157
不正行為	163, 339
附属明細書	28, 31, 232, 233
付帯税	269
負担金	318, 319
普通徴収	250, 251
普通法人	75, 266, 267, 271, 292, 293, 295, 298, 326, 327
普通預金	186, 254
復興特別所得税	254, 264
物品貸付業	271
不当	63
舞踏	288
不動産貸付業	271
不動産鑑定士	50, 262
不動産鑑定士補	262
不動産取得税	329
舞踊	288
不納付加算税	247, 269
扶養控除申告書	246, 247, 249
プラス	16
不履行	239
プリペイドカード	304
フロー式	18, 19, 21
プロゴルファー	263
プロサッカー	263
プロセス	19, 80
プロテニス	263
プロボウラー	263
プロボクサー	263
プロ野球	263
プロレスラー	263
文書化	36
分配	2, 223, 268, 274, 338

へ

塀	330
併科	287
平価発行	150
平成16年基準	18, 19, 21, 24, 25, 31
丙欄	246, 247, 248, 249
別段の定め	227, 241
別表第三に掲げる法人	325
ペナルティ	154, 155
ヘリコプター	330
返還金	319
変更届出	76, 78, 324
変更認可	78
変更認定	56, 59, 76, 77
弁護士	262, 265, 285
弁当	128
返品	313
弁理士	262

ほ

法人住民税……………………326, 327
法人設立………………………………2, 4
法人法………………6, 7, 30, 31, 63, 71, 95, 128, 145, 232, 245, 287, 299
法人税割……………………326, 327
放送会社……………………………273
法務局……………………………10, 299
法務大臣………………………………95
訪問…………………………………173
法律…………………4, 6, 7, 9, 193, 245, 272, 285, 301
暴力団員………………………………63
ボート………………………………330
ポートフォリオ………………113, 142
簿記…………………………87, 288, 317
保険金………………………………318
保険料………………………205, 206, 304
母子家庭……………………………279
母子福祉団体………………………279
保証金…………………………………33
補助科目……………………116, 122, 126
補助金……………24, 36, 75, 174, 237, 275, 318, 319
ホステス……………………………263
保税地域……………………………302
舗装路面……………………………330
保存………………36, 87, 185, 247, 249, 256, 257, 297, 299, 313, 329, 341
保存期間……………………………297, 313
保有制限……………44, 45, 55, 56, 57, 59, 60, 113, 142, 234
保有目的……………113, 142, 143, 144, 145, 154, 155
ボランティア………………3, 26, 27, 51
本法…………………………………272
翻訳料………………………………262

ま
埋葬料………………………………304
マイナス……………16, 57, 59, 178, 239, 303
前受金………………………163, 208, 210
前払金………………………190, 208, 209, 211
前払費用……………………208, 209, 211

み
未収会費……………………………188, 189
未収金………………165, 188, 189, 190, 208, 211, 212
密接………………………………153, 178
密接関連公益法人一覧………………153
みなし仕入率………………………314, 315
みなし費用………50, 51, 54, 55, 57, 59
未払金………………33, 82, 89, 162, 163, 184, 202, 203, 204, 205, 235
未払費用……………………162, 163, 184, 202, 203, 205, 207
民設公園用地………………………329

む
無形固定資産………………156, 157, 198, 298, 331
無償……………………………51, 275, 286

無申告加算税……………173, 269

め

銘柄………………142, 145, 155
命令……………62, 240, 272, 292
滅失…………23, 103, 106, 200, 341
メリット……………………12, 13
免除………………303, 326, 327
免税取引………………303, 305

も

盲人用安全つえ………………305
持分……………………………303
モデル…………………………263
模様変え………………………158

や

役員給与………………………241
役員報酬………118, 119, 246, 260, 261
約束手形………………………303
役割……………3, 21, 26, 27, 31

ゆ

遊技所業………………………271
遊休財産…………44, 45, 52, 53, 55, 56, 57, 59, 60, 61, 234
優遇措置……………143, 155, 335
有形固定資産………156, 157, 158, 159, 198, 244, 298
有限会社………………………271
郵送……………………9, 123
郵便…………………………122, 304
郵便為替証書…………………186

郵便切手類……………………304
郵便局株式会社………………304
遊覧所業………………………271
遊覧船…………………………330
輸出免税…………311, 312, 324
輸入…………………………302, 306

よ

洋裁……………………………288
要請……………………………240
幼稚園…………………………329
用途変更………………………158
浴場業…………………………271
予算管理………………………16
予算書………17, 29, 30, 49, 169, 200, 236
予備電源設備…………………330

り

リース………126, 163, 175, 202, 331
利益………2, 44, 46, 47, 48, 74, 124, 180, 223, 268, 292
利益相反取引…………………163
履行……………………………239
理事会………3, 6, 11, 29, 36, 40, 56, 58, 71, 108, 118, 119, 122, 128, 129, 145, 155, 163, 191, 231, 245, 260, 283, 299, 339
利子税…………………………269
リスクウェイト………………155
利息法…………………………151
利回り方式……………………50

略称……………………………………6
流動性……………………………32, 33
流動負債………………33, 160, 161, 170, 171, 177, 203, 204, 205, 207, 210, 211, 216, 217, 219, 222, 235
理容………………………288, 289, 330
理容業………………………………271
料金表………………………………270
料理……………………………273, 288
料理店業………………………271, 273
旅館業…………………………271, 273
旅館等………………………………273
緑化施設……………………………330
旅費規程………………118, 260, 261
旅費交通費……………94, 115, 116, 117, 118, 119, 178, 179, 204, 205, 215, 216
旅費日当………………………118, 260
林業…………………………………314

る

累積剰余金…………………………283

れ

レコード……………………………262

ろ

労災保険……………………………304
労働基準監督署……………………169
労働者派遣業………………………271

わ

分かち決算…………………………10
和裁…………………………………288
割引発行……………………………150

割増償却……………………………297
割戻し………………………………313

執筆者紹介

　米満　まり（税理士）

昭和52年生まれ。大学では農学を修学し、桜島大根の遺伝子研究を行う。農業改良普及員の資格取得。平成21年税理士試験合格。平成23年税理士登録。平成20年税理士法人東京会計グループ入社。平成28年6月現在、公益法人／医療法人担当税理士として、会計、税務、運営の実務に携わる。税理士試験の消費税法講師の経験を生かして、公益法人セミナー・個別相談を平成22年から200回以上開催。

事務所紹介：税理士法人東京会計グループ

昭和62年開業の個人事務所から平成18年11月税理士法人設立へ。平成28年4月現在、東京都千代田区一番町に本社を置き、福岡・熊本・水俣に支社がある。東京会計グループでは、会計事務所の他、資格の学校TAC熊本校を開校。社員数は、会計事務所部門20名、学校部門30名の計50名。税理士試験合格者8名うち税理士登録者6名。関与先の継続・発展に寄与するため、税理士試験5科目合格者をベースに、事務所の継続性と常に一歩前を目指したサービスの提供を行う。

Q&Aでわかる　公益法人(こうえきほうじん)の会計(かいけい)と税務(ぜいむ)　〔第2版〕

2013年7月15日　初　版　第1刷発行
2016年7月15日　第2版　第1刷発行

編　著　者	東 京 会 計 グ ル ー プ	
発　行　者	斎　 藤 　博 　明	
発　行　所	TAC株式会社　出版事業部	
	（TAC出版）	
	〒101-8383　東京都千代田区三崎町3-2-18	
	電　話　03（5276）9492（営業）	
	FAX　03（5276）9674	
	http://www.tac-school.co.jp	
組　　　版	株式会社　光　　　　邦	
印　　　刷	株式会社　光　　　　邦	
製　　　本	株式会社　常　川　製　本	

© Tokyo Kaikei 2016　　Printed in Japan　　ISBN 978-4-8132-6672-3

落丁・乱丁本はお取り替えいたします。

本書は、「著作権法」によって、著作権等の権利が保護されている著作物です。本書の全部または一部につき、無断で転載、複写されると、著作権等の権利侵害となります。上記のような使い方をされる場合、および本書を使用して講義・セミナー等を実施する場合には、あらかじめ小社宛許諾を求めてください。

視覚障害その他の理由で活字のままでこの本を利用できない人のために、営利を目的とする場合を除き「録音図書」「点字図書」「拡大写本」等の製作をすることを認めます。その際は著作権者、または、出版社までご連絡ください。

TAC出版では、資格の学校TAC各講座の定評ある執筆陣による資格試験の参考書をはじめ、資格取得者の開業法や仕事術、実務書、ビジネス書、一般書などを発行しています!

TAC出版の書籍

資格・検定試験の受験対策書籍
- 日商簿記
- 建設業経理検定
- 全経上級
- 公認会計士
- 税理士
- 中小企業診断士
- 不動産鑑定士
- 宅地建物取引士
- マンション管理士
- 管理業務主任者
- 証券アナリスト
- ファイナンシャル・プランナー(FP)
- 社会保険労務士
- 行政書士
- 公務員 地方上級・国家一般職(大卒程度)
- 公務員 地方初級・国家一般職(高卒者)
- 情報処理技術者
- CompTIA

ほか

実務書、ビジネス書、一般書
- 資格取得者の開業法、仕事術、営業術
- 会計実務、税法、税務、経理、総務、労務、人事
- ビジネススキル、マナー、就職、自己啓発、エッセイ

ほか

刊行予定、新刊情報などのご案内は

TEL 03-5276-9492 [平日 9:30〜17:30]

講座お問合わせ・パンフレットのご請求は

資格の学校TAC

0120-509-117 ゴウカク イイナ [月〜金9:30〜19:00 土日祝9:30〜18:00]

※携帯・自動車電話・PHSからもご利用になれます。

本書へのご意見・ご感想は

Cyber Book Store内の「お問合せ」よりおよせください。

https://bookstore.tac-school.co.jp/

[トップページにございます 「お問合せ」より ご送信いただけます]